全国高等教育自学考试指定教材

教 育 学

同步练习册

(2003年版)

全国高等教育自学考试指导委员会 组编

劳凯声 覃壮才 主编

南开大学出版社

天 津

图书在版编目(CIP)数据

教育学同步练习册 / 劳凯声，覃壮才主编；—天津：南开大学出版社，2003.1(2014.7 重印)

ISBN 978-7-310-01823-9

Ⅰ.教...　Ⅱ.①劳...②覃　Ⅲ.教育学—高等教育—自学考试—习题　Ⅳ.G40—44

中国版本图书馆 CIP 数据核字(2002)第 082661 号

南开大学出版社出版发行

出版人：孙克强

地址：天津市南开区卫津路 94 号　　邮政编码：300071

营销部电话：(022)23508339　23500755

营销部传真：(022)23508542　　邮购部电话：(022)23502200

*

河北昌黎太阳红彩色印刷有限责任公司印刷

全国各地新华书店经销

*

2003 年 1 月第 1 版　　2014 年 7 月第12次印刷

880×1230 毫米　32 开本　9.5 印张　268 千字

定价：18.00 元

如遇图书印装质量问题，请与本社营销部联系调换，电话：(022)23507125

组编前言

依靠自己的力量，在有限的时间里学习一门新学科，从不懂到懂，从不会到会，从不理解到理解，从容易遗忘到记忆深刻，从不会应用到熟练应用，从模仿到创新，把书本知识内化为自己的知识，是一个艰难的过程。在这个过程中，自学者不仅需要认真钻研考试大纲，刻苦学习教材和辅导书，还应该做适量的练习，把学和练有机地结合起来，否则，就不能达到预定的学习目标。“纸上得来终觉浅，绝知此事要躬行”，这是每一位自学者都应遵循的信条。

编写该练习册，同样是不容易的事。它对编写者提出了相当高的要求：

有较深的学术造诣；

有较丰富的教学经验；

对高等教育自学考试有深刻的理解并有一定的辅导自学者的经历；

对考试大纲、教材、辅导书有深入的了解，对文中的重点、难点、相互联系等有准确的理解；

对自学者的学习需要和已有的知识基础有一定的了解。

只有把这些因素融合在一起，作者才能编写出高质量的，有利于举一反三、事半功倍的练习。

基于以上考虑，我们组织编写出版了同步练习，使之与考试大纲、教材、自学辅导书相互补充，形成一个完整的学习媒体系统。

之所以把这些练习称为同步练习，是因为：

第一，它与考试大纲、教材的内容及顺序是一致的。按照考试大纲，教材的章、节、知识点的顺序编选习题，方便自学者循序渐进地学习与练习。

第二，它与自学者的学习过程是一致的。自学过程大体包括初步接触、大体了解、理解、记忆、应用、创新、复习等阶段，在每一个阶段，自学者都容易找到相应的练习。

如此学与练同步的方式，有利于激发考生自学的兴趣与动机，有利于使其集中注意力于当前所学的内容，便于理解、巩固、记忆、应用，尤其有利于自学者及时知道自己的学习状态与结果，以便随时调整学习计划在难度较大处多投入精力。

基于学习目标的考虑，我们把同步练习大致分为三类：

第一，单项练习：针对一个知识点而设计的练习。其目的在于帮助自学者理解和记忆基本概念和理论。

第二，综合练习：针对几个知识点而设计的练习。这又可分为在本章综合、跨章综合、跨学科综合三级水平。其目的在于帮助自学者把相关知识联系起来，形成特定的知识结构，以便灵活地应用。

第三，创造性练习：提供一些案例、事实、材料，使考生应用所学到的理论、观点、方法创造性地解决问题。这类问题可能没有统一的答案，只提供一些参考性的思路。其目的很明显，就是培养自学者的创新意识和能力。

第四，综合自测练习：在整个学科范围内设计练习，尽量参照考试大纲的题型，组成类似考卷的练习。其目的在于使自学者及时检测全部学习状况，帮助自学者做好迎接统一考试的知识及心理准备。

希望应考者在使用同步练习之前了解我们的构想，理解我们的意图，以便主动地选择适合自己学习的练习题目。

孔子说："学而时习之，不亦说乎。"一边学，一边练，有节奏、有规律地复习，不仅提高了学习效率，也会给艰难的学习过程带来不少的快乐。圣人能够体会到这一点，我们每一位自学者同样能体会到。如果通过这样的学习过程，实现了学习目标，实现了人生的理想，实现了对自我的不断超越，那么，我们说这种学习其乐无穷也毫不夸张。

全国高等教育自学考试指导委员会

编者的话

高等教育自学考试制度是我国教育体制改革的一项重要组成部分。这一制度的实施为众多不能通过全国高考进入普通高等院校学习的同学和因在职工作而不能脱产学习的同志开辟了一条求知识、求学历和提高自我与完善自我的渠道。但是自学考试又有一定的困难，自学考生大多数是利用业余时间学习，时间紧、压力大；大多数课程的考试题型多、题量大、知识覆盖面宽，使参加自学考试的考生在学习与应试中不知道应怎样复习和准备，因此部分考生的考试成绩往往不尽如人意。当然，参加自学考试的前提和基础首先是认真刻苦和踏踏实实地学习，以掌握该课程的全部内容；同时，每一个考生也应讲究学习方法和应试技巧，特别是要进行大量的题型练习，才能在考试中获得事半功倍的效果。为此我们编写了这本自学考试应试训练，其目的就是为了使参加自学考试的同学掌握自学方法、提高考试成绩和获得良好的学习效果。

一、教育学课程的地位和主要内容

教育学是一门理论与实践相结合的课程，特别是要求考生能够根据自己所学的基础知识来分析、判断、解决一些实际性问题。

从教育学科的角度上看，教育学是所有教育学科的基础，教育学也反映了各教育分支学科发展的最新成果。我们在编写自学考试教材时，已经融合了目前比较公认的教育学基本理论，也试图体现目前国内外教育改革的实践的新成果。因此，在编写这本自学考试教材时，我们也为读者提供了许多具有可操作性的分析题型，拓宽应试者的思路，体现了教育学作为理论和实践相结合的课程特点。

教育学课程的内容会因面向的对象不同而有所差异。从内容上看，我们使用的全国高等教育自学考试教材是针对中小学教师编写的，其中不仅涉及教育基本原理、教学论、德育理论，也包括作为中小学校基本要素的学校、教师、学生及学生集体等方面的内容，还包括中小学校常见的一些学校管理问题，如学校常见的心理问题及其咨询与辅导方法、教育测验与评价问题、学校中的相关法律问题等。从内容的侧重点看，我们的编写思路是从理论到实践，并最终落实于中小学教育教学实践中，因此，我们在编写自考辅导教材时，也充分考虑了自学考试教材的编写特点，在强调理论基础的同时，我们也编排了具有实践性的题型，使读者在作练习的同时，获得一定的收获，并将学到的知识最终落实到教育教学实践中。

我们在编写应试训练教材时，严格按照国家自学考试指导委员会颁布的自考大纲和组编教材的内容及章节顺序，力求做到对照章节、教材同步，方便考生。当然，为了使考生能够更加灵活地掌握所学的知识，避免死啃书本，我们在技术上也作了一些处理，目的是帮助考生增强记忆，强化复习效果，并不断地提高分析问题和解决问题的能力。另外，根据我们的经验，作为考生来讲，要想取得良好的成绩，一方面必须要认真领会教材的内容，另一方面还必须根据教材的内容，依照试卷的不同题型，进行有针对性的训练，两者缺一不可。所以，我们在编写这本自学考试应试训练时，有针对性地增加了一些案例，增强了这本辅导教材的实用性和针对性。

二、学习方法

考生在自学教育学这门课程时要掌握如下要领：一是要通过认真阅读教材来掌握要求学生掌握的知识。自学考试和其他学习体制不同的特点之一，是一切以国家指定教材为基础，考试一般不脱离指定教材和自学考试大纲，所以考生一般不必阅读太多的教学参考书。阅读的方式首先应是通读全部内容，系统掌握本课程知识，但是也应学会抓住重点和难点进行精读。

二是教师辅导，即有条件的考生最好参加专业院校组织的自学考试助学班，由有教学经验的教师进行系统的复习和辅导。首先，从客观上讲，在时间紧、内容多的情况下，考生的自学考试是具有一定的难度的。其次，考生自己在复习过程中很难抓住重点部分，对一些疑点也难以正确分析、理解，或需要占用大量的时间、耗费大量的精力，但仍难达到预期的效果。而教师在辅导时往往会根据具体的情况对一些重点内容给予适当的补充和详解，以帮助考生解决上述问题。所以，通过教师的面授不但有利于考生理解难点，而且有利于考生搞清哪些是重点部分，以利于复习和应考。

三是进行大量的习题练习，以真正掌握所学到的知识。本辅导教材的练习都是根据自学考试的试卷结构而有针对性地设计的，考生为了提高自己的应试能力，必须自己动手做各种类型的测试题，以提高自己对已学过知识的分析能力和理解能力。

编者在这里需要特别提醒考生的是，无论是教师的讲授，还是考生的自学，万不可将教育学的知识看成是呆板理论知识的简单堆砌，所以理论知识的学习并不是全部，甚至不是最重要的，重要的是通过学习掌握教育学的相关原则和精神，如此才能灵活运用教育学知识来解决实际问题。

三、考试题型构成与应试技巧

教育学自学考试的题型大体分为两大类。一类属于灵活应用以测试考生分析与理解能力的题目，主要包括填空题、单项选择题、多项选择题、判断题、综合分析题；另一类属于考察考生记忆的题目，主要包括名词解释、简答题和论述题。各种题型的特点和要求为：

1.填空题。填空题是从本课程内要求考生掌握的基本知识中摘录下一句话，其中给出一个或两个空，要求考生根据这句话的前后连接填写正确的词语。例如，“教育影响是教育过程中教育者作用于学生的全部信息，既包括__________，也包括了__________。”填空题的答案应是惟一的，决不能有多种答案；如果出现多个答案的情况，则说明命题本身有问题。需要注意的是，填空题所填的空，不是填写一般的连接词，而是重要的概念或对重要概念的解释。所以准备应试这类题目也不能完全依靠记忆，而应学会依靠平时的知识积累进行分析判断，特别是考试临场遇到没有完全记住或拿不准的也不能轻易放弃，而应根据文字的前后联系并回忆教材的相关内容，寻求正确的答案进行填充。

2.单项选择题。单项选择题是目前自学考试试卷中应用最广的一种题型，而且在试卷中所占分值比例也在不断提高。这类考题一般是提出一个问题或写出一个不完整的句子，然后给出四个备选答案。在四个备选答案中只有一个是正确的，要求考生把正确的答案选择出来，并将其号码填在题后的括号内，多选、错选均不给分。例如，“由于教育是一种公共职能，学校之间，特别是公立学校一般并不存在竞争。这体现了学校的哪一种特征？（　　）”，该题目设置了四个备选答案，一是公益性，二是垄断性，三是非自愿性，四是公共性。在这四个答案中，考生要想做出正确选择，就应依靠平时的知识积累和临场的分析能力。如果考生不能正确选择，则可以采用排除法，将错误的答案一一排除，最后经过分析思考得出正确的答案。

3. 多项选择题。多项选择题是比较困难而且考生最容易丢分的题目。这类题目提出一个问题往往要设置四到五个备选答案，要求考生从中至少选择两个或两个以上的答案，而且并不排除有五个正确答案的可能，考生多选一个或少选一个都不能得分。例如，“以下哪些是杜威的儿童发展观？（　　）”该题设置了下面五个答案，一是教育即生长，二是儿童的发展是一个不断演变的建构过程，三是教育即生活，四是从做中学，五是教育即经验的改造。考生要根据自己对知识的记忆与理解做出正确的选择。在试卷中最容易出多项选择题的就是一个概念有几个特点或要素，而出题者往往故意在几个正确答案的后面搀入几个错误的答案，以考察考生的判断能力，所以我们对这类题目尤其应该重视。对于此类题目，我们在复习时，决不能依靠死记硬背，更不能在应考时依赖于临场盲目猜测，那样做的正确概率是极低的。另外，在本书中，编者为了增加一定的难度，还特地糅合了一些单项选择题和多项选择题，编写了部分不定项选择题，具体的要求如同单项选择题和多项选择题，希望广大考生在做题时能灵活运用所学知识。

4. 名词解释。名词解释主要考察考生对课程中基本概念的记忆和理解能力。所以这里的名词不是一般的词，而是课程中重要的基本概念，如本课程中的学校、教学原则、学校事故、课程等。我们在解释名词时要力求准确、简明，不要写上大量无关的内容，也不必将其展开详细阐述。但基本内容不应遗漏，有时回答不全也会丢分。

5. 判断题。判断题是根据教科书的相关内容给出一个概念或一句话，由考生进行判断，有时试卷可能还要求进行改错。此类题目表面看来容易，实际上又最容易出错。命题者往往把一些容易混淆的概念放在一起，以考察考生能否区别正确与错误。例如，“学校德育具有政治、经济等功能意味着学校德育对学校发展起着完全、直接参与的作用。(　　)”考生在回答这类问题时，要认真阅读题目的每一个词、每一个字，尤其注意概念的适用范围。

6. 简答题。简答题只要求按照教科书应掌握的部分，简单、准确地答出，而不要求展开论述、分析和举例阐述；阅卷时的评分标准一般只按照教材中必须掌握的几个采分点来计算成绩。因此，这就要求考生针对题意，抓住重点，问什么答什么，简述清楚即可。

7. 论述题。论述题一般要求层次清楚、内容完整，必要时还应举例分析，力争使答题做到有概念、有分析、有例证和有结论。因此，这就要求考生一般应注意三个问题，一是回答问题时要点要全面，二是对主要论点要加以适当简述，三是有些论述要理论联系实际。

8. 综合分析题。这类试题是对考生综合知识实际应用能力水平的测试，要求考生有针对性地回答问题，运用已知条件和所学知识，结合所提供的案例材料进行分析，先写出其依据的教育学理论和事实根据，再写出自己的想法、建议。

本书按照章节顺序编写，每一章分为三部分，即本章考核要点、综合练习题和参考答案。在使用本书时，考生应注意灵活运用、举一反三，切忌死记硬背，因为在不同试卷上许多题目是可以相互转换的，只要考生熟练掌握国家指定教科书的内容，并按照本书的题型练习进行复习，在自学考试时就能从容答对并取得良好的成绩。随着形势的发展和国家指定自学考试教科书内容的变化，我们也将在今后的辅导教材中做出相应的调整。考生在使用本书过程中有什么问题和意见，欢迎尽快反馈给我们。

编　者

2002 年 9 月于北京师范大学

目 录

绪 论

本章考核要点

通过本章的学习，要正确地理解教育学创立的条件、标志和简要过程，了解当代教育学的发展状况和趋势，认真体会与理解学习教育学的意义。

本章主要涉及教育学作为一门学科的基本概念和研究对象，学科的产生与发展历史和读者在学习教育学应注意的一些基本问题和学习方法。

学好本章，首先要对“教育学”的概念和研究对象有清晰的了解。教育学是运用一定的科学方法，遵循一定的学术规范，对确定的教育问题进行专门的分析研究，并通过规范的语言文字或其他类型的符号清晰表达的教育认识。这种认识脱离了个体经验的直接性、具体性和局部性，力求达到对教育问题的间接的、普遍的和深层的把握和理解，以图揭示复杂的教育要素间存在的比较稳定的带有规律性的联系。

教育学的研究对象是教育问题。教育问题的提出标志着教育学的萌芽，教育问题的发展是推动教育学发展的内在动力，教育问题的转换表明教育学研究传统和范式的变革，对同一问题的不同回答就形成了不同的教育思想或教育观念。教育学研究必须从问题出发，具有强烈的问题意识，而不能从一些主观的愿望、僵化的教条或肤浅的观察出发。善于敏锐地把握、提出和提炼教育问题，是教育学研究的基本功。

其次，要了解教育学的产生与发展历史，从而对教育学作为一门学科有一个历史的理解，以更好地把握教育学的发展方向。教育学的创立经历了漫长的历史过程，自从有了人类活动，就有了人类的教育活动，而人们对于教育活动的认识也就随之而产生了。作为一种独立形态的教育学的出现前后经历了二百多年的时间。教育学的产生是种种主客观条件综合作用的结果，首先是来源于教育实践发展的客观需要。19世纪末以来教育学迅速发展起来，出现了许多新的教育学派别：实验教育学、文化教育学、实用主义教育学、制度教育学、马克思主义教育学、批判教育学等。到了20世纪末的教育学出现了许多新的特征：研究的问题领域急剧扩大；研究基础和研究模式的多样化；教育学发生了细密的分化，形成了初步的教育学科体系，同时也出现了各种层次与类型的综合；教育学研究与教育实践改革的关系日益密切；教育学加强了对自身的反思，形成了教育学的元理论。

最后，本章还要求考生掌握教育学的学习与研究方法。包括了解教育学的价值；教育学的学习中应注意的问题；教育学的研究过程中的一些基本要求，如要有问题意识；要不断地充实自己；要善于吸取他人已有的研究成果；要积极参加学术会议；要恪守学术道德等。

综合练习题

一、填空题

1.狭义的教育认识形态是运用一定的科学方法，遵循一定的学术规范，对__________进行专门的分析研究，并通过规范的__________清晰表达的教育认识。

2.第一次把教育学作为一门独立的科学提出来，与其他学科并列的学者是__________。

3.夸美纽斯是__________(国家或地区)宗教改革家，一生写了大量的教育著作，其中最著名的是__________。在教育学史上，一般把这本书看成是第一本教育学著作。

4.德国哲学家__________在教育学的创立问题上做出不可磨灭的贡献，他在哥尼斯堡大学讲授过教育学，这可能是世界上最早的教育学课程。而德国著名的教育家和心理学家__________的《普通教育学》被公认为第一本现代教育学著作。

5."美德是否可教"是古希腊哲学家＿＿＿＿提出来的,最终的结论是:如果美德是一种知识就是可教的,因为知识是可教的。

6.英国哲学家洛克于1693年出版了＿＿＿＿,肯定了教育在人的发展中的巨大作用,建构了完整的绅士教育理论体系。

7.法国思想家卢梭于1762年出版了＿＿＿＿,深刻地表达了卢梭的资产阶级教育思想,是反封建的理性革命声音在教育领域的表达。

8.明确提出"使人类教育心理学化"口号的学者是＿＿＿＿,其代表作是＿＿＿＿。

9.教育学研究的对象是＿＿＿＿。

10.实验教育学是19世纪末20世纪初在欧美一些国家兴起的用自然科学的实验法研究儿童发展及其与教育的关系的理论。其代表人物是德国的教育学家＿＿＿＿和拉伊。

11.文化教育学是19世纪末以来出现在德国的一种教育学说,其代表人物主要有＿＿＿＿、斯普朗格、利特等人。

12.实用主义教育学是19世纪末20世纪初在美国兴起的一种教育思潮,是典型的"美国版"的教育学,其代表人物是美国的＿＿＿＿、克伯屈等人。

13.制度教育学是在20世纪60年代诞生于法国的一种教育学说,从另一个方面开辟了教育学研究的新领域和新视角,其代表人物是＿＿＿＿、A.瓦斯凯、M.洛布罗等人。

14.批判教育学是20世纪70年代之后兴起的一种教育思潮,也是当前在西方教育理论界占主导地位的教育思潮,对于教育诸多问题的研究都有比较广泛和深刻的影响。批判教育学的代表人物有美国的＿＿＿＿、金蒂斯、阿普尔、吉鲁,法国的＿＿＿＿等。

二、单项选择题

1.教育学的研究对象是(　　)。

A.教育规律　　　　B.教育现象

C.教育问题　　　　D.教育事实

2.认为实验的归纳法是获得真正知识的必由之路,为后来的教育学发展奠定了方法论基础的是(　　)。

A.苏格拉底　　B.培根

C.夸美纽斯　　D.梅伊曼和拉伊

3.属于实用主义教育学代表的是(　　)。

A.杜威　　B.荣格

C.斯宾塞　　D.赫尔巴特

4.明确地提出了"美德是否可教"的问题,并对这个问题进行了大量的分析的古希腊哲学家是(　　)。

A.苏格拉底　　B.亚里士多德

C.柏拉图　　D.毕达哥拉斯

5.1623年,在《论科学的价值和发展》一文的科学分类中,首次把"教育学"作为一门独立的科学提了出来,与其他学科并列的哲学家是(　　)。

A.洛克　　B.培根

C.斯宾塞　　D.卢梭

6.提出了"泛智教育"思想,探讨"把一切事物教给一切人类的全部艺术",提出了系统的教育目的论、方法论、教育原则体系、课程与教学论、德育论以及一些学科教育思想的学者是(　　)。

A.斯宾塞　　B.夸美纽斯

C.裴斯特洛齐　　D.赫尔巴特

7.在世界教育学史上被认为是"现代教育学之父"或"科学教育学的奠基人"的学者是(　　)。

A.斯宾塞　　B.夸美纽斯

C.裴斯特洛齐　　D.赫尔巴特

8.提出了"自然教育"的思想,并于1762年出版了享誉全球的《爱弥儿》的著名教育家是(　　)。

A.洛克　　B.培根

C.斯宾塞　　D.卢梭

9.著名的教育学经典著作《林哈德和葛笃德》的作者是著名教育家

(　　)。

A. 斯宾塞　　　　B. 夸美纽斯

C. 裴斯特洛齐　　　　D. 赫尔巴特

10. 制度教育学是在 20 世纪 60 年代诞生于法国的一种教育学说，以下不属于其代表人物的是(　　)。

A. F. 乌里　　　　B. M. 洛布罗

C. A. 瓦斯凯　　　　D. 布厄迪尔

11. 以下著作属于文化教育学的是(　　)。

A. 狄尔泰的《关于普遍妥当的教育学的可能》

B. 鲍尔斯与金蒂斯的《资本主义美国的学校教育》

C. 布厄迪尔的《教育、社会和文化的再生产》

D. 阿普尔的《教育中的文化与经济再生产》

三、多项选择题

1. 中国古代的教育专著有(　　)。

A.《学记》　　　　B.《论语》

C.《大学》　　　　D.《师说》

E.《雄辩术》

2. 教育学创立的标志主要有(　　)。

A. 从对象方面而言，教育问题构成一个专门的研究领域，受到了思想家或教育家们的特殊关注

B. 从概念和范畴方面而言，形成了专门的反映教育本质和规律的教育概念与范畴以及概念和范畴的体系

C. 从方法方面而言，有了科学的研究方法

D. 从结果方面而言，产生了一些重要的教育学家，出现了一些专门的、系统的教育学著作

E. 从组织机构而言，出现了专门的教育研究机构

3. 关于赫尔巴特，下面的说法正确的是(　　)。

A. 被称为"现代教育学之父"

B. 是第一本现代教育学著作的作者

C. 倡导了“教育心理学化”运动

D. 四段教学法的提出者

E. 归纳法的提出者

4. 卢梭在对儿童心理发展的观察基础上把教育划分为（　　）。

A. 婴儿时期的教育（0～2岁）

B. 儿童时期的教育（2～12岁）

C. 少年时期的教育（12～15岁）

D. 青年时期的教育（15～20岁）

E. 成年时期的教育（20～35岁）

5. 文化教育学（Kutur Padagogik）又称精神科学（Geisteswissenschaften）的教育学，是19世纪末以来出现在德国的一种教育学说，其代表人物主要有（　　）。

A. 狄尔泰　　B. 斯普朗格

C. 阿普尔　　D. 利特

E. 布厄迪尔

6. 以下属于实用主义教育学的代表人物是（　　）。

A. 杜威　　B. 夸美纽斯

C. 克伯屈　　D. 赫尔巴特

E. 裴斯特洛齐

7. 与20世纪初的教育学相比，20世纪末的教育学已经具备了许多新的特征，以下描述正确的是（　　）。

A. 教育学研究的问题领域急剧扩大

B. 教育学研究基础和研究模式的多样化

C. 教育学发生了细密的分化，形成了初步的教育学科体系，同时也出现了各种层次与类型的综合

D. 教育学研究与教育实践改革的关系日益密切

F. 教育学加强了对自身的反思，形成了教育学的元理论

四、名词解释

1. 教育学

2. 教育现象
3. 教育规律
4. 教育事实

五、简答题

1. 简述实验教育学的主要观点及评价。
2. 简述文化教育学的主要观点及评价。
3. 简述实用主义教育学的主要观点及评价。
4. 简述制度教育学的主要观点及评价。
5. 简述马克思主义教育学的主要内容及其基本观点。
6. 简述批判教育学的主要观点及其意义。

六、论述题

1. 试论述自赫尔巴特以来的教育学发展简要过程及特征，并简要说明当代教育学所具备的一些新特征。

2. 结合实际，说一说学习教育学的意义有哪些？

七、综合分析题

请阅读以下材料：

案例一：1972 年，由联合国教科文组织召集，以法国前总理埃德加·富尔主持的国际委员会提出了题为“学会生存：教育世界的今天和明天”的报告，该报告正式确认了原教科文组织终身教育处处长保罗·朗格让于 20 世纪 60 年代中期提出的终身教育理论。

案例二：在 20 世纪 70 年代进行教育改革的国家中，日本最先提出终身教育为改革前景，日本临时审议会于 1984 年至 1987 年间的四次咨询报告中正式提出：为主动适应社会变化，建立有活力的社会，“必须建立以向终身学习体系过渡为主轴的新教育体系”。1988 年日本文部省发表的《文教白皮书》更加明确指出，日本面向 21 世纪教育改革的基本目标“就是实现终身学习的社会”。

案例三：1984 年 4 月，美国“全国高质量教育委员会”在提交白宫发表的题为“国家处于危险之中:教育改革势在必行”的报告中指出,为了寻找教育问题的答案,必须致力于终身教育,开创一个以学习化社会为目标的教改运动。1991 年 4 月 18 日布什总统发布的《美国 2000 年计划》的教育战略中又进一步强调,学习是终身的事业,要求全体美国人终身学习知识和技能,一辈子当学生,并号召开展一场把美国改造成“学生之国”的运动。

请结合以上三个案例,谈谈它们体现了当代教育学在哪些方面的发展?

参考答案

一、填空题

1. 确定的教育问题　语言文字或其他类型的符号
2. 培根
3. 捷克　大教学论
4. 康德　赫尔巴特
5. 苏格拉底
6. 教育漫话
7. 爱弥儿
8. 裴斯特洛齐　林哈德和葛笃德
9. 教育问题
10. 梅伊曼
11. 狄尔泰
12. 杜威
13. F. 乌里
14. 鲍尔斯　布厄迪尔

二、单项选择题

1. C　　2. B　　3. A　　4. A

5. B　　6. B　　7. D　　8. D

9. C　　10. D　　11. A

三、多项选择题

1. ACD　　2. ABCDE　　3. AB　　4. ABCD

5. ABD　　6. AC　　7. ABCDE

四、名词解释

1. 教育学:从内涵上说,"教育学"这个名词在我们国家基本上有三种含义:一是指所有教育学科门类的总称,与"经济学"、"哲学"、"物理学"等一样属于一级学科,在其下面还有众多的二级或三级学科,如"教育社会学"、"比较教育学"、"教育哲学"、"教育法学"、"教学论"、"德育原理"等等;二是指一种课程的名称,在这个意义上,"教育学"是各个师范院校所开设的一门带有专业基础性质的课程,该课程也往往称为"教育学原理"、"教育概论"、"教育原理"等等;三是指一种教材的名称,这种教材也就是"作为一门课程的教育学"所使用的教材,其名称也随着课程名称的不同称谓而有所不同。

2. 教育现象:是对教育活动最广泛的概括,是各种各样教育活动的外在表现。

3. 教育规律:是指教育活动中存在的本质的、必然的、内在的联系。

4. 教育事实:是对现实教育活动物质方面的概括。

五、简答题

1. 简述实验教育学的主要观点及评价。

答:实验教育学是 19 世纪末 20 世纪初在欧美一些国家兴起的用自然科学的实验法研究儿童发展及其与教育的关系的理论。其代表人物是德国的教育学家梅伊曼和拉伊。

实验教育学的主要观点是:

(1)反对以赫尔巴特为代表的强调概念思辨的教育学,认为这种教育学在检验教育方法的优劣上毫无用途。

(2)提倡把实验心理学的研究成果和方法运用于教育研究，从而使教育研究真正“科学化”。

(3)把教育实验划分为三个阶段：就某一问题构成假设；根据假设制定实验计划，进行实验；将实验结果应用于实际，以证明其正确性。

(4)认为教育实验与心理实验的差别在于心理实验是在实验室里进行的，而教育实验则要在真正的学校环境和教学实践活动中进行。

(5)主张用实验、统计和比较的方法探索儿童心理发展过程的特点及其智力发展水平，用实验数据作为改革学制、课程和教学方法的依据。

实验教育学所强调的定量研究成为20世纪教育学研究的一个基本范式，近百年来得到了广泛的应用和发展，极大地推动了教育科学的发展。实验教育学的方法也是有局限性的，因为像教育目的这样涉及价值的判断和选择的问题就不能通过实验的方法来解决，当实验教育学及其后继者把科学的定量方法夸大为教育科学研究的惟一有效方法时，它就走上了教育学研究中“唯科学主义”的迷途。

2.简述文化教育学的主要观点及评价。

答：文化教育学是19世纪末以来出现在德国的一种教育学说，其代表人物主要有狄尔泰、斯普朗格、利特等人。

文化教育学的基本观点是：

(1)人是一种文化的存在，因此人类历史是一种文化的历史。

(2)教育的对象是人，教育又是在一定的社会历史背景下进行的，因此教育的过程是一种历史文化过程。

(3)因为教育的过程是一种历史文化过程，所以教育的研究既不能采用赫尔巴特纯粹的概念思辨来进行，也不能依靠实验教育学的数量的统计来进行，而必须采用精神科学或文化科学的方法，亦即理解与解释的方法进行。

(4)教育的目的就是要促使社会历史的客观文化向个体的主观文化的转变，并将个体的主观世界引导向博大的客观文化世界，从而培养完整的人格；培养完整人格的主要途径就是“陶冶”与“唤醒”，发挥教师和学生个体两方面的积极作用，建构和谐的对话的师生关系。

以正确分析、理解，或需要占用大量的时间、耗费大量的精力，但仍难达到预期的效果。而教师在辅导时往往会根据具体的情况对一些重点内容给予适当的补充和详解，以帮助考生解决上述问题。所以，通过教师的面授不但有利于考生理解难点，而且有利于考生搞清哪些是重点部分，以利于复习和应考。

三是进行大量的习题练习，以真正掌握所学到的知识。本辅导教材的练习都是根据自学考试的试卷结构而有针对性地设计的，考生为了提高自己的应试能力，必须自己动手做各种类型的测试题，以提高自己对已学过知识的分析能力和理解能力。

编者在这里需要特别提醒考生的是，无论是教师的讲授，还是考生的自学，万不可将教育学的知识看成是呆板理论知识的简单堆砌，所以理论知识的学习并不是全部，甚至不是最重要的，重要的是通过学习掌握教育学的相关原则和精神，如此才能灵活运用教育学知识来解决实际问题。

三、考试题型构成与应试技巧

教育学自学考试的题型大体分为两大类。一类属于灵活应用以测试考生分析与理解能力的题目，主要包括填空题、单项选择题、多项选择题、判断题、综合分析题；另一类属于考察考生记忆的题目，主要包括名词解释、简答题和论述题。各种题型的特点和要求为：

1.填空题。填空题是从本课程内要求考生掌握的基本知识中摘录下一句话，其中给出一个或两个空，要求考生根据这句话的前后连接填写正确的词语。例如，“教育影响是教育过程中教育者作用于学生的全部信息，既包括____________，也包括了____________。”填空题的答案应是惟一的，决不能有多种答案；如果出现多个答案的情况，则说明命题本身有问题。需要注意的是，填空题所填的空，不是填写一般的连接词，而是重要的概念或对重要概念的解释。所以准备应试这类题目也不能完全依靠记忆，而应学会依靠平时的知识积累进行分析判断，特别是考试临场遇到没有完全记住或拿不准的也不能轻易放弃，而应根据文字的前后联系并回忆教材的相关内容，寻求正确的答案进行填充。

2.单项选择题。单项选择题是目前自学考试试卷中应用最广的一种题型，而且在试卷中所占分值比例也在不断提高。这类考题一般是提出一个问题或写出一个不完整的句子，然后给出四个备选答案。在四个备选答案中只有一个是正确的，要求考生把正确的答案选择出来，并将其号码填在题后的括号内，多选、错选均不给分。例如，“由于教育是一种公共职能，学校之间，特别是公立学校一般并不存在竞争。这体现了学校的哪一种特征？（　　）”，该题目设置了四个备选答案，一是公益性，二是垄断性，三是非自愿性，四是公共性。在这四个答案中，考生要想做出正确选择，就应依靠平时的知识积累和临场的分析能力。如果考生不能正确选择，则可以采用排除法，将错误的答案一一排除，最后经过分析思考得出正确的答案。

3. 多项选择题。多项选择题是比较困难而且考生最容易丢分的题目。这类题目提出一个问题往往要设置四到五个备选答案，要求考生从中至少选择两个或两个以上的答案，而且并不排除有五个正确答案的可能，考生多选一个或少选一个都不能得分。例如，“以下哪些是杜威的儿童发展观？（　　）”该题设置了下面五个答案，一是教育即生长，二是儿童的发展是一个不断演变的建构过程，三是教育即生活，四是从做中学，五是教育即经验的改造。考生要根据自己对知识的记忆与理解做出正确的选择。在试卷中最容易出多项选择题的就是一个概念有几个特点或要素，而出题者往往故意在几个正确答案的后面搀入几个错误的答案，以考察考生的判断能力，所以我们对这类题目尤其应该重视。对于此类题目，我们在复习时，决不能依靠死记硬背，更不能在应考时依赖于临场盲目猜测，那样做的正确概率是极低的。另外，在本书中，编者为了增加一定的难度，还特地糅合了一些单项选择题和多项选择题，编写了部分不定项选择题，具体的要求如同单项选择题和多项选择题，希望广大考生在做题时能灵活运用所学知识。

4. 名词解释。名词解释主要考察考生对课程中基本概念的记忆和理解能力。所以这里的名词不是一般的词，而是课程中重要的基本概念，如本课程中的学校、教学原则、学校事故、课程等。我们在解释名词时要力求准确、简明，不要写上大量无关的内容，也不必将其展开详细阐述。但基本内容不应遗漏，有时回答不全也会丢分。

文化教育学作为科学主义的实验教育学和理性主义的赫尔巴特式教育学的对立面而存在与发展，深刻地影响着德国乃至世界20世纪的教育学发展，在教育的本质、教育的目的、师生关系以及教育学性质等方面都能给人以许多启发。文化教育学的不足之处表现在它的思辨气息很浓，在许多问题的论述上具有很强的哲学色彩，这就决定它在解决现实的教育问题上很难提出有针对性和可操作性的建议，从而限制了它在实践中的应用。另外，它一味地夸大社会文化现象的价值相对性，忽视其客观规律的存在，也使它的许多理论缺乏彻底性。

3.简述实用主义教育学的主要观点及评价。

答:实用主义教育学是19世纪末20世纪初在美国兴起的一种教育思潮，是典型的“美国版”的教育学，对20世纪整个世界的教育理论研究和教育实践发展产生了极大的影响。其代表人物是美国的杜威、克伯屈等人。

实用主义教育学的基本观点是：

(1)教育即生活，教育的过程与生活的过程是合一的，而不是为将来的某种生活做准备的。

(2)教育即学生个体经验的继续不断的增长，除此之外教育不应该有其他的目的。

(3)学校是一个雏形的社会，学生在其中要学习现实社会中所要求的基本态度、技能和知识。

(4)课程组织以学生的经验为中心，而不是以学科知识体系为中心。

(5)师生关系中以儿童为中心，而非以教师为中心，教师只是学生成长的帮助者，而非领导者。

(6)教学过程中重视学生自己的独立发现、表现和体验，尊重学生发展的差异性。

实用主义教育学是以美国实用主义文化为基础的，是美国资本主义发展的教育学表达，对以赫尔巴特为代表的理性主义教育理念进行了深刻的批判，推动了教育学的发展。其不足之处就是在一定程度上忽视了系统知识的学习，忽视了教师在教育教学过程中的主导作用，忽视了学校的特质。

4.简述制度教育学的主要观点及评价。

答:制度教育学是在20世纪60年代诞生于法国的一种教育学说,从另一个方面开辟了教育学研究的新领域和新视角,其代表人物是F.乌里、A.瓦斯凯、M.洛布罗等人。

制度教育学的主要观点有:

(1)反对赫尔巴特以来的传统教育学把教育研究的着眼点放在一些师生个体行为的观察、分析、指导和校正上,认为教育学的研究应该首先把培养制度亦即教育制度作为优先目标,以阐明教育制度对于教育情境中的个体行为的影响。

(2)在教育实践活动中,教育制度比教育意图、计划、策略对师生教育及学习行为的影响更大、更深刻。教育实践中的官僚主义、师生与行政人员彼此间的疏离主要是由于教育制度造成的。

(3)教育的目的是帮助完成想要完成的的社会变迁,而要想达到这一目的,就必须进行制度分析,帮助教育者和受教育者理解制约他们思想、行为的制度因素,把学校中"给定的"制度(即从外面强加的制度)变成"建立中"的制度(即根据个人间的自由交往而导致自我管理的制度)。

(4)教育制度的分析不仅要分析那些显在的制度,如教育组织制度、学生生活制度等,而且还要分析那些隐性的制度,如学校的建筑、技术手段的运用等等。

制度教育学侧重于对学校的各种教育制度进行分析引起了人们对学校制度的高度重视,使获得了对原来视为当然的学校制度进行质疑和批判的意识与能力,促进了教育社会学的发展。但是,由于制度教育学过分地依赖精神分析理论来分析制度与个体行为之间的关系,所以又显得不科学,在许多问题的论述上缺乏说服力。

5.简述马克思主义教育学的主要内容及其基本观点。

答:马克思主义的教育学包括两部分内容:一部分是马克思、恩格斯以及其他马克思主义的经典作家对教育问题的论述,也就是他们的教育思想;另一部分是教育学家们根据马克思主义的基本原理(包括教育原理)对现代教育一系列问题的研究结果。

马克思主义教育学的基本观点是:

(1)教育是一种社会历史现象,在阶级社会中具有鲜明的阶级性,不存在脱离社会影响的教育。

(2)教育起源于社会性生产劳动,劳动方式和性质的变化必然引起教育形式和内容的改变。

(3)现代教育的根本目的是促使学生个体的全面发展。

(4)现代教育与现代大生产劳动的结合不仅是发展社会生产力的重要方法,也是培养全面发展的人的惟一方法。

(5)在教育与社会的政治、经济、文化的关系上,教育一方面受它们的制约,另一方面又具有相对独立性,并反作用于它们,对于促进现代社会政治、经济与文化的发展具有巨大的作用。

(6)马克思主义的唯物辩证法和历史唯物主义是教育科学研究的方法论基础,既要看到教育现象的复杂性,不能用简单化的态度和方法来对待教育研究,又要坚信教育现象是有规律可循的,否则就会陷入到不可知论和相对论的泥坑中去。

马克思主义的产生为教育学的发展奠定了科学的方法论基础,但是由于种种原因,在实际教育学研究过程中,人们没有能够很好地理解和运用马克思主义理论,往往犯一些简单化、机械化的毛病,这是我们应当在学习和发展马克思主义教育理论时所应当特别注意的。

6.简述批判教育学的主要观点及其意义。

答:批判教育学是 20 世纪 70 年代之后兴起的一种教育思潮,也是当前在西方教育理论界占主导地位的教育思潮,对于教育诸多问题的研究都有比较广泛和深刻的影响。批判教育学的代表人物有美国的鲍尔斯、金蒂斯、阿普尔、吉鲁,法国的布厄迪尔等。

批判教育学的基本理论的基本观点是:

(1)当代资本主义的学校教育并未像实用主义教育学所宣称的那样是一种民主的建制和解放的力量,是推进社会公平和实现社会公正的强有力手段和途径,恰恰相反,它是维护现实社会的不公平和不公正的,是造成社会差别、社会歧视和社会对立的根源。

(2)之所以会出现这种现象是因为教育是与社会相对应的，有什么样的社会政治、经济和文化，就有什么样的学校教育机构，社会的政治意识形态、文化样态、经济结构都强烈地制约着学校的目的、课程、师生关系、评价方式等，学校教育的功能就是再生产出占主导地位的社会政治意识形态、文化关系和经济结构。

(3)比这种后果更严重的是，人们已经习惯于把处境不利者的失败看成是个体的原因而不是制度的原因，把学校看成是一个按照公平和公正原则行事的地方，看成是一个纯粹以个体能力和兴趣为本位的地方，也就是说，人们已经对这种事实上的不平等和不公正丧失了“意识”，将之看成是一个自然的事实，而不是某些利益集团故意制造的结果。

(4)批判教育学的目的就是要揭示看似自然事实背后的利益关系，帮助教师和学生对自己所处的教育环境及形成教育环境的诸多因素敏感起来，即对他们进行“启蒙”，以达到意识“解放”的目的，从而积极地寻找克服教育及社会不平等和不公正的策略。

(5)批判教育学认为教育现象不是中立的和客观的，而是充满着利益的纷争的，因此教育理论研究不能采取唯科学主义的态度和方法，仅仅依靠收集、整理、统计一些数据来进行，而要采用实践批判的态度和方法，揭示具体教育生活中的利益关系，使之从无意识的层面上升到意识的层面。

世纪之交的批判教育学仍在发展之中，必将对21世纪的西方教育理论乃至我国的教育理论产生相当的影响，应该给予积极的关注。

六、论述题

1. 试论述自赫尔巴特以来的教育学发展简要过程及特征，并简要说明当代教育学所具备的一些新特征。

答案要点：

(1)教育学的创立是教育学发展史上的重要事件。从作为一种独立形态的知识领域来说，教育学创立的标志主要有：

①从对象方面而言，教育问题构成一个专门的研究领域，受到了思

想家或教育家们的特殊关注。

②从概念和范畴方面而言，形成了专门的反映教育本质和规律的教育概念与范畴以及概念和范畴的体系。

③从方法方面而言，有了科学的研究方法。

④从结果方面而言，产生了一些重要的教育学家，出现了一些专门的、系统的教育学著作。

⑤从组织机构而言，出现了专门的教育研究机构。

教育学的创立是种种主客观条件综合作用下产生的。首先，教育学的创立像其他许多学科的创立一样，来源于社会实践的客观需要，就教育学而言，主要来源于教育实践发展的客观需要。其次，教育学的创立与近代以来科学发展的总趋势和一般科学方法论的奠定有着密切的关系。再次，教育学的独立与一些著名学者和教育家们的努力也是分不开的，凝聚着好几代教育家的心血，最终使教育认识从教育术的阶段上升为教育学的阶段，从前科学转变为科学。

(2)从 19 世纪初赫尔巴特最后创立了教育学以来，教育学得到了比较大的发展，出现了各种不同的教育学流派和教育学观。透过百年来这些不同的教育学流派，我们可以发现：

①教育学的发展总是受到具体的社会政治、经济、文化条件的制约，反映着具体的社会政治、经济、文化发展的要求。社会政治、经济、文化改革深入的时期，也就是教育学研究最活跃的时期。

②在教育学的发展过程中，不同的国家形成了不同的教育学传统和风格，例如美国的实用主义教育学、德国的文化教育学、前苏联和我国的马克思主义教育学等。后来的教育学发展可以批评这个传统，但是却不能绕过这个传统。

③教育学的发展得益于不同教育学派之间的相互批评和借鉴，如实用主义教育学对赫尔巴特教育学的批评，文化教育学对实验教育学的批评，批判教育学对实用主义教育学的批评等等。没有不同教育学派之间的理论争鸣，就没有现代教育学的发展。

④不同的教育学派在相同的教育问题上越来越难以取得共识，教育学理论内部的分歧有加大的趋势，教育学的科学声誉也因此受到了

严重的影响。

(3)当代教育学的发展状况主要有五点：

①教育学研究的问题领域急剧扩大。

②教育学研究基础和研究模式的多样化。

③教育学发生了细密的分化，形成了初步的教育学科体系，同时也出现了各种层次与类型的综合。

④教育学研究与教育实践改革的关系日益密切。

⑤教育学加强了对自身的反思，形成了教育学的元理论。

2.结合实际，说一说学习教育学的意义有哪些？

答案要点：

学习教育学的意义在于：

(1)启发教育实践工作者的教育自觉，不断地领悟教育的真谛。

(2)获得大量的教育理论知识，扩展教育工作的理论视野。

(3)养成正确的教育态度，培植坚定的教育信念。

(4)提高教育实际工作者的自我反思和发展能力。

(5)为成为研究型的教师打下基础。

结合自己的实际理解具体阐述。

七、综合分析题

答案要点：

首先，它体现了当代教育学视野的不断扩大，教育研究视野在时间上将扩展到人的一生，在空间上将扩展到全社会；其次，它体现了教育理论与教育实践改革的关系日益密切，全民终身教育理论的提出，为各国进行教育改革实践提供了指导和帮助，加强了理论和实践的联系。

结合案例分析部分内容略。

第一章　教育的产生与发展

本章考核要点

本章是教育学的基础章节，主要是对教育本身的了解。“教育”的概念是构建教育学理论的一块基石，也是理解各种教育学说的一个恰当的入口。本章着重考察“教育”的概念，并由此深入到对人类教育活动发生和发展的历史考察，揭示现代教育的基本特征。通过本章的学习，要识记教育的内涵、学校教育基本构成要素，理解与掌握教育发展的基本阶段，以及每一阶段的基本特征。

本章首先要求对教育的概念有一个深刻而正确的理解，这是理解所有教育活动的出发点，因此，要求考生对教育的定义和学校教育的基本要素有一个正确的理解和把握。

我们认为，教育是在一定的社会背景下发生的促使个体的社会化和社会的个性化的实践活动。这两个过程是互为前提、互为基础、密不可分的。而学校教育是在一定的社会背景下发生的有计划有组织的促使个体的社会化和社会的个性化的实践活动。学校教育的基本要素是教育者、受教育者和教育影响。这三种要素既是相互独立的，又是相互规定的，构成一个完整的系统。

其次，本章还要求考生了解教育的起源和发展的基本历史脉络。教育的起源问题是教育学研究中的一个重要问题。

人们对教育起源的认识经历了一个历史过程：从教育的神话起源说到教育的生物起源说，再到教育的心理起源说，具有一种历史的进步性；教育的劳动起源说是在直接批判生物起源说和心理起源说的基础上，在马克思主义历史唯物主义的理论指导下形成的。根据不同社会历史时期生产力的发展水平以及建立于其上的生产关系的性质，教育发展的历程可以划分为三个大的阶段：原始教育、古代教育和现代教育。各个阶段的教育都具有不同的特征，体现了不同历史时期的教育观、经济发展水平和政治价值取向。

最后，本章还着重要求考生对现代教育的基本特征有一个深切的把握。一般来讲，与古代教育相比，现代教育具有公共性、生产性、科学性、未来性、国际性、终身性等特征。

综合练习题

一、填空题

1. 教育从生产劳动中第一次分离的标志是__________。

2. 教育是在一定的社会背景下发生的促使__________和__________的实践活动。

3. 社会的个性化是指把社会的各种观念、制度和行为方式内化到需要、兴趣和素质各不相同的个体身上，从而形成他们独特的__________。

4. 教育影响是教育过程中教育者作用于学生的全部信息，既包括__________，也包括了__________。

5. 教育的劳动起源说认为人类教育起源于__________。

6. 原始教育的方法主要是__________和实践中的模仿，封建教育的教学方法主要以严格的__________为主，辅以个人自学和修行。

7. 人类最早的学校出现在公元前 2500 年左右的__________（国家名）。

8. 中国封建社会开始不久，思想家们就提出了“__________，__________”的方针，把教育作为实施德政仁治的一个重要战略。

9. 最早颁布义务教育法的是__________，时间是__________年。

10. __________是现代社会和现代教育民主化的一个重要反映，也是现代社会和现代教育民主化的一个重要内容。

11. 现代教育的生产性的重要的标志是__________。

12. 作为有组织有计划的一种培养人的实践活动，学校教育由下列一些基本要素构成：__________、__________、__________。

13. 在教育学史上，关于教育起源问题有以下三种观点：__________、__________、__________。

14. 教育发展的历程划分为三个大的阶段：__________、__________、__________。

15. 现代教育具有__________、__________、科学性、未来性、国际性、__________等特征。

二、单项选择题

1. 教育与其他万事万物一样，都是由人格化的神（上帝或天）所创造的，教育的目的就是体现神或天的意志，使人皈依于神或顺从于天，这种观点来源于（ ）。

A. 教育的生物起源说

B. 教育的劳动起源说

C. 教育的心理起源说

D. 教育的神话起源说

2. 认为“生物的冲动是教育的主要动力”的观点来源于（ ）。

A. 教育的生物起源说

B. 教育的劳动起源说

C. 教育的心理起源说

D. 教育的神话起源说

3. 认为原始教育形式和方法主要是日常生活中儿童对成人的无意识的模仿的观点来源于（ ）。

A. 教育的生物起源说

B. 教育的劳动起源说

C. 教育的心理起源说

D. 教育的神话起源说

4. 下列不属于奴隶社会教育的特征的是（ ）。

A. 古代学校的出现

B. 教育阶级性的出现

C. 古代学校教育与生产劳动相脱离

D. 教育的内容主要是以道德文章或宗教经典为主

5. 中国封建学校教育的启蒙读物有（　　）。

A.《三字经》、《百家姓》、《千字文》、《说文解字》

B.《女儿经》、《三字经》、《学记》、《千字文》

C.《千字文》、《女儿经》、《三字经》、《百家姓》

D.《学记》、《说文解字》、《百家姓》、《女儿经》

6. 下列属于中国古代社会的教育著作和文章是（　　）。

A.《本笃规程》、《师说》、《进学解》、《颜氏家训》

B.《师说》、《进学解》、《颜氏家训》、《程氏家塾读书分年日程》

C.《辞源》、《进学解》、《颜氏家训》、《程氏家塾读书分年日程》

D.《本笃规程》、《辞源》、《颜氏家训》、《程氏家塾读书分年日程》

7. 在唐代的官学体系中，国子学只招收（　　）。

A. 皇亲国戚的子弟

B. 三品以上文武官员的子弟

C. 五品以上官员的子弟

D. 八品以下及庶人通其学者

三、多项选择题

1. 原始社会的教育特征是（　　）。

A. 教育水平低

B. 有一些专门的教育场所出现

C. 教育没有阶级性

D. 教育与生产劳动相脱离

E. 教育与原始宗教或仪式有着紧密的联系

2. 中国封建时代的教育系统包括（　　）。

A. 官学　　　　B. 私学

C. 书院　　　　　　　　D. 启蒙教育

E. 社学

3. 古代封建社会教育的基本特征具体表现在（　　）。

A. 学校教育的主要目的是培养适合统治阶级所需要的官吏、牧师或骑士

B. 学校教育既具有鲜明的阶级性，又具有严格的等级性或浓厚的宗教性

C. 教育的内容主要是以道德文章或宗教经典为主

D. 教育教学方法主要以严格的纪律约束为主，辅以个人自学和修行

E. 形成了比较系统的教育体系，积累了比较丰富的教育经验，提出了比较丰富的教育教学思想

4. 资本主义社会的教育的基本特征有（　　）。

A. 教育的目的在于既要培养和选拔资产阶级的统治人才，又要给予广大的劳动人民以一定的文化科学知识

B. 建立了现代学校制度

C. 课程结构、内容得到了不断的调整，尊重学生学习积极性的新教学方法不断出现

D. 师生关系民主化。在古代社会和古代教育中，师生关系是不平等的，在总体上带有古代社会人身依附关系的性质

E. 独立形态的教育学产生并得到了极大的发展

5. 现代学校制度的突出变化包括（　　）。

A. 实行义务教育制度

B. 创办了幼儿园，并逐步地把幼儿园纳入到学校制度中来

C. 创办了实科中学和工科大学，设立并发展了职业技术学校

D. 产生了各种类型的成人教育

E. 创办了一大批现代大学，形成了完整的从学前教育到高等教育的学制系统

6. 与资本主义社会教育相比较、社会主义社会教育的特征是（　　）。

A. 教育的目的在于培养社会主义初级阶段的公民和社会主义事业的建设人才

B. 是造就全面发展人才的教育

C. 教育与生产劳动相结合

D. 教育科学的研究有了科学方法论的基础

E. 教育科学的研究有了马克思主义的指导

四、名词解释

1. 教育
2. 个体的社会化
3. 学校教育
4. 教育者
5. 受教育者
6. 教育影响
7. 双轨制

五、判断题

1. 一个 6 岁的孩子偶然地碰到了电线,被电伤,但他也由此获得电的有关知识,这种过程是一种“教育”。( )

2. 严格地说,“抚养”、“养育”行为也能称其为“教育”。( )

3. 从本质上讲,机械的灌输也是一种“教育”。( )

4. 中国传统文化中的“学”与今天的“学习”的含义等同。( )

5. 社会主义的教育也是具有阶级性的。( )

6. 教育不仅可以成为改变人们的精神生活的重要力量,而且也可以成为改变人们的物质生活的一种重要力量,这是教育的生产性的重要表现。( )

六、简答题

1. 学校教育是由哪些基本要素构成的?它们之间的关系是怎样的?

2. 教育的劳动起源说的主要观点是什么?

3. 简述在教育史上关于教育起源问题的几种观点。

4. 简述原始社会的教育的基本特征。

5. 简述奴隶社会的教育的基本特征。

6. 简述封建社会(古代社会)的教育的基本特征。

7. 简述资本主义社会的教育的基本特征。

8. 简述社会主义社会的教育的基本特征。

9. 简述现代教育的基本特征。

七、论述题

教育的发展受社会发展的制约,反过来又促进了社会的发展。试从社会发展的不同阶段来论述教育的发展的几个阶段,并根据社会历史情况来分析教育的每一阶段的基本特征。

八、综合分析题

请阅读以下材料:

材料一:1969 年,具有七百多年历史的剑桥大学,率先走出"大学公司"的新路。有影响的"莫特报告"提出,要以剑桥大学的声望和实力,把那些立足于科学技术研究的企业吸引到剑桥地区来,得到了英国政府和企业界的支持。于是在 1970 年剑桥大学三一学院就拿出自己的一块土地筹建剑桥科学园。在此后十多年中,剑桥集结了大批高技术公司,行业包括:计算机软硬件、电子科学仪器、生物技术等。配置了可供共同使用的特种设备。由于这批高技术公司具有研制、设计、生产小批量高产值产品的能力,从而使剑桥科学园的利税率猛然上升,并且持续不断,这些高技术公司与剑桥三十多所在经济上各自独立的学院保持着极其密切、无法分割的关系。

材料二:纵观美国近年各大学公司的创建,大致具有如下特点:(1)让有企业工作经验的人出任校长,以市场的方式来吸收学生,招聘知名学者,如特里尼蒂大学以向任何一个全国优等生提供一年 5000 美元的奖学金方式来吸收优等生,结果其优等生入学比例占五分之一,跻身于哈佛、耶鲁、普林斯顿和斯坦福等一流大学之列。同时,该校也使教师的工资在5年内增加了60%以上。并且每年耗资20万美元，聘请国内最孚众望(当然也是最昂贵)的演讲者，如亨利·基辛格，亚历山大·黑格等来校演讲。一时间名声大噪。(2)大学公司化，既可以使大学教学、科研直接面向生产、经营管理部门，更可以增加财政收入，并借此不断改善办学条件，提高学校地位。如耶鲁大学、布鲁克林学院、里恩塞莱技术学院和其他许多高等院校都创立了"独立企业经营者培养基地"，提供企业式服务等。(3)大学公司化使企业与教育的关系日益密切，大学与企业在科技服务方面可以是互惠互利，利益均等。因而，加强双边合作，是今日大学公司化改革的又一特色。如康乃尔大学，1984年企业资助的经费在所有研究项目费用中已达到45%，而且比例还在逐年上升，虽然免不了受企业商业主义的"污染"，但从发展趋势看，是所得大于所失。

请根据上面的材料，分析其产生的背景，谈谈它们主要体现了现代教育在哪些方面的发展？

参考答案

一、填空题

1.学校的产生
2.个体的社会化　社会个性化
3.个性心理结构
4.信息的内容　信息传递和反馈的形式
5.劳动或劳动过程中所产生的需要
6.口耳相传　纪律约束
7.埃及
8.建国君民　教学为先
9.普鲁士　1754
10.师生关系的民主化
11.职业教育得到了很大的发展

12. 教育者　受教育者　教育影响

13. 教育的神话起源说　教育的生物起源说　教育的心理起源说

14. 原始教育　古代教育　现代教育

15. 公共性　生产性　终身性

二、单项选择题

1. D　2. A　3. C　4. D
5. C　6. B　7. B

三、多项选择题

1. ACE　2. ABCE　3. ABCDE　4. ABCDE
5. ABCDE　6. ACD

四、名词解释

1. 教育:是在一定的社会背景下发生的促使个体的社会化和社会的个性化的实践活动。

2. 个体的社会化:是指根据一定社会的要求,把个体培养成为符合社会发展需要的具有一定态度、知识和技能结构的人。

3. 学校教育:是在一定的社会背景下发生的有计划有组织的促使个体的社会化和社会的个性化的实践活动。

4. 教育者:包括学校教师,教育计划、教材的设计者和编写者,教育管理人员以及参加教育活动的其他人员,其中,教师是学校教育者的主体和代表,是直接的教育者。

5. 受教育者:即各级各类学生,也即教育的对象。学生作为教育实践活动的对象,既有人类实践活动对象的一般特征,又有自身的特殊性。一般特征体现在他们有自己身心发展的规律,实践活动必须认识和遵循这个规律,而不能违背或破坏这个规律。特殊性表现在学生身心发展的规律并不是一成不变的,而是在外界影响下不断变化的,是有鲜明个性特征的。

6. 教育影响:即教育过程中教育者作用于学生的全部信息,既包括了信息的内容，也包括了信息传递和反馈的形式，是形式与内容的统一。从内容上说，主要就是教育内容、教育材料；从形式上说，主要就是教育手段、教育方法、教育组织形式。教育内容、教育材料是教育活动的媒介，教师通过这个媒介来实现自己的教育教学意图，学生也通过它来实现自己的发展意图。教的活动与学的活动就是通过这个媒介链接起来的，从而成为一个统一的活动。

7. 双轨制：就是指在资本主义的学校教育制度有两个互相独立的系统：一个是专门为资产阶级子弟服务的，配备有良好的师资和设备，学生们沿着这个系统深造，就可以升入一些有名的高等学校，毕业以后直接成为统治阶级和各级管理人员。另一个是为劳动人民的子弟准备的，师资力量和教学设备都比较差，主要是学习一些实用知识和技能，很少有升大学的机会，一般在上中学之前就毕业进入劳动市场了。

五、判断题

1. ×　2. ×　3. ×　4. ×
5. √　6. √

六、简答题

1. 学校教育是由哪些基本要素构成的？它们之间的关系是怎样的？

答：作为有组织有计划的一种培养人的实践活动，学校教育由下列一些基本要素构成：

(1)教育者，包括学校教师，教育计划、教材的设计者和编写者，教育管理人员以及参加教育活动的其他人员，其中，教师是学校教育者的主体和代表，是直接的教育者。

(2)受教育者，即各级各类学生，也即教育的对象。学生作为教育实践活动的对象，既有人类实践活动对象的一般特征，又有自身的特殊性。一般特征体现在他们有自己身心发展的规律，实践活动必须认识和遵循这个规律，而不能违背或破坏这个规律。特殊性表现在学生身心发展的规律并不是一成不变的，而是在外界影响下不断变化的，是有鲜明个性特征的。

(3)教育影响，即教育过程中教育者作用于学生的全部信息，既包括了信息的内容，也包括了信息传递和反馈的形式，是形式与内容的统一。从内容上说，主要就是教育内容、教育材料；从形式上说，主要就是教育手段、教育方法、教育组织形式。教育内容、教育材料是教育活动的媒介，教师通过这个媒介来实现自己的教育教学意图，学生也通过它来实现自己的发展意图。教的活动与学的活动就是通过这个媒介链接起来的，从而成为一个统一的活动。

以上三种要素既是相互独立的，又是相互规定的，构成一个完整的系统。没有教育者，就没有受教育者，也就没有具有特殊发展价值的教育影响；没有受教育者，整个教育工作就失去了对象；没有教育影响，教育工作也就成了无米之炊，无源之水。作为一种有计划有组织的促使个体社会化和社会个性化的实践活动，学校教育过程就是系统各个要素之间相互影响、相互作用的过程。各个要素本身的变化，就会导致系统状况的改变。不同教育要素的变化及其组合最终形成复杂多样的学校教育网络，担负起教育的神圣职责。

2.教育的劳动起源说的主要观点是什么？

答：教育的劳动起源说其主要观点可以概括为：

(1)人类教育起源于其劳动或劳动过程中所产生的需要。

(2)以制造和利用工具为标志的人类的劳动不同于动物的本能活动，前者是社会性的，因而教育是人类特有的一种社会活动。

(3)教育产生于劳动是以人类语言意识的发展为条件的。

(4)教育从产生之日起，其职能就是传递劳动过程中形成与积淀的社会生产和生活经验。

(5)教育范畴是历史性与阶级性的统一，而不是如一些资产阶级教育学者所说的是永恒不变的范畴。生产力与生产关系的形态以及二者之间的关系改变了，教育形态也必须发生改变。实际上，自从人类教育产生之日起，就一直在随着社会和人的发展而发生着或快或慢的变革。

3.简述在教育史上关于教育起源问题的几种观点。

答：在教育学史上，关于教育起源问题有以下几种观点：

(1)教育的神话起源说。这是人类关于教育起源的最古老的观点，所有的宗教都持这种观点。这种观点认为，教育与其他万事万物一样，都是由人格化的神（上帝或天）所创造的，教育的目的就是体现神或天的意志，使人皈依于神或顺从于天。

（2）教育的生物起源说。该学说的代表人物是法国社会学家、哲学家勒图尔诺与英国的教育学家沛西·能。他们认为，教育活动不仅存在于人类社会之中，而且存在于人类社会之外，甚至存在于动物界。人类社会的教育是对动物界教育的继承、改善和发展。教育的产生完全来自动物的本能，是种族发展的本能需要。

（3）教育的心理起源说。教育的心理起源说在学术界被认为是对教育生物起源学说的批判。其代表人物为著名的美国教育史家孟禄。他认为，在原始社会中尚未有独立的教育活动，也就是说，尚未有我们今天的制度化的教育活动。原始教育形式和方法主要是日常生活中儿童对成人的无意识的模仿。

4.简述原始社会的教育的基本特征。

答：原始社会的教育具有如下特征：

（1）教育水平低。没有产生制度化的教育机构，教育只是在社会生活和生产（如狩猎）中进行的，教育的内容是非常贫乏的，教育的方法也主要是口耳相传和实践中的模仿。

（2）教育没有阶级性。由于共同生活的社会制度，教育资源没有为一些特殊的阶层所独占，而是面向所有的氏族或部落的儿童的。只是在男女儿童教育上，会根据他们的性别自然差异有一些区别，如可能会让女孩子学习采集，让男孩子学习打猎等。

（3）教育与原始宗教或仪式有着紧密的联系。原始宗教或仪式本身承担着一定的教育功能，对于传递原始社会的生产和生活经验，约束和塑造人们的社会行为起到重要的作用。

5.简述奴隶社会的教育的基本特征。

答：奴隶社会的教育出现了一些新的特征：

（1）古代学校的出现。人类最早的学校出现在公元前2500年左右的埃及。学校的出现意味着人类正规教育制度的诞生，是人类教育文明发展的一个质的飞跃。学校的产生标志着教育从生产劳动中的第一次分离。

(2)教育阶级性的出现。奴隶社会教育的阶级性非常明显,具体体现在:教育目的是培养奴隶主阶级治理国家所需要的人才;教育的对象主要是一些奴隶主贵族子弟;教育内容多是以军事教育和道德教育为主,以满足统治阶级对内对外武力镇压和道德教化的双重需要;教育方法体罚盛行,注重机械的练习和实践训练;教师担负起教育青少年一代的职责,被赋予很大的权力,具有很高的权威。

(3)古代学校教育与生产劳动相脱离。原始社会中,教育过程是与生产和生活过程相互交织在一起的,是不分离的。进入奴隶社会以后,生产劳动的经验一开始就被排斥在学校的大门之外。

6.简述封建社会(古代社会)的教育的基本特征。

答:古代封建社会教育的基本特征具体表现在:

(1)学校教育的主要目的是培养适合统治阶级所需要的官吏、牧师或骑士。

(2)学校教育既具有鲜明的阶级性,又具有严格的等级性或浓厚的宗教性。

(3)教育的内容主要是以道德文章或宗教经典为主。

(4)教育教学方法主要以严格的纪律约束为主,辅以个人自学和修行。

(5)形成了比较系统的教育体系,积累了比较丰富的教育经验,提出了比较丰富的教育教学思想。

7.简述资本主义社会的教育的基本特征。

答:资本主义社会的教育不同于封建时代的若干关键特征表现在:

(1)教育的目的在于既要培养和选拔资产阶级的统治人才,又要给予广大的劳动人民以一定的文化科学知识。

(2)建立了现代学校制度。与古代社会的等级制学校比较起来,现代学校在体系上更完备、类型上更多样、层次上更加清晰、性质上也更加世俗化,其中最突出的变化除了上面提到的实行义务教育制度之外,就是形成了完整的从学前教育到高等教育的学制系统。

(3)课程结构、内容得到了不断的调整,尊重学生学习积极性的新教学方法不断出现。

(4)师生关系民主化。在古代社会和古代教育中,师生关系是不平等的,在总体上带有古代社会人身依附关系的性质。随着资本主义社会新型政治和道德原则的建立,师生之间的关系也从不平等走向平等,从专制走向民主,由绝对的教师中心走向教师指导和帮助下的学生自治。师生关系的民主化是现代社会和现代教育民主化的一个重要反映,也是现代社会和现代教育民主化的一个重要内容。

(5)独立形态的教育学产生并得到了极大的发展,形成了一个庞大的教育科学体系,构成了一个完整的教育科学群,极大地提高了现代资本主义教育的理性水平。

8.简述社会主义社会的教育的基本特征。

答:社会主义社会的教育与资本主义教育相比,具有如下特征:

(1)教育的目的在于培养社会主义初级阶段的公民和社会主义事业的建设人才。

(2)教育与生产劳动相结合。

(3)教育科学的研究有了科学方法论的基础。马克思主义是指导社会主义革命和建设的根本方法论基础,也是指导社会主义国家教育科学研究的方法论基础。

9.简述现代教育的基本特征。

答:现代教育具有如下基本特征:

(1)现代教育的公共性。

现代教育的公共性是指:现代教育越来越成为社会的公共事业,是面向全体人民,而不是面向一小部分人的,是为全体人民服务,而不是仅为一小部分人服务的。

(2)现代教育的生产性。

现代教育的生产性就是指:现代教育越来越与人类的物质生产结合起来,越来越与生产领域发生密切的、多样化的关系;生产的发展也越来越对教育系统提出新的要求。

(3)现代教育的科学性。

现代教育的科学性是指:一方面,科学教育是现代教育的基本内容和最重要的方面；另一方面，现代教育的发展越来越依靠教育科学的指导，摆脱教育经验的束缚。

(4)现代教育的未来性。

现代教育的未来性是指：一方面现代教育的价值取向、目标定位等会对未来社会和个体的发展产生非常大的影响；另一方面是指现代教育的发展不仅要考虑到当前社会和个体发展的要求，从当前社会和个体的发展需要出发，而且要考虑到未来社会的发展趋势对教育提出的要求，教育要面向未来，未雨绸缪。

(5)现代教育的国际性。

现代教育的国际性是指：现代教育应该从态度、知识、情感、技能等方面培养受教育者从小就为一个国际化的时代做准备，也就是要面向世界。

(6)现代教育的终身性。

现代教育的终身性是指：现代教育不局限于学龄阶段，而是贯穿人的一生，现代教育的改革应该着眼于创造一个适合于终身学习的社会，满足不同年龄段的受教育者的教育需求。

七、论述题

教育的发展受社会发展的制约，反过来又促进了社会的发展。试从社会发展的不同阶段来论述教育的发展的几个阶段，并根据社会历史情况来分析教育的每一阶段的基本特征。

答案要点：

教育发展的历程划分为三个大的阶段：原始教育、古代教育和现代教育。其中古代社会、古代教育和现代社会、现代教育又各自可以划分出两个既有共性又有个性的亚阶段，即古代奴隶社会、古代奴隶社会的教育与古代封建社会、古代封建社会的教育，现代资本主义社会、现代资本主义社会的教育与现代社会主义社会、现代社会主义社会的教育。

(1)论述原始社会的经济状况、社会结构和知识状况，以及原始社会的教育特征。

(2)古代社会可以划分为奴隶社会和封建社会。分别论述它们的经济状况、社会结构和知识状况，以及社会的教育特征。

(3)现代社会划分为两个历史上先后出现的不同类型，即资本主义社会与社会主义社会。分别论述它们的经济状况、社会结构和知识状况，以及社会的教育特征。

详细内容从略。

八、综合分析题

答案要点：

“大学公司化”产生与科学技术高度发展、各种劳动的科技含量越来越高的今天，社会生产的进一步发展要靠不断的知识创新和高素质人才的出现，这种要求直接影响到教育中来。从大学教育本身来看，大学教育要想获得发展，也必须为实现社会的需要，培养符合社会发展需要的人才做好准备，避免大学的自我保守。以上材料体现了现代教育的生产性。

结合案例分析部分内容略。

第二章 学 校

本章考核要点

通过本章的学习，了解学校及学校制度产生的背景、学校的公益性特点，明确学校文化的特质及其与社会文化的互动关系，理解学校、家庭和社会相互关系，并掌握学校教育、家庭教育与社会教育互相配合的主要途径。

首先，本章要求考生了解学校及学校制度的发展情况。学校是一种古老的、广泛存在的社会组织，与每一个人的成长与发展有着密切的联系。它始于人类知识及其传播的专门化要求，是有计划、有组织、有系统地进行教育教学活动的重要场所，是现代社会中最常见、最普遍的组织形式。教育教学活动就是由许许多多不同类型和不同层次的学校教育机构来实施的。

现代社会的发展产生了对人才数量和规格的新要求，从而形成了现代社会特有的学校制度。学制即现代学校制度，是把学校教育机构纵横联系、统一和协调起来，所形成的一个幼儿、青少年、成人教育纵横贯通，学校、社会、家庭密切配合的一体化学校教育机构网。学制是由纵向的学校阶段和横向的学校系统构成的。前者形成学校体系的阶段性，后者形成学校体系的类型。而终身教育思想和再教育实践中的运用则直接影响了现代学制沿着民主化、多元化的改革方向推进。

其次，本章还要求考生对学校的公益性有一定的了解。虽然学校是一种社会组织，具有一般社会组织的共同特点，但学校区别于其他社会组织的根本特点就是它的公益性。

再次，本章还要求学生对学校文化有简单的了解，包括理解什么是学校文化、教师文化，了解学校的物质文化和制度文化两个主要的层面。

学校组织与管理也是学校制度中的一个重要组成部分。我们需要了解学校组织的基本结构和管理方法、管理内容等。也需要了解国家对中小学的管理和监督的制度和方法，包括学校课程计划的编制和颁行制度，教科书的编写、审定和使用制度，学校的学籍管理制度，教师人事管理制度等。

综合练习题

一、填空题

1.学校是一种古老的、广泛存在的社会组织。它始于人类知识及其传播的________要求，是________、________、________地进行教育教学活动的重要场所，是现代社会中最常见、最普遍的组织形式。

2.学制是由纵向的________和横向的________构成的。

3. 现代学制有三种类型：即________、________和________。

4.14 世纪时，欧洲已经有了几十所大学。这些大学一般设有文科、神学科、________和________等，其中文科主要教授________，属普通教育性质，起着后来的普通中学的作用，是大学的预科。

5.随着教育机会的逐步均等化，现代学制正由传统的封闭的________向开放的________过渡，现代学校正由________的施教机构系统向________的施教机构系统过渡。

6.我国第一个正式实施的学校制度是________。

7.学校及其他教育机构有别于企业组织的根本性特点是________。

8.学校文化如果从其形式来看，可以分为________、________和________三类。

9.学校作为一种最常见最普遍的社会组织,具有一般社会组织的特征,包括:__________、__________、__________、__________。

10.学校管理的基本途径是__________。

11.学校的沟通一般可以有__________和__________两种形式。

12.现代学制是在__________教育的基础上产生的,它从一开始就具有一种__________逐步扩大和__________逐步均等的发展趋势。

13.新的学制形式具有__________、__________以及和社会生产、社会生活密切联系的特点。

14.中国近代教育史上第一个现代学制系统产生于1902年,这就是《钦定学堂章程》,又称"__________"。

15.精神文化主要是以人或人际关系为基础构成的文化形态,包括__________和__________。

16.学校制度的种类很多,若从形式上看,则可以分为__________、__________和__________三类。

17.组织理论的产生和发展大体上可以分成三个时期,即__________、__________、__________。

18.学校管理同其他领域的管理一样,也是由__________、__________和__________三个基本因素组成的。

19.非正式沟通是指在正式沟通之外的信息传递,包括__________、__________、__________三种渠道。

20.学校绩效评估按照性质分类,可以分为__________和__________两种形式。

21.中小学教师职务设__________、__________、__________和__________。

22.学校教育与家庭教育相互配合的方法有__________、__________和__________三种方式。

23.我国现行学制的结构纵向可以分为__________、__________、__________和__________四个等级。

二、单项选择题

1. 一直延续至今的中小学的六三三学制是历史上哪个学制系统规定的？（　　）

A. 壬寅学制　　B. 癸卯学制

C. 壬戌学制　　D.《关于学制改革的决定》

2. 由于教育是一种公共职能，学校之间，特别是公立学校一般并不存在竞争。这体现了学校的哪一种特征？（　　）

A. 公益性　　B. 垄断性

C. 非自愿性　　D. 公共性

3. 学校管理的三要素不包括（　　）。

A. 学校管理者　　B. 学校管理的思想与理念

C. 学校管理的手段　　D. 学校管理的对象

4. 学校中的传统、仪式和规章，一般统称为学校的（　　）。

A. 制度文化　　B. 精神文化

C. 学校文化　　D. 物质文化

5. 社会组织的一般组织特征，不包括（　　）。

A. 实体性　　B. 程序性

C. 目的性　　D. 垄断性

6. 系统权变理论是最为晚近的组织理论，形成于20世纪70年代。以下哪一位不是其代表人物？（　　）

A. 巴纳德　　B. 霍曼斯

C. 梅奥　　D. 伯恩斯

7. 以下哪一点不是沟通对于学校管理所具有的功能？（　　）

A. 信息传递　　B. 信息反馈

C. 情感交流　　D. 控制

8. 非正式沟通是指在正式沟通之外的信息传递，不包括（　　）。

A. 个人之间的自发交往　　B. 非正式的接触或聚会

C. 社会传闻　　D. 上行沟通

9. 学校绩效评估按照不同的分类标准，可以做不同的分类，其中按

时间分类不包括以下哪一种？（　）

A. 下级评估　　B. 不定期评估

C. 日常评估　　D. 定期评估

三、多项选择题

1. 根据《教育法》的规定，我国有权举办学校及其他教育机构的主体主要有哪些？（　）

A. 国家　　B. 企业事业组织

C. 社会团体　　D. 公民个人

2. 学校与企业的区别主要体现在哪些方面？（　）

A. 设置目的不同　　B. 经费来源不同

C. 与政府的关系不同　　D. 产出不同

E. 收益不同

3. 为了体现学校及其他教育机构公益性的特点，我国《教育法》做出了哪些规定？（　）

A. 任何组织和个人不得以营利为目的举办学校及其他教育机构

B. 国家鼓励企业事业组织、社会团体、其他社会组织及公民个人依法举办学校及其他教育机构

C. 学校及其他教育机构具备法人条件，自批准设立或者登记注册之日起取得法人资格

D. 国家实行教育与宗教相分离

4. 学校文化最重要表达的内容是哪些？（　）

A. 教育的理想或追求

B. 对学校功能及其社会责任的理解

C. 对人性的理解

D. 对学习、工作的态度

E. 对集体的看法

5. 学校的制度文化包括哪些方面？（　）

A. 传统　　B. 规章

C. 政策　　D. 礼仪

6. 下列哪些属于学校文化的范畴？（　）

A. 学校校风　　B. 人际关系

C. 教育环境　　D. 教育观念

E. 历史传统

7. 学校作为一种社会组织，其独特性体现在哪些方面？（　）

A. 程序性　　B. 系统性

C. 垄断性　　D. 公益性

E. 非自愿性

8. 国家对中小学的管理和监督具体包括哪些方面？（　）

A. 学校课程计划的编制和颁行制度

B. 教科书的编写、审定和使用制度

C. 学校的学籍管理制度

D. 学校的财务流转制度

E. 教师人事管理制度

9. 学校组织的沟通在某些情况下会产生沟通障碍，妨碍管理的有效进行，主要有下列哪几种情况？（　）

A. 主观方面的障碍

B. 客观方面的障碍

C. 沟通渠道方面的原因

D. 忽视对信息的反馈

10. 国内外学者对如何评价一所学校的绩效有着不同的看法，主要包括（　）。

A. 目标模式　　B. 投入—产出模式

C. 需求满足模式　　D. 环境适应模式

E. 学校内质优化模式

11. 学校的绩效评估按照不同的标准，可以做不同的分类，按形式分类，学校绩效评估可以分为（　）。

A. 口头评估和书面评估

B. 个别评估和集体评估

C. 直接评估和间接评估

D. 定性评估与定量评估

12. 一般来说，学校的管理方法可以分为以下哪几类？（　　）

A. 行政管理方法　　B. 法律方法

C. 思想教育方法　　D. 经济方法

E. 学术方法

13. 中小学管理的基本内容包括（　　）。

A. 思想品德教育管理

B. 教学工作管理

C. 教务行政管理

D. 总务工作管理

14. 学校对中小学生身心发展的影响是受多方面因素制约的，主要包括（　　）。

A. 学校工作的指导思想对学生发展有直接的影响

B. 学校的教育水平的高低会直接影响学生的发展

C. 学校与社会、家庭的联系程度如何，也会直接影响学生的发展

D. 学校校园环境的优劣对学生的发展有直接的影响

15. 国外学者把家庭关系和家庭教育分为哪几种类型？（　　）

A. 独裁型　　B. 保护型

C. 和平共处型　　D. 合作型

16. 学校在指导和协调家庭教育方面承担着繁重的任务。学校对家庭教育的指导大致可以有以下哪几类情况？（　　）

A. 一般性指导　　B. 针对性指导

C. 分类指导　　D. 个别指导

17. 教师与未成年学生之间的关系，由于教师对这种关系的认识不同，以及个人性格、文化素养、所处的社会背景等方面的原因，会形成不同的代际关系模式，主要包括（　　）。

A. 长幼尊卑型　　B. 民主平等型

C. 娇惯放纵型　　D. 严加管束型

18. 学校文化如果从其形式来看，可以分为（ ）。

A. 精神文化　　B. 物质文化

C. 校园文化　　D. 制度文化

四、判断题

1. 现代学制产生于美国。（ ）

2. 中国近代教育史上第一个现代学制系统产生于1902年，这就是《钦定学堂章程》，又称“壬寅学制”。（ ）

3. 学校及其他教育机构的公益性并不体现在私立学校中。（ ）

4. 沟通在管理活动中应占有中心地位。管理系统中的层级越高，管理工作中沟通所占的比例就越大。（ ）

5. 教学大纲和教学计划等课程标准文件，从本质上说应是一种具有法律效力的规范性文件，因此全国课程标准必须统一。（ ）

6. 精神文化是指学校中的规范所构成的一种文化，学校规范是针对学校成员的，不同的规范体现了不同的价值和态度，因而构成不同的文化。（ ）

7. 马克斯·韦伯是古典组织理论的代表人之一。（ ）

8. 正式沟通是指按照学校机构设置的渠道所进行的信息传递。（ ）

9. 学校绩效的评价模式有多种，其中的目标评价模式认为绩效应以较少的资源投入培养数量较多、质量较好的人才为标志，这种模式注重效率。（ ）

10. 学校绩效的评估方式按照性质分类可以分为绝对标准评估和相对标准评估。（ ）

11. 中小学的学籍管理包括成绩评定、升级和毕业等项内容。（ ）

12. 中小学管理的基本内容包括思想品德教育管理、教务行政管理、教学工作管理和总务工作管理。（ ）

13. 定量评估，是对工作绩效所进行的质的鉴定，从总体上给予评价。一般常用于职称评审、职务任命、宣传表彰等管理领域。（ ）

14. 系统权变理论形成于 20 世纪 30～60 年代。代表人物有美国的梅奥、利科特、奔尼斯等。其主要特征是以人为中心，强调人的个性、需求、特点对组织的重要性。（　　）

五、名词解释

1. 学校
2. 学制
3. 学校文化
4. 精神文化
5. 管理
6. 学校管理
7. 学校绩效
8. 管理方法
9. 教科书
10. 反馈
11. 学校制度

六、简答题

1. 请简述学校的基本功能。为了实现这些功能，学校应该具备哪些基本的条件？

2. 1951 年颁布的新学制吸收了当时各个方面经验中的合理因素，它具有哪些特点？

3. 试以学校与企业的对比为例，简述学校的公益性特点。

4. 请列举近十年来中小学教育结构发生的一些变化。

5. 学校及其他教育机构与企业组织有什么区别？

6. 简述学校及其他教育机构的公益性体现在哪些方面？

7. 简述学校文化是如何形成的？

8. 试从教师在学校中的角色和地位的多重性出发，说明教师文化的制约因素。

9. 什么是沟通？沟通对于学校管理的功能是什么？

10. 学校管理的基本方法是什么?

11. 我国中小学管理的基本内容有哪些?

12. 家庭教育的主要任务是什么?

13. 试简述学校组织的沟通障碍主要有哪些,并说明如何克服?

14. 根据对社会文化的分析,试阐述社会教育的主要任务是什么?

15. 试简述学校教育与社会教育相互配合的主要途径有哪些?

七、论述题

1. 什么是双轨制?请结合双轨制的发展变化论述现代学制变革的主题是什么?这种变革是如何进行的?

2. 我国当前对中小学的管理与监督包括哪些方面?请结合实际情况谈谈如何更好的理顺学校与政府之间的关系?

八、综合分析题

请阅读以下文字:

案例一:深圳市南山区绿色校园建设。

2000 年 6 月,深圳市“绿色学校”评估组对南山外国语学校进行了全面的评估,2001 年 3 月,广东省“绿色学校”评估组也对该校建校六年来在创建一流学校的学习化环境,精心营造学校高品位的环境文化以及具有前卫意识的环境教育和研究的做法给予了充分的肯定。该校先后被评为市级、省级“绿色学校”。该校从 1999 年 9 月起,结合环境教育活动,全面实施整治校园环境的“STOB”计划〔即安全(safe)、整洁(tidy)、秩序(orderly)、美观(beautiful)〕,制定近一万字的行动计划,精心策划和设计校园整体美化方案并予以实施,强化校园的管理和维护,使整个校园体现出高品位、个性化的文化和审美格调,促进“学习化校园”的形成,使该校成为南山区校园景观最优美的学校之一。

案例二:浙江省绍兴县齐贤中学的办学理念。

育人宗旨:学会做人、学会学习、学会生活、学会创新。

教学思路:三段定位、全程培养。

校训:务实创新、追求卓越。

校风:尚德、勤学、守纪、强身。

教风:身正、业精、情深、绩优。

学风:刻苦、踏实、有序、多问。

政风:团结、廉政、勤政、高效。

请问:案例一和案例二分别反映了学校文化的哪些方面?这些方面具体包括哪些内容?学校文化对学生的发展有哪些影响?如何更好地建设校园文化来促进学生更好的发展?

参考答案

一、填空题

1. 专门化　有计划　有组织　有系统
2. 学校阶段　学校系统
3. 双轨学制　单轨学制　介于二者之间的分支学制
4. 医学科　法学科　七艺
5. 精英模式　大众模式　职前准备教育　终身教育
6. 癸卯学制
7. 公益性
8. 精神文化　物质文化　制度文化
9. 实体性　目的性　系统性　程序性
10. 沟通
11. 正式沟通　非正式沟通
12. 普及和发展　教育对象　教育机会
13. 开放性　大众性
14. 壬寅学制
15. 学生文化　教师文化
16. 传统　仪式　规章
17. 古典组织理论　行为分析理论　系统权变理论
18. 管理者　管理手段　管理对象

19.个人之间的自发交往　非正式的接触或聚会　社会传闻

20.定性评估　定量评估

21.高级教师　一级教师　二级教师　三级教师

22.互访　家长会　家长委员会

23.幼儿教育　初等教育　中等教育　高等教育

二、单项选择题

1.C　2.B　3.B　4.A　5.D

6.C　7.B　8.D　9.A

三、多项选择题

1.ABCD　2.ABCD　3.AD　4.ABCDE

5.ABD　6.ABCDE　7.CDE　8.ABCE

9.ABC　10.ABCDE　11.ABC　12.ABCDE

13.ABCD　14.ABC　15.ABCD　16.ABCD

17.ABCD　18.ABD

四、判断题

1.×　2.√　3.×　4.√　5.×

6.×　7.√　8.√　9.×　10.×

11.√　12.√　13.×　14.×

五、名词解释

1.学校:是一种古老的、广泛存在的社会组织。它始于人类知识及其传播的专门化要求,是有计划、有组织、有系统地进行教育教学活动的重要场所,是现代社会中最常见、最普遍的组织形式。教育教学活动就是由许许多多不同类型和不同层次的学校教育机构来实施的。

2.学制:即现代学校制度,是把学校教育机构纵横联系、统一和协调起来,所形成的一个幼儿、青少年、成人教育纵横贯通,学校、社会、家庭密切配合的一体化学校教育机构网。学制是由纵向的学校阶段和横向的学校系统构成的。前者形成学校体系的阶段性，后者形成学校体系的类型。

3. 学校文化：是指由学校成员在教育、教学、科研、组织和生活的长期活动与发展演变过程中共同创造的、对外具有个性的精神和物质共同体，如教育和管理观念、历史传统、行为规范、人际关系、风俗习惯、教育环境和制度以及由此而体现出来的学校校风和学校精神。

4. 精神文化：主要是指以人或人际关系为基础构成的文化形态，包括学生文化和教师文化。

5. 管理：是指管理者根据一定的目的，通过一定的组织机构和为完成既定的组织目标所必需的一套规章制度，对该组织机构内的人、财、物等进行决策、计划、组织、控制、领导和创新，以有效地实现该系统的预期目标的过程。从这一定义可以看出：

第一，管理是一种理性行为，是有意识、有目的的行为，是一种对象化的行为。

第二，管理必须有管理的主体和客体。

第三，管理必须有其自己独特的手段，亦即管理手段。

第四，管理必须要有效果，亦即管理效果。

6. 学校管理：是管理的一个重要领域，它是学校管理者在一定社会环境条件下，遵循教育规律，采用一定的手段和措施，带领和引导师生员工，充分利用校内外的资源和条件，有效实现学校工作目标而进行的一种组织活动。

7. 学校绩效：是指学校功能发挥所产生的实际效果，是管理有效性的重要标志。

8. 管理方法：是指各种能够实现管理职能，达到管理目标，确保管理活动顺利进行的手段、途径和措施。

9. 教科书：是根据规定的课程标准编写和审定的系统反映学科内容的教学用书。

10. 反馈：接收者对信息的理解又反传给发送者，亦即发送者得到了对他所传递的信息的反应。

11. 学校制度：是学校组织对组织内部各类成员的一种行为规范规

定，不同的出发点，会有不同的规定，从而形成不同的制度文化。

六、简答题

1. 请简述学校的基本功能。为了实现这些功能，学校应该具备哪些基本的条件？

答：作为对社会成员进行教育、培养的社会机构，学校的基本功能是利用一定的教育教学设施和选定的环境实施教育教学活动，培养社会所需要的合格人才。为此，学校及其他教育机构应根据社会的经济、政治及文化发展的要求，选择有教育价值的知识对学生进行教育，使之具有符合社会要求的良好的行为道德倾向，培养他们向社会学习和为社会服务的能力，并具有为社会发展和人类进步而贡献力量的认识和责任感。为此，学校及其他教育机构要启迪学生的智慧，由简而繁，由易而难，循序渐进地教育学生学习现代科学技术，吸收优秀的民族文化传统，掌握从事社会物质生产和精神文明建设所需要的各种知识、技能和技巧。充分做好参加社会生活的准备。

为了实现上述功能，学校应当具备下列基本条件：

(1) 有与学生数量相适应的校舍、场地及其他基本教学设施；

(2) 有符合法律规定要求的，按编制标准配备的教师队伍；

(3) 有按规定标准配置的教学仪器、图书资料和文娱、体育、卫生器材。

2. 1951 年颁布的新学制吸收了当时各个方面经验中的合理因素，它具有哪些特点？

答：新中国成立后，1951 年颁布了《关于学制改革的决定》。这是我国学制发展的一个新阶段。新学制吸收了当时各个方面经验中的合理因素。该学制具有以下特点：

(1)继承了我国单轨学制的传统，使各级各类学校互相衔接，保证了劳动人民子女受教育的权利。

(2)职业教育学校在学制中占有重要的地位，体现了重视培养各种建设人才和为生产建设服务的方针。

(3)重视工农干部的速成教育和工农群众的业余教育，贯彻了面向工农开门的方向，突破了传统的学校定义，并使学校的功能有了较大的扩展。

(4)加强了普通教育、职业教育和成人教育三类学校的联系和结构的完整性。

3.试以学校与企业的对比为例，简述学校的公益性特点。

答：学校是一种执行公共职能的社会组织，有别于企业、事业单位，社会团体，国家机关等其他社会组织，具有独特的组织特点。这些特点会对学校产生其他社会组织所没有的约束或机会。

学校与企业的主要区别在于以下几个方面：

(1)设置目的不同。

学校的设置目的不同于企业。设置学校的根本目的是培养德、智、体等方面全面发展的各级各类人才，提高全民族的素质。而企业则是以营利为目的的生产和经营单位，追求最大化的剩余价值是其发展的动力。

(2)手段不同。

学校的经费来源不同于企业。学校的经费来源是多渠道的，其中主要部分来源于国家的财政拨款。国家出于公益性要求，拿出一部分财政收入用行政的办法分配各学校及其他教育机构，这种资金的使用，与企业的借贷资金不同，是无需偿还的。而企业则必须要拥有直接从事经济活动的资产，并以这种资产为基础，进行经营性活动，经过不断地周转而实现增值。

(3)与政府关系不同。

政府与学校之间的关系也不同于企业。由于学校的办学活动涉及受教育权利问题，因此，在遵循教育规律，自主办学的同时，政府必须对其权能做出必要的限制。国家应根据社会整体利益的需要，加强对学校的宏观指导和管理。而企业则不然，构成企业的基本条件之一就是必须拥有自主经营权，否则就不能称之为企业。国家虽然也会用计划的手段对企业进行宏观控制，但在大多数情况下是通过市场来进行调节的。

(4)产出不同。

学校的产出也与企业不同。学校向社会提供的，是一种社会公共服务或者公共产品。这种服务或者产品是每个人全面发展身心，实现自我价值所不可缺少的前提条件。这种教育服务或者产品不是一般意义上的商品，是不能在市场上通过等价交换来获得的。因此教育服务或者产品不能以营利为直接目的，不能通过市场来实现其价值。而企业生产的产品是要进入流通领域，进行商品交换的，作为商品，它必然以追求利润为直接目的，以商品生产者和经营者的特殊利益作为出发点和归宿，通过市场来实现产品的价值。

4.请列举近十年来中小学教育结构发生的一些变化。

答：近数十年来，由于发达国家的普及教育已经达到了初中和高中，中小学已不再是就业教育，而成为普通文化科学基础教育的初级阶段。在许多国家，中小学教育的结构有了一系列变化。

首先，小学教育的变化表现为：

(1)小学已无初高级之分；

(2)小学入学年龄提前到6岁甚至5岁；

(3)小学年限缩短到5年(法国)、4年(德国)甚至3年(20世纪70～80年代的前苏联)；

(4)小学和初中直接衔接，取消了升入初中的入学考试。

其次，初中教育也发生了深刻的变化。主要是由于义务教育向初中的延长使初中阶段的教育成为科学基础教育的重要阶段，导致初中阶段教育结构发生下列变化：

(1)初中学制延长；

(2)把初中阶段看作普通教育的中间阶段，而不把它看成是中学的初级阶段，中间学校由此而来；

(3)把初中和小学连接起来，统一进行文化科学基础知识教育，取消小学和初中之间的考试，把小学和初中阶段看作基础教育的统一阶段；

(4)加强初中结束时的结业考试，据此再进行分流，或进行进一步的文化科学知识教育，或进行职业教育。

5.学校及其他教育机构与企业组织有什么区别？

答：学校及其他教育机构与企业组织的区别主要体现在以下几个

方面：

（1）设置目的不同。

学校的设置目的不同于企业。设置学校的根本目的是培养德、智、体等方面全面发展的各级各类人才，提高全民族的素质。而企业则是以营利为目的的生产和经营单位，追求最大化的剩余价值是其发展的动力。

（2）手段不同。

学校的经费来源不同于企业。学校的经费来源是多渠道的，其中主要部分来源于国家的财政拨款。国家出于公益性要求，拿出一部分财政收入用行政的办法分配各学校及其他教育机构，这种资金的使用，与企业的借贷资金不同，是无需偿还的。而企业则必须要拥有直接从事经济活动的资产，并以这种资产为基础，进行经营性活动，经过不断地周转而实现增值。

（3）与政府关系不同。

政府与学校之间的关系也不同于企业。由于学校的办学活动涉及受教育权利问题，因此，在遵循教育规律，自主办学的同时，政府必须对其权能做出必要的限制。国家应根据社会整体利益的需要，加强对学校的宏观指导和管理。而企业则不然，构成企业的基本条件之一就是必须拥有自主经营权，否则就不能称之为企业。国家虽然也会用计划的手段对企业进行宏观控制，但在大多数情况下是通过市场来进行调节的。

（4）产出不同。

学校的产出也与企业不同。学校向社会提供的，是一种社会公共服务或者公共产品。这种服务或者产品是每个人全面发展身心，实现自我价值所不可缺少的前提条件。这种教育服务或者产品不是一般意义上的商品，是不能在市场上通过等价交换来获得的。因此教育服务或者产品不能以营利为直接目的，不能通过市场来实现其价值。而企业生产的产品是要进入流通领域，进行商品交换的，作为商品，它必然以追求利润为直接目的，以商品生产者和经营者的特殊利益作为出发点和归宿，通过市场来实现产品的价值。

6. 简述学校及其他教育机构的公益性体现在哪些方面？

答:学校及其他教育机构的公益性具体地体现在以下一些方面:

(1)任何组织和个人都不得以营利为目的举办学校及其他教育机构。

由于教育的目的不是为个人或小群体谋求利益,获得利润,而是为了造福他人、社会乃至整个人类,是从文化、精神、体制、社会、环境等方面开发人的潜能,为社会及其每个成员的生存和发展创造各种基本条件的事业。

(2)教育必须与宗教实行分离。

教育与宗教的分离是体现教育公益性的一个重要方面。这是排除宗教对教育教学活动非法干预和渗透,维护学校及其他教育机构的正常教学秩序,保护未成年学生身心健康的重要举措,是保证学校及其他教育机构公益性的重要标志。

(3)学校及其他教育机构的公益性还涉及了教学、语言文字和课程设置等一系列问题。公益性原则不仅体现在公立学校,同时也体现在私立学校中。

7. 简述学校文化是如何形成的?

答:学校文化的形成来自两个方面:

(1)教育者根据社会的特定要求及社会的主流文化的基本特征精心设计和有意安排的文化,即为了使学生顺利地完成社会化过程,学校和教师必须对进入学校领域的各种复杂的社会文化因素,进行精心取舍、组织,建立适宜的文化环境,这是学校文化的一个重要来源。

(2)年轻一代的文化,主要是来自学生团体中的各种习惯、风俗、民约、传统、时尚、规范、语汇、价值观念等,这种文化就其本源而言是成人文化的一种反映,但其内容则与成人文化有别,是区别于社会主流文化的一种亚文化。

8. 试从教师在学校中的角色和地位的多重性出发,说明教师文化的制约因素。

答:由于教师在学校中的角色和地位有着多重性,因此制约教师文化的要素就非常复杂。

(1)教师是专业人员,他们必须了解和掌握本门学科的知识和成果,具备本门学科的专业能力,因此教师都会强调自己的学术背景及专门知识。

(2)教师是教育者,他们负有传播知识、培养能力的职责。为此,他们不仅要掌握教育的内容,更要懂得教育学的专业知识,了解人的认知心理和学习心理,能根据教育的基本规律去做好自己的工作。

(3)相对于未成年学生来说,教师又是成年人,负有一种保护未成年人健康成长的责任。

9.什么是沟通?沟通对于学校管理的功能是什么?

沟通是信息在发送者和接受者之间进行交换的过程,它是学校管理的基本途径。

沟通对于学校管理来说,有如下几个方面的功能:

(1)信息传递。这是沟通的最直接的目的,所有其他目的都是通过达到这一目的才得以实现的。沟通把信息向学校系统的上下左右传播,使学校成为一个既有分工,又有合作,权责明确,运行有序的系统。

(2)控制。学校对其下属的机构以及全体师生实施统一的指挥和协调,离不开沟通渠道。学校的机构系统实际上就是正式的沟通渠道,上级的指令通过它层层下达,下级的情况通过它层层上报,学校通过这一机构系统可以达到有效的控制。

(3)激励。在学校中,沟通是一种激励的工具。及时的工作领导,对工作绩效的评估的肯定,奖励出色的行为,对下属提供培训深造的机会等等,这些沟通方式都是为了达到激励的目的。

(4)情感交流。沟通可以满足人们社会交往的需求。通过正式的或非正式的沟通渠道,人们彼此之间交流情感,交换对于学校内一系列问题的看法,有助于提高个人的满意感。

10.学校管理的基本方法是什么?

答:为了实现学校的教育目标和任务,学校管理必须采用一定的方式和手段。方法是管理理论转化为管理活动的必要中介和桥梁。管理方法是指各种能够实现管理职能,达到管理目标,确保管理活动顺利进行的手段、途径和措施。一般来说,学校的管理方法可以分为以下几类:

(1)行政管理方法。这是指依靠行政组织和领导者的权力,通过强制性的行政指令等手段直接对管理对象施加影响，按行政系统进管理的方法。

(2)法律方法。这是指运用法律这种由国家机关制定或认可并受国家强制力保证实施的行为规范来进行管理的方法。

(3)思想教育方法。这是指通过对正确的精神观念的宣传，从真理性方面启发人们的理想，使之成为人们行动的动机，从而为实现学校目标而自觉努力的方法。

(4)经济方法。即物质效益的方法，是指把物质作为激励动力，按照经济规律的要求，运用经济手段来实施管理的方法。

(5)学术方法。这是对学校中的教学研究等学术工作进行管理时运用的方法。对这类工作的管理不应使用简单的行政命令手段，而应贯彻“百花齐放，百家争鸣”的方针。

11. 我国中小学管理的基本内容有哪些？

答：我国中小学管理的基本内容包括：

(1)思想品德教育管理。

思想品德教育管理的任务是加强和改善对品德教育工作的领导，组织和提高品德教育师资队伍，强化和规范品德教育工作，保证实现中小学思想品德教育的目标。

(2)教学工作管理。

教学工作是学校的中心工作，以教学为主是办好学校的基本规律，学校领导必须以主要精力和时间抓好教学。教学管理工作应坚持正确的教学方向，贯彻执行国家的教育方针和中小学的培养目标，促进学生在德、智、体诸方面全面发展。

(3)教务行政管理。

中小学的教务行政包括招生、编班、报到注册，填报有关报表，修订与执行各种规章制度，检查各部门工作计划的执行情况，检查各科教学进度，组织期中和期末考试，统计师生出勤和参加各种教学活动的情况，组织教学评价工作，组织教材的预定和发放，协助校长安排和落实教学任务，安排调课、代课、听课，检查学生课业负担，管理和充实教学仪器设备，办理学生转学、休学手续，整理和保管教学档案和学籍档案等等。

(4)总务工作管理。

中小学的总务工作是一项复杂、细致而又具体的工作,对学校开展教育教学活动,提高学校工作的效率,创造和谐有序的学校工作环境起着重要的保证作用。总务工作应为教育教学服务,为师生生活服务,努力改善办学条件,提供必要的教学条件和生活设施。总务工作管理包括校产管理、财务管理、生活管理等诸方面。

12.家庭教育的主要任务是什么?

答:家庭教育的主要任务是根据子女情况,制定家庭教育的计划和措施,并与学校密切配合做好教育工作,具体表现为:

(1) 加强对子女的思想品德和健康人格教育;

(2) 为子女的学习创造良好条件;

(3) 保护子女的身心健康,增强他们的体质。

13.试简述学校组织的沟通障碍主要有哪些,并说明如何克服?

答:学校组织的沟通在某些情况下会产生沟通障碍,妨碍管理的有效进行。主要有下列三种情况:

(1)主观方面的障碍。这是指信息的发送者或接收者(沟通行为的主体)由于个性或主观意识方面的原因而对信息沟通产生影响。

(2)客观方面的障碍。这是指接受信息的条件和可能与实际的信息量不对称所造成的沟通障碍。

(3)沟通渠道方面的原因。沟通媒体(如电话、电脑、各种教具等)技术上的问题,有可能使沟通受到障碍。

要克服上述的沟通障碍,可以从许多方面改善沟通的状况,比如:

(1)在发送者和接受者之间建立彼此信任、相互尊重的良好关系。双方对于信息沟通都应抱积极态度,排除各种人为的障碍。

(2)使用恰当的、准确的语言文字。发送者应使用准确、简要、明白、通俗的语言文字来传递信息,使对方尽可能全面准确地了解所要沟通的内容。

(3)选择最佳沟通媒体。应根据不同内容、不同场合,区别使用不同传递手段,以求最佳效果。必要时可采用多种沟通渠道,以避免可能出现的干扰,如先口头通报,然后再追加书面文件。

(4)注意信息的时效性。信息发送要及时、适时,发晚了有可能贻误时机,发得不适时有可能降低信息的效果。

(5)重视对信息的反馈。发送者发出信息后应及时了解对信息的反应,通过反馈确定信息传递的效果。如果反馈表明信息接受有误,应作适当调整并重新开始沟通过程,如果反馈结果良好,则可以继续进行下一个沟通过程。

14.根据对社会文化的分析,试阐述社会教育的主要任务是什么?

答:社会文化主要包括音乐、美术、戏剧、文学等类的艺术作品,电视、电影、书报刊物、音像制品各种形式的大众传媒,以及图书馆、博物馆、青少年活动中心、影剧院、游乐场、歌舞厅等文化娱乐场所。在发挥社会文化的教育作用的同时,社会应当干预他们所接触的社会文化环境,引导他们健康地发展。

根据以上所作的分析,社会教育的主要任务应该是:

(1) 组织校外社会文化教育场所,对青少年儿童实施德、智、体诸方面的教育。通过丰富多彩、适合他们的校外活动,补充、加深校内教育的成果,为青少年、儿童在全面发展的前提下发展他们的各种特殊才能提供更多的机会和条件。

(2) 在学校和家庭的配合下,组织好学生的寒暑假生活及节假日的活动。应组织他们参加各种有意义的活动,让他们得到积极的休息,促进他们的身心健康成长,使他们能以充沛的精力投入新的学习生活。

(3) 为学校培养科技、文艺、体育、美术等学生骨干,推动学校的课外活动。同时为国家积极发现和培养各方面专业人才。

(4) 组织学生参加社会公益活动,使学生通过活动了解社会、接触社会,树立服务社会、服务群众的观点。

(5) 开展各种家庭服务,如设立校外青少年儿童活动站,为少年儿童的校外活动提供场所,为家长解决双职工子女的午饭问题等等。

15.试简述学校教育与社会教育相互配合的主要途径有哪些?

答:学校教育与社会教育应紧密联系,互相配合,把学校教育扩展到全社会,这是现代社会对学校提出的新要求。

学校教育与社会教育相互配合的主要途径有：

(1) 学校积极鼓励和支持学生参加校外社会教育机构组织的活动，关心了解学生在校外活动中的表现。

(2) 学校应经常向校外教育机构提出建议和意见，给予具体的指导；应经常向有关部门反映意见和要求；向学生家长广泛宣传校外教育的重要意义；应动员学校的人力和物力，为校外教育机构的活动提供帮助和支持。

(3) 学校利用社会各种团体为儿童提供的活动条件对学生施加影响。学校应充分利用对社会各种团体所提供的条件，如少年宫、博物馆、广播电台、电视台等等，丰富和补充学校教育，使学生在这些场所学习在学校中学不到的知识，培养能力，发展智力，开阔眼界。

(4) 学校通过社区教育委员会的组织形式沟通学校与社会的联系。

近年来，教育的社区化已成为一种趋势。社区教育委员会是以学校为中心，由一所学校与所在社区的部分邻近工厂企业、事业机关和政府部门共同组成。社区教育委员会沟通了学校与社会的联系，协调了学校教育与社会教育对儿童的影响，实现了学校、家庭与社会的一体化，同时还有助于解决社区对教育需求与教育服务与社区之间的矛盾，改变教育与经济发展相脱节的现象，逐步实现学校为振兴社区经济服务的目标。

七、论述题

1. 什么是双轨制？请结合双轨制的发展变化论述现代学制变革的主题是什么？这种变革是如何进行的？

答：(1)双轨制是学制的一种类型。

从 19 世纪到 20 世纪中叶的近一百年时间里，在小学逐步普及的基础上，由于科学技术的进一步发展，对国民素质提出了更高的要求。这一要求促进了普及教育的延长。在许多发达国家，义务教育先后延长到了 8～9 年。延长的这部分教育统称初中教育，实施初中教育的学校一般叫初级中学。在欧洲各国，这类学校都只是小学的延伸，并不能与高等学校相衔接。与大学相衔接的高级中学是由古典文科中学演变而来的。上述两种学校系统在办学形式、教育对象、教育内容、教育水平等方面是完全不同的，这就是典型的双轨学制。

(2)双轨制逐渐向分支型和单轨制过渡。

直到20世纪初以前，西欧各国都实行严格的双轨学制。几十年来，随着义务教育的上延，教育机会均等原则的实施，双轨学制从小学开始向上逐步并轨。二战后，西欧各国的义务教育已经延长到了十年左右，已到了中学的第一阶段。这就使原先不分段的中学分成了两段，新发展起来的初级中学与传统的完全中学在学术水平上有很大差距，导致机会的不均等。于是许多国家采用了各具特色的做法，克服原有双轨制的不公平问题。在许多国家，初中的两轨已经合并，传统的双轨学制事实上已经变成分支型学制了。这种并轨还在上移，如英国的高中正在通过综合中学实行并轨。这说明，随着普及教育的发展，双轨学制必然要逐步过渡，最终走向机会均等的单轨学制。从当前看，综合中学是双轨学制并轨的一种较为成功的形式，因而综合中学化就成了现代中等教育发展的一种重要趋势。

(3)传统学制正在向现代终身教育制度转化。

①近几十年来，由于科学技术的飞速发展，知识的创造周期和陈旧周期都大大缩短了，因而，一个人不论受到过多么高的教育，都必须适时补充和更新自己的知识，为此需要重新回到学校中来再次接受教育。

②由于劳动生产率的不断提高，以及社会的文明进步，个人的劳动时间从总体上看在不断减少，这就能更多地满足每个人的精神追求和兴趣需要，为人的多方面的发展提供更大的可能性。

为此在20世纪中期之后，教育大众化和民主化的要求就成为世界各国学制改革的一个主旋律，构成了现代学制改革的一个重要内容。不仅仅表现在传统学制的延伸，双轨学校的并轨或融通方面，许多新的教育形式和教育机构如回归教育、终生教育、成人教育、函授教育、业余教育、远程教育、企业职工培训、老龄教育等都得到了广泛的发展并在学制系统中占有一席之地。这些新的教育形式和机构不仅是对传统学制的一种重要补充，更是一种改造。新的学制形式具有开放性、大众性以及和社会生产、社会生活密切联系的特点。可以这样说，随着教育机会的逐步均等化，现代学制正由传统的封闭的精英模式向开放的大众模式过渡，现代学校正由职前准备教育的施教机构系统向终生教育的施教机构系统过渡。

2.我国当前对中小学的管理与监督包括哪些方面？请结合实际情况谈谈如何更好地理顺学校与政府之间的关系？

答：我国对中小学的管理与监督主要体现在以下四个方面：

(1)学校课程计划的编制和颁行制度；

(2)教科书的编写、审定和使用制度；

(3)学校的学籍管理制度；

(4)教师人事管理制度。

在我国，中小学是教育行政的重要对象，其内容之广泛远胜于其他教育领域。由于中小学是各个地方政治、经济、文化的一个重要组成部分，学校工作不能不考虑其所在地方的需要。同时由于教育工作是教师与学生间的一种教与学的智力活动，很难以划一的标准来加以规范。因此国家对学校的管理和监督就具有某些不同于其他领域的特点，主要通过宏观的政策、法律、经费、督导等方法来进行控制和监督。

根据我国教育法的有关规定，学校及其他教育机构在不同的条件下可以具有两种不同的法律关系主体资格，即行政法律关系主体和民事法律关系主体。对于学校与政府的这两种法律关系，我们应该这样认识：

(1)行政法律关系对于坚持我国教育的国家管理的社会主义特色是十分必要的。我国学校及其他教育机构的多数活动都在国家的控制和管理之下，行政关系成为我国学校及其他教育机构发展其他关系的基础，没有集中统一的行政领导与管理，学校及其他教育机构就会出现无政府状态，这是有百弊而无一利的。

(2)但是行政关系不能代替民事主体之间的民事关系。在我国，在传统的计划体制下，政府对学校及其他教育机构的管理长期以来都是以单纯的行政手段为主，在这种情况下，学校及其他教育机构的独立法人地位并没有什么现实意义。但是，随着教育体制的深入发展，学校及其他教育机构的办学自主权得到扩大，这意味着行政部门必须转变职能，向学校放权，这势必会使教育领域内原先的社会关系发生变化和改组。具体地说，原先相当大的一部分行政关系将发生性质上的变化，成为具有民事性质的关系。这种趋势必然会随着教育体制改革的深入而日趋明显。因此，在推进教育体制改革的同时，确立学校及其他教育机构的法人地位，赋予其独立的民事主体资格就具有了重要的现实意义。

结合实际部分内容略。

八、综合分析题

答案要点：

两个案例共同反映了通过校园文化的建设来更好的促进学生的发展。

学校文化是指由学校成员在教育、教学、科研、组织和生活的长期活动与发展演变过程中共同创造的，对外具有个性的精神和物质共同体，如教育和管理观念、历史传统、行为规范、人际关系、风俗习惯、教育环境和制度以及由此而体现出来的学校校风和学校精神。学校文化是一种独特的文化，它的存在使学校的所有成员，尤其是学生受其规范及影响。

学校文化从其形式来看，可以分为精神文化、物质文化和制度文化三类。精神文化包括学生文化和教师文化，主要是以人或人际关系为基础构成的文化形态。物质文化是指学校物质环境所构成的一种文化，比如学校所处的物质环境，如校园面积、校园布局、学校建筑、教学设备、图书馆等等，都会构成一种独特的文化内涵。制度文化是指学校中的规范所构成的一种文化，学校规范是针对学校成员的，不同的规范体现了不同的价值和态度，因而构成不同的文化。案例一主要反映了深圳市南山中学通过营造绿色的高品位的教育物质环境文化来促进学生的发展。案例二主要反映了齐贤中学通过建设自身的学校制度文化来促进学生的发展。二者都具有重要的教育意义。

学校所处的物质环境，如学校建筑、校园布局、教学设备、图书馆等等，都属于学校物质文化的范围。与前述的教师文化、学生文化以及管理者文化等非物质文化一样，学校物质文化对学校文化的形成和发展都有着重要的影响。学校物质文化对学生身心的健康发展，知识技能的掌握，世界观、人生观和价值观念的培养，以及创造性、主体性的养成等，都会有直接或间接的影响。

学校中的传统、仪式和规章，一般统称为学校制度文化。学校制度是学校组织对组织内部各类成员的一种行为规范规定，不同的出发点，会有不同的规定，从而形成不同的制度文化。一所学校要实现自己的培养目标，要进行复杂的教育教学活动，就要有合理的工作程序，要有成规可循，形成一个和谐有序的环境，很多工作就需要逐步制度化，从而形成学校的制度。学校制度从形式上看，则可以分为传统、仪式和规章三类。学校传统是一所学校在较长时间内形成的，影响所有成员的价值取向和行为方式的定势。学校传统的形成受学生文化的影响较大，一般不是通过强制性的要求实现的。因此，一个良好的学校传统可以对学生的发展产生潜移默化的巨大作用。学校仪式是学校的某种固定化的活动程序和形式。一所学校中所存在的仪式表现在学业方面的，有开学典礼、毕业典礼等；表现在体育运动方面的，有运动会、体育比赛的各种仪式；其他还有升旗仪式、周会、校训、校歌等等。一所学校中各类仪式的多寡及其所包括的内容常随学校的性质及目标而有别。学校仪式一般是在学校的要求下产生，受教师文化的影响较大，具有一定程度的强制性，是教师教育学生的一种有效的工具。学校规章是学校中的一种制度化了的行为规范。如学生守则、教学规范、学校工作常规等等。学校规章的制定者一般是办学者或教师，代表他们的意愿和办学理念。规范的对象不仅包括学生，也包括学校的教职员工。一所学校的制度文化是在办学过程中逐步地形成的，是该学校特色的鲜明表现。独特的学校制度会对学生人格的养成产生不可磨灭的影响。

学校文化对学生的发展是潜移默化的和全方位的。因此，只有全方位的建设校园文化的方方面面，从物质环境到精神风貌，以及传统规章制度，以外显的到内隐的形式，对学生进行教育，才能更好的促进学生健康健全的成长。

结合实际分析部分内容略。

第三章　学　生

本章考核要点

这一章的主要教学目的是阐述儿童发展的基本含义，儿童的发展规律性表现及其教育意义，以及儿童发展观对教育实践的影响等方面的内容。通过本章的学习，我们可以了解正确的儿童发展观念、理解儿童发展的规律，并能进一步明确学生在教育活动过程中应有的地位和作用。

首先，本章要求考生了解什么是儿童的发展，在此基础上了解历史上不同的儿童发展观及其教育影响。

儿童个体的发展，是指儿童在其成长过程中，伴随着生理的逐渐成熟与社会生活经验增长的相互影响，其心理和生理能力不断提高的变化过程。历史上有关儿童发展的观点很多，最具有代表性的有三种：遗传决定论、环境决定论、辐和论。

其次，本章要求考生领会在现代儿童发展观中做出重要贡献的两位学者的观点的异同，从而更深刻地把握当代儿童发展观的基本观点。皮亚杰认为，儿童的发展是一个不断演变的建构过程，在这一过程中，儿童主体的活动是第一性的，是发展的根本原因，遗传与环境因素只是儿童发展的必要条件。杜威对此进一步扩展，对当代儿童发展观的形成与发展做出了重要的贡献。当代儿童发展观包括三方面的内容：儿童的发展是以个体的生物遗传素质为基础的，儿童的发展蕴含于儿童主体的活动之中，实现发展是儿童的权利。

再次，本章要求考生掌握儿童发展的规律特点，并掌握教育对儿童发展的主导作用和学生主体性在儿童成长过程中的重要功能。

概括而言，儿童个体发展表现出如下五种普遍特点：(1)儿童的身心发展具有顺序性；(2)儿童的身心发展具有不平衡性；(3)儿童的身心发展具有阶段性；(4)儿童的身心发展具有个别差异性；(5)儿童身心发展具有分化与互补的协调性。

教育对儿童发展具有主导性的作用，而要更好地实现这种主导性作用，除了教育目标要反映社会的发展、在成熟的基础上引导发展、在整体发展的基础上促进个性发展之外，尤其要注意尊重和发挥学生的主体性。

主体性主要包括可选择性、自主性、能动性和创造性。要发挥学生的主体性，需要做到：教育、教学活动的组织，要尊重学生的感受；教育活动中，要给学生留有选择的余地，并尊重学生的选择；教育中要鼓励学生的创造性。

综合练习题

一、填空题

1. 关于儿童人性和儿童在个体人性展现方面所表现出的差异性原因的问题，历史上有三派不同的观点：__________、__________、__________。

2. 中国古代教育中的儿童观，是围绕对__________的认识展开的。

3. “白板说”体现了__________的儿童发展观；“龙生龙、凤生凤”体现了__________的儿童发展观；“严师出高徒”、“棍棒底下出孝子”说明了__________的儿童发展观。

4. 皮亚杰的理论中，儿童的发展是以发展主体的__________为机制的自我演变过程。儿童的发展是一个不断演变的__________过程，在这一过程中，__________是第一性的，是发展的根本原因，遗传与环境因素只是儿童发展的必要条件。

5. 实行因材施教、“长善救失”教育原则的基础是儿童个体发展具有__________规律的体现。

6. 儿童的发展是以个体的________为基础。

7. 从主体性的结构上看，一般认为，主体性具有以下几个基本结构：________、________、________。

8. 德国心理学家________在其所著的《早期儿童心理学》一书中明确地提出儿童心理的发展是受环境和遗传二因素共同影响的"合并原则"。

9. 正确的儿童发展观，应主要包括下述三项基本内容：________、________、________。

10. 儿童个体发展表现出如下五种普遍特点：(1)儿童的身心发展具有________；(2)儿童的身心发展具有________；(3)儿童的身心发展具有________；(4)儿童的身心发展具有________；(5)儿童身心发展具有分化与互补的协调性。

11. 教育过程中如何尊重和发挥儿童的主体性，应当遵循以下几项基本原则：________；________；________。

二、单项选择题

1. 环境因素对儿童的作用，产生于儿童主体与环境的相互作用活动之中。这体现了哪一种儿童发展观？（　）

A. 遗传决定论　　B. 环境决定论

C. 辐和论　　D. 发生认识论

2. 以下儿童个体发展的哪一特点体现了对残疾儿童进行教育的重要依据？（　）

A. 儿童的身心发展具有顺序性

B. 儿童的身心发展具有不平衡性

C. 儿童的身心发展具有个别差异性

D. 儿童身心发展具有分化与互补的协调性

3. 十几岁的孩子就其身体发育来看，已经很接近成人的水平了，而其心理的成熟程度，却要比成人低得多。这体现了儿童个体发展的什么特点？（　）

A. 阶段性　　B. 不平衡性

C. 顺序性　　　　　　　　　D. 分化与互补的协调性

4. 下面哪一种做法不利于教育发挥促进儿童发展的主导作用？(　　)

A. 教育过程中始终要尊重和发挥儿童的主体性

B. 教育在成熟的基础上引导发展

C. 教育始终要在整体发展的基础上促进个性发展

D. 教育始终要顺应儿童的成熟，反映儿童已有的发展

5. “给我一打健全的儿童，更给我一个特殊的环境，我可以运用特殊的方法，把他们加以任意改变，或者使他们成为医生、律师、艺术家、大商家，或者使他们成为乞丐和盗贼”，提出这个观点的是美国著名教育学家(　　)。

A. 杜威　　　　　　　　　B. 华生

C. 斯金纳　　　　　　　　D. 桑代克

三、多项选择题

1. 环境决定论的代表主要有(　　)。

A. 柏拉图　　　　　　　　B. 华生

C. 洛克　　　　　　　　　D. 荀子

E. 施太伦

2. 以下哪些是杜威的儿童发展观？(　　)。

A. 教育即生长

B. 儿童的发展是一个不断演变的建构过程

C. 教育即生活

D. 从做中学

E. 教育即经验的改造

3. 1991 年中国政府签署了《儿童权利公约》，向国际社会做出了庄严承诺。该《公约》尊重儿童的精神体现了下列哪些原则？(　　)

A. 无歧视性原则

B. 儿童利益优先原则

C. 保障儿童生存、生命与发展的原则

D. 尊重儿童的意见发表权、参与权等，保障儿童成为行使权利的主体。

4. 儿童个体发展的规律有哪些？（　　）

A. 阶段性　　B. 不平衡性

C. 顺序性　　D. 分化与互补的协调性

E. 个别差异性

5. 我国《未成年人保护法》规定了保护少年儿童健康发展的哪几种保护？（　　）

A. 司法保护　　B. 家庭保护

C. 学校保护　　D. 社会保护

E. 自我保护

6. 我国《未成年人保护法》第四条规定，保护未成年人的工作应当遵循下列哪些原则？（　　）

A. 保障未成年人的合法权益

B. 尊重未成年人的人格尊严

C. 适应未成年人身心发展的特点

D. 教育与保护相结合

E. 给未成年人最广阔的自由发展空间

7. 有的数学教师在教学生解算术题时，只教自认为是最好的一种方法，并要求学生一步步严格地按老师规定的程序去做题，违反程序为错，用其他方法得出的正确答案也算错。这种做法违反了儿童发展的哪条原则？（　　）

A. 教育、教学活动的组织，要尊重学生的感受

B. 教育活动中，要给学生留有选择的余地，并尊重学生的选择

C. 教育中要鼓励学生的创造性

D. 教育要给学生能动的空间

E. 教育过程中要尊重和发挥儿童的主体性

8. 学生的主体性包括哪些具体的方面？（　　）

A. 创造性　　B. 能动性

C. 独立性　　D. 可选择性

E. 自主性

9. 下列哪些做法有利于发挥学生的主体性？（　　）

A. 重视培养学生主体参与课堂，让学生获得主体参与的体验

B. 在班级管理中，突出学生自主管理，让每一位学生都有机会参与班级管理

C. 采取集体教学、小组教学和个别教学相结合，尤其强调小组教学的作用

D. 建立开放多元的课程系统并实施配套的多元评估办法

E. 由学生参与制定规章制度并在严格的监督下要求一步步执行

四、判断题

1. 环境决定论虽然否定遗传生物因素在儿童发展中的决定性作用，但仍认为儿童的发展是受处于儿童主观控制之外的某种因果关系所制约，说到底还是一种决定论。（　　）

2. 在教育与儿童的发展这两件事上，它们之间是一种主从的关系，其中儿童的发展是主，学校教育只是从属于儿童发展，并为儿童发展服务的过程。（　　）

3. 总体而言，儿童的生理成熟先于其心理的成熟。（　　）

4. 儿童个体的发展就是儿童在成长过程中身体和心理发生的变化。（　　）

5. 儿童的学习和接受教育的过程不同于儿童发展的过程。（　　）

6. 受教育权利是儿童享有的一项基本的权利，是一项宪法权利。（　　）

7. 中小学生，尤其低年级学生，正处在各种倾向性形成的过程中，而他们又很缺乏判断和选择能力，因此，教育中就应严格地控制他们的所作所为。（　　）

五、名词解释

1. 遗传决定论

2. 环境决定论

3. 辐和论

4. 儿童个体的发展

5. 主体性

六、简答题

1. 环境决定论对教育产生了怎样的影响？

2. 简述皮亚杰关于儿童发展观的基本观点。

3. 简述杜威的儿童发展观及其与皮亚杰儿童发展观的主要区别。

4. 简述当代儿童发展观的基本内涵。

5. 儿童个体发展表现出哪些普遍的特点？

6. 教育如何在儿童发展中起主导作用？

七、论述题

1. 谈谈你对历史上以及当代不同儿童发展观的理解与看法。作为一名教师，应该树立怎样的儿童发展观？

2. 教育与儿童发展之间的关系是怎样的？如何发挥教育的作用，更好地促进儿童个体的发展？

八、综合分析题

请详细阅读以下材料：

福建省三明市第一中学全面实施主体性教育改革。

福建省三明市第一中学创办于 1945 年，是福建省首批办好的重点中学，连续 12 年荣获省级文明单位称号。1996 年被省教委确认为省一级达标学校，自 1997 年秋季起，改为高级中学。进入 90 年代以来，校领导率领全体教师全面实施"主体性教育"；"提高整体素质，发展个性特长"已成为三明一中的办学特色。该校实施的主体性教育改革具体包括下列内容：

(1)三大板块课程体系。

1997 年秋季起，各年段学生每学期至少选修两门选修课(毕业班学生至少选修一门）。目前已取得良好的教学效果。

（2）分层次教学管理改革。

1997年秋季开始实施的高中分层次教学改革实验，已取得阶段性成果。我们按学习能力的客观差异，把学生分为A、B两个层次，进行全方位的因材施教。一年来的实验表明，A、B两个层次的学生群体的德育品质、学业状况和身体素质正按预定的轨道健康发展。

（3）学年学分制改革。

我校学年学分制改革即将在全省率先投入运作。1998年秋季，我校将在高一年段试行学年学分制的改革实验，其要点如下：

①严格执行国家的课时计划，并结合本校的具体情况，实施"三大板块"的课程体系。在课程体制上保障素质教育的贯彻落实。

②在分层次教学的基础上，在学校指定的课程计划范围内，让学生自主选择学习的科目，学习的层次和考试的时间。

③贯彻实施多样化的考试方式（闭卷考试、开卷考试、口试、实践操作、小论文等形式）。

④以学分和学分积点评价学生学习的量与质，从而决定学生的毕业或肄业。学校规定，学生三年内学满159个学分（文科生为163个学分）即可毕业，其中，学科类课程学分不少于118个学分（文科生为122个学分），选修类课程学分不少于16个学分，活动类课程学分不少于25个学分。根据学分积点，将学业成绩分为A、B、C、D四个等级，取得A等的学生视为优秀学生。

请结合三明市第一中学实施主体性教育改革的具体内容，谈谈如何更好地在教育过程中尊重和发挥学生的主体性。

参考答案

一、填空题

1. 遗传决定论　环境决定论　辐合论
2. 人性

3.环境决定论　遗传决定论　环境决定论

4.自我调节　建构　儿童主体的活动

5.个别差异性

6.生物遗传素质

7.自主性　主动性　创造性

8.施太伦

9.儿童的发展是以个体的生物遗传素质为基础的　儿童的发展蕴含于儿童主体的活动之中　实现发展是儿童的权利

10.顺序性　不平衡性　阶段性　个别差异性

11.教育、教学活动的组织,要尊重学生的感受　教育活动中,要给学生留有选择的余地,并尊重学生的选择　教育中要鼓励学生的创造性

二、单项选择题

1.D　2.D　3.B　4.D　5.B

三、多项选择题

1.BC　2.ACDE　3.ABCD　4.ABCDE

5.ABCD　6.ABCD　7.ABCDE　8.ABDE

9.ABCD

四、判断题

1.√　2.√　3.√　4.×　5.√

6.√　7.×

五、名词解释

1.遗传决定论:是历史上一种典型的儿童发展观,该观点认为,人性的个体的差异是由个体的遗传素质或人的自然素质中的某些特点所决定的。在这一类思想中,有代表性的观点包括柏拉图的人分三等论、基督教的"原罪说"和中国古代的性善性恶论等等。

遗传决定论使人们相信,龙生龙,凤生凤,老鼠生来会打洞。这种观点不仅为统治阶级放弃民众教育、实行等级教育制度找到了理论依据,也为个别教育者推卸自己的责任找到了借口。

2.环境决定论:也是历史上具有代表性的一种儿童发展观。儿童发展观认为,真正在儿童的发展中起着绝对影响作用的力量,是儿童生活环境和后天所获得的教育引导。

在环境决定论的儿童发展观中,洛克的"教育万能论"和华生的"环境决定论"有着很大的影响。

3.辐和论:也称之为二因素论。这种发展观肯定先天遗传和后天环境两种因素对儿童发展都有重要的影响作用,而且二者的作用各不相同,不能相互替代。德国心理学家施太伦,在其所著的《早期儿童心理学》一书中,明确地提出儿童心理的发展是受环境和遗传二因素共同影响的"合并原则"。辐合论认为:"心理的发展并非单纯地靠天赋本能的逐渐显现,也非单纯地对外界影响的接受或反映,而是其内在品质与外在环境合并发展的结果。'发展等于遗传与环境之和'"。

4.儿童个体的发展:是指儿童在其成长过程中,伴随着生理的逐渐成熟与社会生活经验增长的相互影响,其心理和生理能力不断提高的变化过程。

把握儿童个体发展概念,需要澄清以下几个问题。

(1)发展不是简单的变化。

(2)发展不是单纯的生理成熟。

(3)教育不等于发展。

5.主体性:是人所具有的本质特性之一,它是人对外界刺激的选择性反应。从主体性的结构上看,一般认为,主体性具有以下几个基本结构:自主性、主动性和创造性。

六、简答题

1.环境决定论对教育产生了怎样的影响?

答:环境决定论认为,真正在儿童的发展中起着绝对影响作用的力量,是儿童生活环境和后天所获得的教育引导。环境决定论否定人的生物遗传素质在儿童发展中所起的作用，确信在儿童发展过程中，是其后天的生活经历和环境影响在起决定的作用，因而环境决定论又被称之为养育论。

环境决定论关注儿童生长的环境条件、后天教养内容和教育方法，以及这些环境因素在儿童成长与发展中的重要影响作用。就这一点而言，应该承认与遗传决定论相比较，环境决定论发现了对儿童发展影响力更大的一项变量。因而，环境决定论对儿童教育实践的影响也远远大于遗传决定论。在某些时候，环境决定论甚至成了教育对儿童发展进行影响与控制的惟一合理、合法性的依据。环境决定论的盛行，直接导致了传统教育实践重视教师权威和书本知识、学校纪律等特点，其目的就是希望通过控制儿童学习活动的环境、内容和方式来达到控制儿童发展的目的。"严师出高徒"、"棍棒底下出孝子"等在我国成为广为流传与普遍信奉的教育谚语，可见环境决定论对人们的教育方式选择有潜移默化的影响。环境决定论在肯定了儿童发展的可塑性的同时，也将儿童个体在发展过程中的地位，牢牢地固定在了失去自主性的被塑造地位上。

2.简述皮亚杰关于儿童发展观的基本观点。

答：皮亚杰认为，儿童的发展是以发展主体的自我调节为机制的自我演变过程。这一自我调节过程得以产生的基础是儿童健全的神经系统，但这种遗传素质只是儿童发展的必要条件，而不是发展得以产生的动因，更不能预定发展结果。而且遗传素质在儿童发展中的重要性，会随儿童的生理成熟的提高而降低。儿童发展的环境因素，也是儿童发展的重要条件，但是，环境因素作为客观存在，也不能自动对儿童发展产生影响。环境因素对儿童的作用，产生于儿童主体与环境的相互作用活动之中。也就是说，只有儿童把环境因素选作自己的反应对象，借此来构造或改变自已的认识结构和反应方式时，这一环境因素对儿童发展才是有意义的。在遗传、环境和儿童主体的活动这三者之间，惟有儿童的活动才是其发展的真正起因。所以皮亚杰认为，儿童的发展是一个不断演变的建构过程，在这一过程中儿童主体的活动是第一性的，是发展的根本原因，遗传与环境因素只是儿童发展的必要条件。

皮亚杰非常重视儿童的自主能动的自我调节功能，认为它在儿童发展中起关键作用。他明确揭示了儿童主体协调机制在连接刺激与反应过程中的关键性作用，突出了儿童发展过程中，儿童的主体地位和作用。他清楚地阐述了遗传因素、环境因素和儿童活动三者的关系及其各自在儿童发展中的意义。

3.简述杜威的儿童发展观及其与皮亚杰儿童发展观的主要区别。

答：杜威认为，在儿童的发展过程中，作为发展的主体，儿童对教育活动的参与和体验是影响其发展尤其是社会性发展的最重要的因素。所以，杜威主张根据儿童的兴趣和能力去设计教育活动，尽量去除教育过程中各种脱离生活实际、脱离儿童兴趣的内容与形式，使学生的发展更适合儿童的个性需求，更贴近社会的现实生活。

从强调儿童的主体性地位出发，杜威提出了“教育即生长”的著名论断。教育的根本点在于儿童的成长与发展，教育就要尊重儿童的个性，围绕儿童的兴趣、需要等进行组织，让儿童成为活动的主体，处于教育活动的中心地位。

从儿童的发展取决于儿童与外在环境相互作用这一角度出发，杜威又把儿童的发展看作是其经验的改组和改造过程，他主张让儿童从实际参与的活动中学习，即“从做中学”，教育就是要不断地为儿童的活动创造条件、调动儿童活动的积极性和创造性。所以在杜威看来，真正对儿童发展有益的教育，是能为儿童提供良好经验和连续性经验的活动，从这一角度而言，杜威认为“教育即经验的改造”。

与皮亚杰的心理学比较起来，杜威的儿童发展观在注重儿童作为发展主体的地位的同时，更强调环境条件，尤其是教育情境对儿童发展的影响作用。他主张根据儿童的兴趣和能力，设计教育活动，尽量去除教育过程中各种脱离生活、脱离儿童需求的内容与形式，以及其他可能会对儿童发展产生阻碍的各种因素，让儿童的发展更适合其个性需求、更贴近社会生活。杜威的这种思想，对20世纪初进步主义教育在世界范围的兴起产生了极大的促进作用。

4.简述当代儿童发展观的基本内涵。

答：综合有关儿童发展的各种思想观点，人们普遍认为，为了能够深刻地揭示儿童发展中各种影响因素的关系,正确的儿童发展观应主要包括下述三项基本内容。

(1)儿童的发展是以个体的生物遗传素质为基础的。

个体的生物遗传素质,指的是儿童个体从亲代的遗传基因中得到的、同时具有人类和个体特性的生物机体因素。正是这一生物因素所特有的对内外环境刺激的自我调节机制,不停地创造了儿童生命过程中的种种变化。但是,遗传素质为儿童的发展只提供了一种潜在的可能性,我们说它只是一种潜在的发展可能性,是因为一方面遗传素质所具有的发展能力,并不会确定地转变为儿童发展的现实。

(2)儿童的发展蕴含于儿童主体的活动之中。

皮亚杰的研究告诉我们,儿童的发展既不是一种先天存在于儿童机体内等待发现和发掘的结构或功能,也不仅仅是完全由外在环境刺激的性质所决定的一种反应模式。儿童的发展,是作为一个生物和社会个体的儿童运用自我调节机制的活动结果,也就是说,儿童主体的活动是儿童发展的源泉。

(3)实现发展是儿童的权利。

我们说实现发展是儿童的权利,是因为作为一个生命体成长是内在于生命之中的特征。作为一个社会成员,社会生活的性质、社会所赋予他(她)的种种责任和义务,需要他(她)在生命的成长过程中获得和展现社会文化。正是从这种角度而言,我们应该承认儿童有权获得发展,儿童的发展也与他(她)自身利益相关联。

5.儿童个体发展表现出哪些普遍的特点?

答:儿童个体的发展包括生理发展和心理发展两方面,即包括其生理成熟与其个性心理品质的形成与变化的复杂过程。人类作为一种生物体,有其自身发展变化的生物学特点,而人类个体的发展变化,作为生物性个体与环境条件相互作用的结果,也必然受到人类发展特点的制约,表现出特有的规律性。儿童发展的规律性,就是在儿童随其年龄增长身体和心理变化中普遍存在的特点。概括而言,儿童个体发展表现出如下五种普遍特点:

(1)儿童的身心发展具有顺序性。

在儿童的发展过程中，无论其身体的发展和心理的发展，都表现出一种稳定的顺序。在儿童身心发展过程中，所表现出的这种顺序是固定不变的。先前的发展变化，又是其顺序序列中紧随其后的发展和变化的基础，顺序性所具有的这一特点，使儿童身心发展的顺序成为一种连续的、不可逆转的过程。

(2)儿童的身心发展具有不平衡性。

不平衡性，是指在连续不断的发展过程中，儿童身心发展的速度，并不是完全与时间一致的匀速运动，在不同的年龄期，其发展的速度和水平是有明显差异的。新生儿(出生第一年)与青春期(13、14 岁至 15、16 岁左右)，是儿童身心发展的两个高速发展期。不平衡性，是儿童发展过程中表现出来的身体和心理发展并不完全协调、统一的现象。就儿童发展的整体而言，生理成熟是先于心理成熟的。

(3)儿童的身心发展具有阶段性。

儿童发展的阶段性，是指在儿童发展的连续过程中，其发展在不同年龄阶段，会表现出某些稳定的、共同的典型特点。这些特点无论从表现方式上、发展速度上，以及发展的结构方面，与其他阶段相比较，都会具有相当不同的特征。这种现象又被称之为儿童发展的年龄特征。

(4)儿童的身心发展具有个别差异性。

发展的个别差异性，是指在儿童发展具有整体共同特征的前提下，个体与整体相比较，每一具体儿童的身心发展，在表现形式、内容和水平方面，都可能会有自己的独特之处，这种表现于个体发展方面的差异性，来源于个体遗传素质和生活环境的差别。

(5)儿童身心发展具有分化与互补的协调性。

儿童的各种生理和心理能力的发展、成熟，虽然依赖于明确分化的生理机能的作用，但在总体发展水平方面，却又表现出一定的机能互补性特点，以协调人的各种能力，使其尽可能地适应自己的生活环境。这种协调性，是具有生理缺陷的儿童发展的重要保障，它使这些儿童不至于因某种生理机能的缺陷而严重地阻碍其整体发展水平的实现。这一规律，也是对残疾儿童进行教育的重要依据。

以上这五种规律性的特点，从总体上概括出了儿童身心发展过程中的本质性表现。从总体上把握儿童身心发展的规律，我们还可以发现这些规律所反映出的一些更为深刻的内容，即儿童的生理成熟先于其心理的成熟；每一年龄阶段儿童发展水平、特点的充分实现，将有助于其后的发展，否则，下一阶段的发展将会受到一定阻碍；儿童的身心发展，归根结底是儿童个体的发展，尊重和顺应儿童个体发展的差异性，是促进儿童整体发展水平、扩展儿童发展范围的根本道路。

七、论述题

1. 谈谈你对历史上以及当代不同儿童发展观的理解与看法。作为一名教师，应该树立怎样的儿童发展观？

答：(1)遗传决定论的基本观点及其局限性。

(2)环境决定论的基本观点及其局限性。

(3)辐和论的基本观点及其局限性。

(4)皮亚杰与杜威关于儿童发展的理论，他们理论的核心内容对儿童发展理论的影响。皮亚杰和杜威的思想，推进了儿童发展观的进步与成熟。皮亚杰的贡献，在于明确地揭示了儿童主体协调机制在连接刺激与反应过程中的关键性作用，突出了儿童发展过程中儿童的主体地位和作用。而杜威则在肯定儿童主体重要性的同时，指出了环境条件的特点对于儿童主体发展的意义，提出对环境，尤其是对教育这一特殊的儿童生活环境的改造与控制，使其能适应儿童发展的倾向，满足儿童发展的需求。

(5)当代儿童发展观的基本内容：

①儿童的发展是以个体的生物遗传素质为基础的。

②儿童的发展蕴含于儿童主体的活动之中。

③实现发展是儿童的权利。

作为一名教师，要树立正确的儿童发展观，就应该在具体的教育教学实践中坚持和把握以上儿童发展观内涵的基本点。

详细观点略。

2. 教育与儿童发展之间的关系是怎样的？如何发挥教育的作用，更好地促进儿童个体的发展？

答:在教育与儿童的发展这两件事上,它们之间是一种主从的关系,其中儿童的发展是主,学校教育只是从属于儿童发展,并为儿童发展服务的过程;它们之间也是目的和手段的关系,儿童发展是源于人类本性的目标实现过程,而教育仅是实现发展的特殊手段。

教育与同样能够对儿童的发展产生影响的其他因素——遗传素质、家庭环境和一般性的社会人文地理条件等相比较,教育的影响力量更强大,更具有决定性。所以我们说,教育在儿童的发展中起主导作用。而教育要实现这种主导作用,更好地促进儿童个体的发展,需要从以下几个方面把握:

(1)教育目标要反映社会的发展。

教育目标的确定,要以真实地反映社会的时代性价值标准和社会发展水平、发展趋势为基础。

(2)在成熟的基础上引导发展。

科学的教育在教育实践活动中要处理好尊重成熟与引导发展的矛盾。儿童身心发展的顺序性、阶段性等特点表明,在儿童的发展过程中,我们的活动内容和教育要求,不能超越儿童生理机能发展水平的支持作用,更不能要求儿童包括那些看起来“已经长大成人”了的孩子们,像大人一样做事与思考,拔苗助长是教育的大忌。

但只是顺应儿童的成熟、反映儿童已有的发展,并不是教育的本意。科学的教育活动,要辩证地对待儿童的成熟与发展的关系。走在发展的前面,引导儿童发展的教育,是能够将复杂的知识、技能转化为儿童能力所能接受的形式交给儿童的。如此,儿童的发展与教育之间的关系,就会沿着“加速教育——掌握——类化——发展”这样一条路线前进。教育引导儿童的发展才会从可能转化为现实。

(3)在整体发展的基础上促进个性发展。

科学的教育,要处理好注重整体教育与允许儿童个体充分地展现个人发展的独特性的关系。

(4)教育过程中要尊重和发挥儿童的主体性。

在教育过程中,儿童既是接受教育的对象,又是教育活动的主体。教育对儿童发展的影响意义,在于它在一定程度上限定了儿童选择的范围，并引导儿童正确地认识外在环境因素对自身的价值。这也是与其他外在因素相比较，教育对儿童发展能起主导作用的原因。但是我们也应该意识到，教育只是帮助儿童做出选择，却不能代替他们做出选择。正是从这一意义上，我们说教育过程中要尊重和发挥儿童的主体性。

八、综合分析题

答案要点：

学生的主体性，是指在教育活动中，作为主体的学生在教师引导下处理同外部世界关系时所表现出的功能特征，具体表现为选择性、自主性、能动性和创造性。

三明市第一中学实施的主体性教育改革中，主要体现了三个方面：第一，灵活多样、可供选择的课程体系；第二，分层次的教学管理，全方位的实施因材施教；第三，实施学年学分制，保证国家课时计划的同时，让学生自主选择学习的科目，实施多样化的考试，并在此基础上形成一个开放灵活的学生评价系统。该校的这项教育改革从课程、教学管理和学生学习管理三个方面，为学生个体的发展创造了一个自主的、能动的、可选择的、创新的空间，体现了主体性教育的基本原则。教育教学实践中要开展主体性教育，就应该从这些基本的原则入手，尊重和发挥学生的主体性。

(1)教育活动中，要给学生留有选择的余地，并尊重学生的选择。

三明市第一中学的课程体系和学年学分制充分体现了可选择性的特点。

对外界刺激的选择性反应是人的主体性的本质特征之一。现代儿童发展理论，把儿童的发展看作是发展主体不断自我构建的过程。也就是说儿童的发展首先是一个动态的自我塑造的过程，而发展的结果，则取决于发展过程中主体在构建过程中对于反应什么和如何反应等做出的所有选择。

儿童发展的差别与儿童发展的充分与否，都与发展主体的选择性相关联。教育活动中要给学生留有选择的余地，就是要给学生展现个性和按个性特点进行发展的机会。这就要求我们的教育从教材与课程的内容到实施教学的方法和组织形式方面，都要给学生留有选择的余地，让学生能够根据自己的兴趣、爱好，自己的长处，在学习内容上有所偏重，在学习方法上有自己的特点。“每个人的自由发展是一切人自由发展的条件”，个人的自由发展，就是依据自身特点做出选择的发展。

(2)教育中要鼓励学生的创造性。

有了选择的广阔空间，才会有更多创新的机会。

严格地说，创造性也是一种选择，但它是一种与众不同、承前启后的选择。创造的实质，是人对自身行为可能性的新发现、新尝试。创造是人的潜在能力得以发挥的根本途径，也是个人发展与人类进步的根本途径。

学生在学校中的学习活动，不只是接受教师传递的知识和服从教育要求的过程，同时也是学生自主地探索世界、感受社会的过程；学习的结果，也不仅仅是掌握知识，还要形成科学精神和恰当的生活态度。否定学生创造性的教育，会造成学生生活态度和行为方式的僵化。“教育的首要作用之一是使人类有能力掌握自身的发展”。所以，我们应该从中小学开始，就鼓励学生创造性能力的发挥。让他们能经常地体验到与众不同的想法或做法给自己带来的变化，看到自己反常规做法对所涉及事件的影响，从而体验到人存在的作用和意义，逐渐形成自我发展的主动性、积极性，充分挖掘自己发展的潜力。我们要警惕，抑制学生主体作用的发挥，将造成学生发展潜力的浪费。而要更好地发挥学生的创造性，就需要在可选择的基础上，通过多元的灵活的课程设置、教学模式与方法，丰富多彩的学习情景，以及相应的评估手段来为学生提供广阔的创新空间。

(3)教育、教学活动的组织，要尊重学生的感受。

结合实际案例分析部分内容略。

第四章 教 师

本章考核要点

这一章主要的教学目的是要求了解教师职业的基本情况，包括教师职业的产生和发展、教师职业的专业化、教师的地位和应当具备的素质。本章还考察了我国中小学教师的一些管理制度，包括教师的资格、任用、培训及考核制度。

本章首先要求考生理解教师职业的专业化历程及与此相关的对教师地位和素质要求的再认识。

教师是一个古老的职业，但是教师的专业化尝试是从建立专门的师资培训机构开始的。直至今日，教师的专业化也并没有完全为社会所认可，尽管如此，教师专业化将是今后教师职业的一个发展方向。教师专业化应该具备四个条件：具备专门的知识技能；以奉献和服务精神为核心理念的职业道德；具有为学生和社会所公认的复杂知识技能权威和影响力；具有充分自治和自律性，有正式的专业组织对行业服务、培训及资格认证进行管理。

教师的地位一般是指教师的社会地位，它是由教师在社会中的经济地位、政治地位和文化地位构成的。提高我国中小学教师的社会地位，对于稳定教师队伍、加速普及义务教育、提高素质教育的水平都具有极其重要的意义，因此，我们应该从根本上解决中小学教师的社会地位问题。

作为专业人员的教师，需要具有规定的素质要求，才能有效地履行教师的教育职责。一般来讲，中小学教师的素质要求可以概括为以下几个方面：文化素养与学科专业知识、教育理论知识与技能、职业道德素养。

其次，本章还要求考生了解我国教师的一些相关管理制度，包括教师的资格、任用、培训及考核制度。

我国实行教师资格制度，它是国家对教师实行的一种特定的职业许可制度。我国《教师法》第十条对教师资格条件进行了规定："中国公民凡遵守宪法和法律，热爱教育事业，具有良好的思想品德，具备本法规定的学历或者经国家教师资格考试合格，有教育教学能力，经认定合格的，可以取得教师资格。"

对于教师的任用，我国《教育法》和《教师法》都做出了规定，实行教师职务制度和教师聘任制度。教师聘任制，就是聘任双方在平等自愿的前提下，由学校或者教育行政部门根据教育教学岗位设置，聘请有资格的公民担任相应教师职务的一项教师任用制度。这是我国当前教育改革的一个重要内容。

要培养优秀的教师，除了教师职前在学校进行系统的学习，还要对教师进行培训，它是指专门教育机构为提高教师的素质、能力对在职教师进行的一种继续教育。教师在职培训是教师享有的一项基本权利和义务。

为了保证师资的质量，对教师的考核也是一个重要的环节。它是指各级各类学校及其他教育机构依法对教师进行的考察和评价。教师考核制度是教师规范化管理制度的重要组织部分。《教师法》列专章对教师考核的机构、内容、原则、结果作了具体规定。

综合练习题

一、填空题

1.《中华人民共和国教师法》第三条明确规定："教师是履行教育教学职责的__________，承担教书育人，培养社会主义事业建设者和接班人，提高民族素质的使命。"

2.作为专业人员的教师，需要具有规定的素质要求，才能有效地履行教师的教育职责。一般来讲,中小学教师的素质要求可以概括为以下几个方面:__________、__________、__________。

3. 教师资格的认定机构,是指依法负责认定教师资格的__________或依法委托的__________。

4. 教师资格认定程序依次包括:__________、__________、__________。

5. 不具备《教师法》规定的教师资格学历的公民,申请获取教师资格,必须通过__________。

6. 教育行政部门或者受委托的高等学校在接到公民的教师资格认定申请后,应当对申请人的条件进行审查。对符合认定条件的,应当在受理期限终止之日起__________日颁发相应的教师资格证书;对不符合认定条件的,应当在受理期限终止之日起__________日内将认定结论通知本人。

7.《教师法》第十七条规定:"学校和其他教育机构应当逐步实行教师聘任制。教师的聘任应当遵循__________的原则,由学校和教师签订聘任合同,明确规定双方的权利、义务和责任。"

8. 取得高等学校教师资格,应当具备__________或者__________学历。

9. 教师聘任制的形式主要包括:__________、__________、__________、__________。

10. 对于学历尚未达标的中小学教师资格,主要采取__________的过渡办法来解决。

11. 从教师与教育行政机关的关系看教师的法律地位,教师与教育行政机关之间是行政管理者与行政相对人之间的__________;从教师与学校的关系看教师的法律地位,教师与学校的关系主要表现为__________、__________等形式。

12. 中小学教师的管理制度,包括教师的__________、__________、__________及__________制度。

13. 教师的地位一般是指教师的__________,它是由教师在社会中的__________、__________和文化地位构成的。

14. 具体而言，中小学教师的文化素养与学科专业知识包括__________和__________两个方面。

15. 中小学教师考核合格证书设《__________》和《__________》两种。

16. 我国《教师法》第十四条明确规定："受到剥夺政治权利或者故意犯罪受到有期徒刑以上刑事处罚的，不能取得__________；已经取得教师资格的，丧失__________。"

17. 根据国家有关规定，教师职务设__________、中等专业学校教师职务、中学教师职务、__________、__________五个系列。

18. 高等学校教师职务设__________、__________、__________、__________。

19. 教师培训包括__________和__________两个方面的内容。

20. 中小学教师培训应坚持"__________、__________、__________、__________"的原则。

21. 中小学教师培训分为非学历教育和学历教育。其中非学历教育包括__________、教师岗位培训和__________三种。

22. 教师考核内容主要包括__________、__________、__________和__________四个方面。

二、单项选择题

1. 当前世界上对教师身份的认定并不统一，下面哪个国家其教师不是公务员的身份？（　　）

A. 法国　　　　B. 英国

C. 德国　　　　D. 日本

2. 我国当前是由谁来负责教师的培训、教师资格认证等事务？（　　）

A. 教师专业自治团体

B. 教育行政部门

C. 教师所在的学校

D. 社会与教育相关的公共事业机构

3. 许多国家都对教师资格的取得规定了相应的学历要求。比如，日本政府规定小学或初中教师必须具备什么水平？（　　）

A. 高中毕业　　B. 学士学位

C. 硕士学位　　D. 博士学位

4. 在我国，以下哪一项不是对教师应具备的职业道德素养的要求？（　）

A. 热爱学生，是教师热爱教育事业的集中体现

B. 忠于人民的教育事业，甘于在教师岗位上无私奉献

C. 具备扎实的教育理论知识与较高的专业技能

D. 严于律己，为人师表

5. 中小学教师的考核合格证书包括《教材教法考试合格证书》和《专业合格证书》，其中《教材教法考试合格证书》不包括（　）。

A.《高中教材教法考试合格证书》

B.《初中教材教法考试合格证书》

C.《小学教材教法考试合格证书》

D.《高中教师专业合格证书》

6. 教师资格的认定程序不包括以下哪一种？（　）。

A. 提出申请　　B. 受理

C. 参加资格考试　　D. 颁发证书

7. 普通中小学及幼儿园教师职务的初级职务不包括（　　）。

A. 三级教师　　B. 高级教师

C. 小学一级教师　　D. 二级教师

8. 教师聘任作为教师任用的一种基本制度，不具有以下哪个特征？（　　）

A. 教师聘任是教师与学校或教育行政部门之间的法律行为

B. 以平等自愿、“双向选择”为依据

C. 聘任双方依法签订的聘任合同具有法律效力

D. 具有制度化和规范化的特征

三、多项选择题

1. 教师是一种从事专门职业活动的专业人员，必须具备专门的资格，下列哪些是成为一名教师应该满足的要求？（　　）

A. 教师要达到符合规定的学历

B. 教师要具备相应的专业知识

C. 教师要符合与其职业相称的其他有关规定，如语言表达能力、身体状况等

D. 教师必须专门从事教育教学工作

2. 专业化的职业应符合下列哪些基本条件？（　　）

A. 具备专门的知识技能，这些知识技能需要上岗前经过学校专门长期的培训，上岗后需要继续进修和发展

B. 具有相应的制度和资格认证予以保证

C. 以服务为核心理念的职业道德，不以赢利和谋生为目的

D. 具有为顾客和社会所公认的复杂知识技能权威和影响力

E. 具有充分自治和自律性，有正式的专业组织对行业服务、培训及资格认证进行管理

3. 教师应该具备的教育理论知识与技能包括哪些具体内容？（　　）

A. 有关教育学、心理学、教育法等方面的教育理论知识以及将这些知识运用于实践的能力

B. 观察儿童的能力

C. 进行教育科学研究的能力

D. 较强的教学组织能力和语言表达能力

E. 运用教育机智，处理各种突发问题的能力

4. 根据我国《教师法》的规定，教师享有哪些基本的权利？（　　）

A. 教育教学权　　　B. 科学研究权

C. 管理学生权　　　D. 惩戒权

E. 民主管理权　　　F. 进修培训权

5. 我国教师考核的内容包括哪些方面？（　　）

A. 工作业绩　　　　　　B. 工作态度

C. 业务水平　　　　　　D. 政治思想

6. 根据我国有关规定，教师职务设置包括哪些？（　　）

A. 高等学校教师职务

B. 中等专业学校教师职务

C. 中学教师职务

D. 小学教师职务

E. 幼儿园教师职务

F. 技工学校教师职务

7. 教师考核应该遵循的基本原则有哪些？（　　）

A. 客观性原则

B. 公正性原则

C. 准确性原则

D. 充分听取教师本人的意见

E. 充分吸纳其他教师和学生的意见

8. 科恩豪瑟(Kornhauser，1960)提出专业的标准包括以下哪几条？（　　）

A. 具备知识才能的专门能力

B. 充分的自治

C. 强烈的职业道德

D. 运用专门才能的责任感与影响力

9. 具体而言，教师专业化应具备以下哪几个方面的条件？（　　）

A. 具备专门的知识技能

B. 以奉献和服务精神为核心理念的职业道德

C. 具有为学生和社会所公认的复杂知识技能权威和影响力

D. 具有充分自治和自律性，有正式的专业组织对行业服务、培训及资格认证进行管理

10. 一般来讲，中小学教师的素质要求可以概括为以下哪几个方面？（　　）

A. 文化素养与学科专业知识

B. 教育理论知识与技能

C. 强烈的责任感

D. 职业道德素养

11. 中小学教师的文化素养与学科专业知识要求教师要具有广博的文化科学知识与多方面的兴趣和才能，其具体表现为（　　）。

A. 具有广博的文化科学知识与多方面兴趣和才能是充实和丰富教育教学和提高教育教学水平的需要

B. 教师具有广博的文化科学知识与多方面的兴趣和才能，也是满足中小学生好奇心、求知欲和发展学生多方面兴趣和才能的需要

C. 教师具有广博的文化科学知识与多方面的兴趣和才能，也是指导学生课外、校外活动和生活的需要

D. 教师具有广博的文化科学知识与多方面的兴趣和才能，也能够提高教师的威信，提高教育的效能

11. 在教育理论知识与技能方面，中小学教师应具有以下哪几个方面的素质？（　　）

A. 教师必须具有教育理论知识，并有把它运用于实践的能力

B. 教师要具有运用教育机智，处理各种突发问题的能力

C. 教师要具有观察儿童和进行教育科学研究的能力

D. 教师必须具有较强的教学组织能力和语言表达能力

12. 我国《教师法》第十条规定："中国公民凡遵守宪法和法律，热爱教育事业，具有良好的思想品德，具备本法规定的学历或者经国家教师资格考试合格，有教育教学能力，经认定合格的，可以取得教师资格"。它包括以下哪几个要件？（　　）

A. 必须是中国公民

B. 必须具有良好的思想道德品质

C. 必须具有教育教学能力

D. 必须具有规定的学历或者经国家教师资格考试合格

13. 教师申请参加《专业合格证书》的文化专业知识考试，需要参加哪几门课程的考试？（　　）

A. 教育学和心理学基本原理

B. 语文和数学任选一门

C. 其他学科(自然、地理、政治、历史、音乐、美术、体育)任选一门

D. 教材与教法考试

14. 从我国教师职务系列各试行条例的规定来看,担任教师职务的任职条件一般包括(　　)。

A. 具备各级各类相应教师的资格

B. 遵守法纪,具有良好的思想政治素质和职业道德,为人师表,教书育人

C. 具有相应的教育教学水平、学术水平,能全面、熟练地履行现职务职责

D. 具备学历、学位以及工作年限的要求

E. 身体健康,能坚持正常工作

15. 教师聘任有着严格的程序,主要包括哪些?(　　)

A. 根据工作需要设置专业技术岗位

B. 在定编定岗的基础上确定职务结构

C. 颁发聘书

D. 聘任

四、判断题

1. 中国公民凡遵守宪法和法律,热爱教育事业,具有良好的思想品德,具备本法规定的学历或者经国家教师资格考试合格,有教育教学能力,经认定合格的,都可以取得教师资格。(　　)

2. 教师资格证书终生有效,且全国通用。(　　)

3. 在我国,教师属于国家公务员系列。(　　)

4. 对于取得教师资格的公民而言,可以在本级及其以下等级的各类学校和其他教育机构担任教师;高级中学教师资格与中等职业学校教师资格相互通用。(　　)

5. 高级中学教师资格,由申请人户籍所在地或者申请人任教学校

所在地的县级人民政府教育行政部门认定。（　　）

6. 被撤销教师资格的，自撤销之日起5年内不得重新申请认定教师资格，其教师资格证书由县级以上人民政府教育行政部门收缴。（　　）

7. 根据我国《教师法》的规定，取得高级中学教师资格和中等专业学校、技工学校、职业高中文化课、专业课教师资格，应当具备高等师范专科学校或者其他大学专科毕业以上学历。（　　）

8. 按照《教师法》的规定，教师有对学生进行管理的权利，指导学生的学习和发展，评定学生的品行和学业成绩。因此，为了更好地促进学生的学习，教师可以采取一些必要的强制性的惩戒措施，对一些学生实行特殊管理。（　　）

9. 实行教师聘任制，意味着我国学校与教师之间的关系将表现为一种雇佣关系。（　　）

10. 教师的政治地位决定了教师的职业声望、职业吸引力和教师从事该职业的积极性和责任感。（　　）

11. 1993年通过的《中华人民共和国教师法》规定："教师的平均工资水平应当不低于或高于国家公务员的平均工资水平，并逐步提高。"（　　）

12. 所谓全面掌握，就是要深入钻研本学科的大纲和教材的知识内容，不仅要掌握学科的基本结构和各部分之间的内在联系，而且对教材的每一个细节都不放过，都要认真吃透。（　　）

13. 具备《教师法》规定的教师资格学历的公民，申请获取教师资格，必须通过国家教师资格考试。（　　）

14. 教师资格考试科目、标准和考试大纲由国务院教育行政部审定。（　　）

15. 依照《教师法》、《教师资格条例》有关规定，高级中学教师资格，由申请人户籍所在地或者申请人任教学校所在地的县级人民政府教育行政部门认定。（　　）

16. 招聘即用人单位面向社会公开、择优选择具有教师资格的应聘人员，具有公开、直接、透明度高等优点。（　　）

17. 教师培训是相对于职后教育而言的，它也是师范教育的重要组成部分，具有补偿、更新知识的功能。（　　）

18. 1999 年 9 月 13 日国家教育部制定的《中小学教师继续教育规定》正式发布施行。（　　）

五、名词解释

1. 教师
2. 教师地位
3. 教师资格与教师资格制度
4. 教师聘任制度
5. 教师培训
6. 教师考核
7. 教育机智
8. 教师资格的认定机构
9. 中小学教师培训

六、简答题

1. 教师专业化应该具备哪些条件？

2. 尊师重教是我国悠久的历史传统，但是从现实来看，我国目前教师的社会地位并不高。为此，请结合现实谈谈应该如何从根本上提高中小学教师的地位？

3. 中小学教师的文化素养与学科专业知识包括哪些方面？

4. 我国当前教师资格有哪些分类？

5. 我国教师资格条件有哪些？

6. 教师聘任制具有哪些特征？

7. 教师在运用教育机智时，应把握怎样的基本原则？

8. 我国《教师法》对各类教师应具备的相应学历作了哪些明确规定？

9. 依照《教师法》、《教师资格条例》有关规定，教师资格的认定机构主要有哪些？

七、论述题

1. 我国《教师法》第十七条明确规定:“学校和其他教育机构应当逐步实行教师聘任制。”请结合我国教师任用制度的历史发展及我国教师的法律地位,阐述实行教师聘任制对我国教育改革的意义。并请结合我国当前存在的相关具体问题,提出更好地促进教师聘任制,推进我国教师任用制度改革的有效举措。

2. 现在有些学校在教师聘任制的基础上,实行了“末位淘汰制”或者“末尾辞退制”,就是将那些在工作考核中积分处于“末位”的人予以解聘(包括调离)。请结合《教师法》中有关规定及实例,对这种制度是否具有合理性与合法性进行分析和评价。

八、综合分析题

请详细阅读以下案例:“教师状告学校不按合同约定提前解聘案”。

1997 年 9 月,某市第二小学与全校教师签订了任期 3 年的聘任合同,合同明确了学校与教师双方的职责、义务和权利。该校教师张某家住学校附近,盖有两层楼房,并开了一间杂货店,在签订聘任合同后,他经常骑摩托车为家里进货,甚至经营摩托出租,载客拉人。在 1997 至 1998 学年度的第一学期里,张某因进货或出租摩托而 15 次迟到半小时以上,影响了正常教学工作,学生及其家长意见很大。学校在检查教师备课工作时,还发现张某有 10 多节课或无教案或教案写得过于简单,不少教案不足 100 字。在期末考试中,张某所教的四年级语文科平均分比年级语文成绩低 14 分。1997 年底,学校给张某的年度考核结果为不合格。按市里有关文件规定,对考核不合格者,可作试聘处理。1998 年春节后,学校对张某改为试聘,时间半年,不发奖金和聘金。在试聘期间,张又以各种理由请假。1998 年 3 月,某市第二小学发现张某请假后去进货,以后学校就很少批准其请假要求并对其进行批评教育。然而张某仍我行我素,继续早晚骑车载客,中午进货。在 1997 至 1998 学年度的第二学期里,张某 27 次迟到半小时以上。学校领导去听张某的课,发现其多次没备课就去上课,对学生作业批改马虎。期末考试,张某所教的班该科成绩比同级成绩平均分低18分。很多家长向学校提出,不让张某再教他们的孩子。学期结束,学校对张某的考核结果仍为不合格,决定解聘张某。

张某不服,于是向市教委提出申诉,辩称:小学校与他签订了聘期3年的合同,签约1年就解聘,侵犯了其教育教学权;现在社会上从事第二职业的人比比皆是,自己家庭较困难,利用工余时间通过劳动增加收入,虽然对教育教学工作有点影响,但也不应解聘。

请结合我国《教师法》中有关规定,分别对张某和该学校的行为进行分析和评价,并在此基础上对市教委的裁决提出建议。

参考答案

一、填空题

1. 专业人员

2. 文化素养与学科专业知识　教育理论知识与技能　职业道德素养

3. 行政机构　教育机构

4. 提出申请　受理　颁发证书

5. 国家教师资格考试

6. 30　30

7. 双方地位平等

8. 研究生　大学本科毕业

9. 招聘　续聘　辞聘　解聘

10. 中小学教师考核合格证书

11. 教育行政法律关系　任命制　聘任制

12. 资格　任用　培训　考核

13. 社会地位　经济地位　政治地位

14. 具有所教学科的全面而扎实的专业知识和技能　具有广博的文化科学知识与多方面的兴趣和才能

15. 教材教法考试合格证书　专业合格证书

16. 教师资格　教师资格

17. 高等学校教师职务　小学教师职务　技工学校教师职务

18. 助教　讲师　副教授　教授

19. 帮助教师提高学历水平　了解教育科研的新成果，充实专业文化知识，提高教学技能

20. 因地制宜　分类指导　按需施教　学用结合

21. 新任教师培训　骨干教师培训

22. 政治思想　业务水平　工作态度　工作成绩

二、单项选择题

1. B	2. B	3. B	4. C
5. D	6. C	7. B	8. D

三、多项选择题

1. ABCD	2. ABCDE	3. ABCDE	4. ABCEF
5. ABCD	6. ABCDF	7. ABCDE	8. ABCD
9. ABCD	10. ABD	11. ABCD	12. ABCD
13. ABC	14. ABCDE	15. ABD	

四、判断题

1. √	2. √	3. ×	4. √	5. ×
6. √	7. √	8. ×	9. ×	10. ×
11. √	12. ×	13. ×	14. √	15. ×
16. √	17. ×	18. √		

五、名词解释

1. 教师：《中华人民共和国教师法》第三条对教师的概念进行了界定："教师是履行教育教学职责的专业人员，承担教书育人，培养社会主义事业建设者和接班人，提高民族素质的使命。"这个概念包含以下几

层含义：

(1)教师是专业人员，这是就教师的身份特征而言的。教师必须专门从事教育教学工作。

(2)教师的职责是教育教学。这是就教师的职业特征而言的。

(3)教师的使命是教书育人，培养社会主义事业建设者和接班人，提高民族素质。这是就教师的工作目的而言的。

2. 教师地位：一般是指教师的社会地位，它是由教师在社会中的经济地位、政治地位和文化地位构成的。其中经济地位主要是指教师职业在社会各职业中的经济收入的相对地位，它决定了教师的职业声望、职业吸引力和教师从事该职业的积极性和责任感；政治地位则体现了社会对教师职业的评价以及教师在政治上应享有的各种待遇；文化地位体现了教师在掌握、传承和展现文化中的地位。

3. 教师资格与教师资格制度：教师资格是国家对专门从事教育教学工作人员的最基本要求。它规定着从事教师工作必须具备的条件。教师资格制度是国家对教师实行的一种特定的职业许可制度。

4. 教师聘任制度：就是聘任双方在平等自愿的前提下，由学校或者教育行政部门根据教育教学岗位设置，聘请有资格的公民担任相应教师职务的一项教师任用制度。我国《教育法》规定，国家实行教师聘任制度。《教师法》第十七条规定："学校和其他教育机构应当逐步实行教师聘任制。"

5. 教师培训：是指专门教育机构为提高教师的素质、能力对在职教师进行的一种继续教育。教师培训是相对于职前教育而言的，它也是师范教育的重要组成部分，具有补偿、更新知识的功能。包括两方面内容，一是帮助教师提高学历水平；二是了解教育科研的新成果，充实专业文化知识，提高教学技能。教师培训制度是提高教育教学质量的前提和条件。

6. 教师考核：是指各级各类学校及其他教育机构依法对教师进行的考察和评价。教师考核制度是教师规范化管理制度的重要组成部分。

7. 教育机智：就是指一种面对新的突发事件，能够迅速而正确地做出判断，随机应变地采取恰当而有效的教育措施，以解决问题的能力。

8.教师资格的认定机构:是指依法负责认定教师资格的行政机构或依法委托的教育机构。

9.中小学教师培训:就是对取得教师资格的中小学在职教师为提高思想政治和业务素质进行的培训。

六、简答题

1.教师专业化应该具备哪些条件?

答:教师专业化应该具备如下几个条件:

(1)具备专门的知识技能。我们知道,今天的教师从业人员需要经过专门的长期的专业训练,这种训练是其他专业训练所无法替代的。一方面,教师需要具备相应的学科专业训练,达到相应的学历要求;另一方面,教师还需要进行教育理论、心理科学和教育基本技能的训练,这是教师能够胜任教育教学岗位的前提。

(2)以奉献和服务精神为核心理念的职业道德。教师是以培养学生,服务于学生和社会为宗旨的。教师是一个高尚的职业,它的奉献精神和服务精神自古有之。作为专业化的教师,更需要贯彻服务的理念,全心全意为学生服务,为社会服务。

(3)具有为学生和社会所公认的复杂知识技能权威和影响力。教师从事教育工作,就像医生从事医生职业一样,应当具有权威性和专业的影响力,为社会和顾客所认可。教师为每一位学生所提供的教育,应为学生和社会所认可,并且被认为是无可争议的。只有这样,教师才可能具有教育的权威性和影响力。要做到这一点,教师本身首先必须拥有复杂的知识技能,经过严格的专业训练,为社会权威机构所认可。

(4)具有充分自治和自律性,有正式的专业组织对行业服务、培训及资格认证进行管理。

2.尊师重教是我国悠久的历史传统,但是从现实来看,我国目前教师的社会地位并不高。为此,请结合现实谈谈应该如何从根本上提高中小学教师的地位?

答:首先,从社会和政府的角度上,应确保教师的收入"不低于或高于国家公务员的平均工资水平,并逐步提高"。经济收入是决定教师获得正常的社会地位的重要保证，如果教师的收入水平达不到应有的水平，就很难保证中小学教师的正常生活，更谈不上全身心地为教育事业奉献了。

其次，从学校和教育行政的角度看，应确保教师能够有效地参与到学校的教育教学管理中来，同时加强教师的培训，以充分地发挥教师的积极性，使教师能够获得正常的晋升和学习提高的机会。

再次，从教师自身的角度看，教师应该努力提高自身的素质，加强自身的教育能力，以自己的专业素质获得社会的认同。作为专业人员，教师队伍自身的资格认证制度应当健全，这一方面防止教师队伍混进一些达不到专业要求的人，损毁教师队伍的社会声誉，另一方面，资格认证和培训制度也有助于保证教师队伍的质量，有助于提高教育教学质量，提高教师队伍的社会声誉和社会地位。

3.中小学教师的文化素养与学科专业知识包括哪些方面?

答:(1)具有所教学科的全面而扎实的专业知识和技能。

首先，教师要对所教学的课程知识和技能有全面而扎实的了解，所谓全面掌握，就是对本学科要有全盘的了解。

其次，在全面扎实掌握的基础上，要进一步精益求精。教师所掌握的不仅局限在教学大纲，而应超出它的范围。

再次，教师要在掌握所教课程的基础上，进一步扩展相关领域的知识。

(2)具有广博的文化科学知识与多方面的兴趣和才能。

首先，具有广博的文化科学知识与多方面兴趣和才能是充实和丰富教育教学和提高教育教学水平的需要。

其次，教师具有广博的文化科学知识与多方面的兴趣和才能，也是满足中小学生好奇心、求知欲和发展学生多方面兴趣和才能的需要。

再次，教师具有广博的文化科学知识与多方面的兴趣和才能，也是指导学生课外、校外活动和生活的需要。

最后，教师具有广博的文化科学知识与多方面的兴趣和才能，也能够提高教师的威信，提高教育的效能。

4.我国当前教师资格有哪些分类?

答：关于教师资格分类，《教师资格条例》明确规定，教师资格分为幼儿园教师资格；小学教师资格；初级中学教师和初级职业学校文化课、专业课教师资格；高级中学教师资格；中等专业学校、技工学校、职业高级中学文化课、专业课教师资格；中等专业学校、技工学校、职业高级中学实习指导教师资格；高等学校教师资格。成人教育的教师资格，按照成人教育的层次，依照上述规定确定类别。

5. 我国教师资格条件有哪些？

答：我国《教师法》第十条规定："中国公民凡遵守宪法和法律，热爱教育事业，具有良好的思想品德，具备本法规定的学历或者经国家教师资格考试合格，有教育教学能力，经认定合格的，可以取得教师资格"。它包括以下四个要件：

(1)必须是中国公民；

(2)必须具有良好的思想道德品质；

(3)必须具有规定的学历或者经国家教师资格考试合格；

(4)必须具有教育教学能力。

6. 教师聘任制具有哪些特征？

答：教师聘任作为教师任用的一种基本制度，具有以下特征：

(1)教师聘任是教师与学校或教育行政部门之间的法律行为。通过聘任确定了聘任人和受聘人双方的法律关系。

(2)以平等自愿、"双向选择"为依据。作为聘任人，学校或教育行政部门可根据国家有关规定和学校教学科研需要，自主确定教师结构比例；作为受聘人，教师有权根据本人的知识水平、业务能力选择适合于自己的工作岗位。

(3)聘任双方依法签订的聘任合同具有法律效力。学校与教师之间在平等地位上签订的聘任合同，对于双方均有约束力。它以聘书的形式明确规定了双方的权利、义务和责任。

(4)教师聘任有着严格的程序。一般说来，第一是根据工作需要设置专业技术岗位，第二是在定编定岗的基础上确定职务结构，第三是聘任。

7. 教师在运用教育机智时，应把握怎样的基本原则？

答:教师在运用教育机智时,应把握这样两个基本原则:

(1)教师应遵循因势利导、发扬优点、克服缺点,达到正面教育效果的指导原则。

(2)教师要认识到每个学生都有这样或那样的优点和长处,蕴藏着等待诱发的积极因素。教师应善于发现学生的长处,及时捕捉教育学生的恰当时机,加以引导和激发。

事实证明,教师对学生所持的心态不同,处理突发事件的方法不同,就会产生截然不同的结果,因此,教师应当坚持正面教育的原则,针对不同的情况,采取不同的处理方式,因势利导,发扬积极因素,激发积极因素,以获得正面的教育效果。

8. 我国《教师法》对各类教师应具备的相应学历作了哪些明确规定?

答:我国《教师法》对各类教师应具备的相应学历作了明确规定:

(1)取得幼儿园教师资格,应当具备幼儿师范学校毕业及其以上学历。

(2)取得小学教师资格,应当具备中等师范学校毕业及其以上学历。

(3)取得初级中学教师,初级职业学校文化、专业课教师资格,应当具备高等师范专科学校或其他大学专科毕业及其以上学历。

(4)取得高级中学教师资格和中等专业学校、技工学校、职业高中文化课、专业课教师资格,应当具备高等师范院校本科或者其他大学本科毕业及其以上学历;取得中等专业学校、技工学校和职业高中学生实习指导教师资格应当具备的学历,由国务院教育行政部门规定。

(5)取得高等学校教师资格,应当具备研究生或者大学本科毕业学历。

(6)取得成人教育教师资格,应当按照成人教育的层次、类别,分别具备高等、中等学校毕业及其以上学历。

9. 依照《教师法》、《教师资格条例》有关规定,教师资格的认定机构主要有哪些?

答:教师资格的认定机构,是指依法负责认定教师资格的行政机构或依法委托的教育机构。依照《教师法》、《教师资格条例》有关规定：

(1)幼儿园、小学和初级中学教师资格，由申请人户籍所在地或者申请人任教学校所在地的县级人民政府教育行政部门认定。

(2)高级中学教师资格，由申请人户籍所在地或者申请人任教学校所在地的县级人民政府教育行政部门审查后，报上一级教育行政部门认定。

(3)中等职业学校教师资格和中等职业学校实习指导教师资格，由申请人户籍所在地或者申请人任教学校所在地的县级人民政府教育行政部门审查后，报上一级教育行政部门认定或者组织有关部门认定。

(4) 受国务院教育行政部门或者省、自治区、直辖市人民政府教育行政部门委托的高等学校，负责认定在本校任职的人员和拟聘人员的高等学校教师资格。在未受国务院教育行政部门或者省、自治区、直辖市人民政府教育行政部门委托的高等学校任职的人员和拟聘人员的高等学校教师资格，按照学校行政隶属关系，由国务院教育行政部门认定或者由学校所在地的省、自治区、直辖市人民政府教育行政部门认定。

七、论述题

1. 我国《教师法》第十七条明确规定，“学校和其他教育机构应当逐步实行教师聘任制。”请结合我国教师任用制度的历史发展及我国教师的法律地位，阐述实行教师聘任制对我国教育改革的意义。并请结合我国当前存在的相关具体问题，提出更好地促进教师聘任制，推进我国教师任用制度改革的有效举措。

答：教师聘任制，就是聘任双方在平等自愿的前提下，由学校或者教育行政部门根据教育教学岗位设置，聘请有资格的公民担任相应教师职务的一项教师任用制度。我国《教育法》规定，国家实行教师聘任制度。

实行教师聘任制，既是国际上的一种通行做法，也是确保教育教学质量的需要。过去，计划经济体制下，我们一直实行终身任命制，这种制度所受的行政干预过多，学校和教师都缺乏相应的自主权，不利于学校选择最优秀的教师，也不利于教师的自由流动，压抑了教师的积极性和创造性，不利于教育的发展。而教师聘任制打破了教师终身任用制，有利于建立“公平、平等、竞争、择优”的教师人才选拔机制，促进人才的合理流动，提高教师队伍的整体素质，调动教师的教育教学和科研工作积极性。

我国自1986年颁布各个系列教师职务试行条例以来，在教师聘任工作方面，取得了一定成绩，为我国教师人事制度的进一步完善打下了基础。但是我们也应看到现行的教师聘任制还不是完全意义上的聘任制。如何推进教师任用制度改革？我们认为，应着力做好以下工作：

(1)拓宽教师来源，利用人才市场，面向社会公平选聘教师。学校按照国家规定，根据学校教育教学工作需要，确定职位定额，明确任职条件，发布招聘信息，面向社会公开招聘。

(2)加大职改力度，实行评聘分离。所谓评聘分离，就是教师学术称号(亦指职务任职资格)的评定与教师职务的聘任分开。实行评聘分离，不仅有利于业务水平高、科研能力强的优秀人才走上力所能及的岗位，实现人尽其力，人尽其才，而且有助于形成合理的人才流动机制，实现教师队伍的优化组合，提高教育教学质量。

(3)加强履职考核，完善激励机制。教师受聘后，是否履行了相应的岗位职责，是否真正具有承担岗位工作的能力，需要通过考核予以确认。通过履职考核，可促进教师不断提高自身素质。

2.现在有些学校在教师聘任制的基础上，实行了“末位淘汰制”或者“末尾辞退制”，就是将那些在工作考核中积分处于“末位”的人予以解聘(包括调离)。请结合《教师法》中有关规定及实例，对这种制度是否具有合理性与合法性进行分析和评价。

答：我国《教师法》第十七条规定：“学校和其他教育机构应当逐步实行教师聘任制。教师的聘任应当遵循双方地位平等的原则，由学校和教师签订聘任合同，明确规定双方的权利、义务和责任。”

教师聘任是教师与学校或教育行政部门之间的法律行为。通过聘任确定了聘任人和受聘人双方的法律关系。聘任双方关系基于独立而结合，基于意见一致或相互同意而成立，并在平等地位上签订聘任合同。聘任双方依法签订的聘任合同具有法律效力。它以聘书的形式明确规定了双方的权利、义务和责任。对于学校而言，有权对受聘教师的政治思想、业务水平、工作态度、工作成绩进行考核，并作为提职、实施奖惩的重要依据。同时有义务按合同为教师提供教育教学、科研、进修等工作条件，并支付报酬。但是，教师在聘期间，无特殊理由，一般不能辞聘或解聘。

学校实行“末位淘汰制”的初衷是为了通过引入竞争机制，选拔优秀教师，从而鼓励教师不断进步，这符合教师聘任制的竞争和择优的精神。但是仅仅以居于末尾的标准就将一个合格的教师解聘或辞退，它违反了聘任制所提倡的公平、平等的原则，也违反了《教师法》所规定的教师聘任制应该遵循双方地位平等的原则，它也直接违背了双方所签订的具有法律效力的合同。因此，“末位淘汰制”是不具有合理性与合法性的。

八、综合分析题

答案要点：

我国《教师法》规定，实行教师聘任制度。聘任双方依法签订的聘任合同具有法律效力。它以聘书的形式明确规定了双方的权利、义务和责任。对于学校而言，有权对受聘教师的政治思想、业务水平、工作态度、工作成绩进行考核，并作为提职、实施奖惩的重要依据。同时有义务按合同为教师提供教育教学、科研、进修等工作条件，并支付报酬。对于教师来讲，按照合同，享有权利，承担义务，要遵守学校规章制度，执行学校的教学计划，履行教师聘约，完成教育教学任务。

本案例中，(1)教师张某不履行聘任合同中所规定的教师义务和职责，只顾经营家庭的杂货店且早晚又去载客，属于故意不完成教育教学任务，并给学校的教学工作造成了损失。(2)张某忙于从事第二职业，经多次教育后仍不改正，按照《教师法》第三十七条的规定，“故意不完成教育教学任务给教育教学工作造成损失的”，学校有权解聘张某，是正当的合法的行为。

教委应该对张某在该学校的具体行为进行进一步的调查，如果纯属误人子弟，不思教学，未履行学校与之签订的合同中所规定的义务与责任，就可以维持学校对教师张某做出解聘的规定。

结合案例分析部分内容略。

第五章　教育目的

本章考核要点

本章是教育学的重点章节，教育目的是全部教育活动的核心，也是教育活动的依据和评判标准、出发点和归宿。教育目的是教育主体对于其所希望达成的结果的设定，也就是教育活动所要培养人才的总的质量标准和规格要求。本章分为三部分，首先是对教育目的的一般概述，其次是介绍马克思主义关于人的全面发展学说，最后是对我国的教育目的所作的阐述。

本章首先要求考生理解教育目的的概念和功能，并在此基础上了解历史上出现的不同的教育目的观和确定教育目的的依据。

教育目的可以分为社会的教育目的和个人的教育目的两类。社会的教育目的主要反映社会对于教育系统的总要求，要求教育为一定社会的政治、经济和文化及其发展服务。个人的教育目的则要考虑教育对于人类个体身心发展的促进，要求教育为个人的全面和自由的发展以及未来幸福生活的目标服务。教育的社会目的与个人目的应当是相互联系的两个方面，它们共同组成完整的教育目的整体。教育目的的主要功能表现为三点：导向功能、调控功能和评价功能。

教育思想史上具有代表性的教育目的论主要有以下三种：从宗教的角度或从信仰出发的神学的教育目的，以社会的稳定和发展为教育的最高宗旨的社会本位的教育目的论，根据个人的本性和个体发展的需要来确定教育目的的个人本位的教育目的论。杜威的“教育无目的论”在教育目的的争论中具有重要的影响，但是杜威并非主张真正的教育无目的，而是认为无教育过程之外的“外在”目的。确定教育目的的基本依据有主观依据、客观依据和教育对象的身心发展实际及规律。

其次，本章要求考生对马克思主义关于人的全面发展学说有深刻的理解。马克思主义关于人的全面发展的具体内涵包含两个方面：一是指劳动能力的全面发展；二是指克服人发展的一切片面性，实现人的个性的真正全面和自由的发展。而人的全面发展又是受到社会历史条件的制约：社会生产力及其决定的分工状况是人的全面发展的重要前提，社会关系是人的全面发展的重要条件，教育是人的全面发展实现的重要途径。

最后，本章还要求考生对我国的教育目的有一个基本的了解。建国后，我国教育目的在表述上体现了一定的个性与共性，有着厚重的时代特色。作为社会主义国家，我国教育目的体现了如下基本特征：以马克思主义人的全面发展学说为指导思想，具有鲜明的政治方向，坚持全面发展与个性发展的统一。要落实我国的教育目的，我们应该注意体现如下理念：创造精神，实践能力，开放思维，崇高理想。还要正确处理以下几个方面的关系：教育目的与教育目标，德智体美诸育之间的关系，全面发展与因材施教的关系，全面发展与职业定向的关系。

综合练习题

一、填空题

1. ＿＿＿＿＿＿是教育主体对于其所希望达成的结果的设定，具体说来就是教育活动所要培养人才的总的质量标准和规格要求。

2. 主要反映社会对于教育系统的总要求，要求教育为一定社会的政治、经济和文化及其发展服务，持这种观点的教育目的论属于＿＿＿＿＿＿的教育目的论。

3. 考虑教育对于人类个体身心发展的促进，要求教育为个人的全面和自由的发展以及未来幸福生活的目标服务，持这种观点的教育目的论属于＿＿＿＿＿＿的教育目的论。

4. ＿＿＿＿＿＿是全部教育活动的主题和灵魂。

5. 教育目的的三个功能是________、________、________。

6. 教育无目的论的主要代表人物是美国的著名教育家________。

7. 确定教育目的的基本依据可以概括为________和________两个方面。

8. ________是整个教育工作的核心，也是教育活动的依据和评判标准，出发点和归宿。

9. 马克思和恩格斯是在两个层次上谈论人的全面发展的，其一，指________。其二，指________。

10. 马克思和恩格斯认为，人的全面发展需要一定的社会历史条件，首先，________是人的全面发展的重要前提。其次，________是人的全面发展的重要条件。最后，________是人的全面发展实现的重要途径。

11. 我国教育目的的基本特征有以下三点：(1)我国教育目的以________为指导思想；(2)我国教育目的有________；(3)坚持________的统一。

12. 要认真落实我国的教育目的，培养合乎时代需要的一代新人，应当特别注意培养具备如下素质的人才：第一，________；第二，________；第三，________；第四，________。

13. 根据《中华人民共和国义务教育法》等法律的规定，义务教育和基础教育阶段，学校教育必须做到“两个全面”，即“________”和“________”。

二、单项选择题

1. 捷克教育家夸美纽斯曾经认为：“今生只是永生的准备。”这属于下列哪种教育目的论？(　　)

A. 神学教育目的论

B. 社会本位教育目的论

C. 个人本位教育目的论

D. 教育无目的论

2. 古希腊思想家柏拉图在其《理想国》中认为，教育应当因人而异，对平民阶级教育要培养他们有勤劳和节制的美德；对军人应当培育他们勇敢的精神；而对最高统治者的教育则应使他们具有把握世界的智慧，具有“哲学王”的特征，这属于下列哪种教育目的论？（　）

A. 神学教育目的论

B. 社会本位教育目的论

C. 个人本位教育目的论

D. 教育无目的论

3. 下列不属于个人本位的教育目的论的教育家是（　）。

A. 杜威　　B. 卢梭

C. 福禄倍尔　　D. 裴斯泰洛齐

4. “教育的过程，在它自身以外没有目的；它就是自己的目的。”这是哪一位教育家的言论？（　）

A. 夸美纽斯　　B. 裴斯泰洛齐

C. 卢梭　　D. 杜威

5. “培养德、智、体等方面全面发展的社会主义事业的建设者和接班人”的教育目的是在我国的哪一部法律中确定的？（　）

A. 1985 年中共中央《关于教育体制改革的决定》

B. 1986 年六届人大四次会议通过的《中华人民共和国义务教育法》

C. 1995 年八届人大三次会议通过的《中华人民共和国教育法》

D. 1999 年 6 月《中共中央国务院关于深化教育改革全面推进素质教育的决定》

6. （　）是整个教育工作的核心，也是教育活动的依据和评判标准，出发点和归宿。

A. 教育方针　　B. 教育目的

C. 教育政策　　D. 教育活动

三、多项选择题

1. 教育目的的调控功能主要体现在（　）。

A. 教育目的是教育制度建立、教育内容确定和教育方法选择的最高准则

B. 教育目的对具体教育内容的安排、教育手段的选择等有支配、协调的作用

C. 教育目的对国家的教育规划以及教育结构的确立与调整具有指导、协调的作用

D. 教育目的是检验教育活动成功与否的最根本标准

E. 教育目的是整合所有具体的教育评价标准的精神内核，也是教育评价的最高准则

2. 下列属于社会本位目的论的观点有（　　）。

A. 君子欲化民成俗，其必由学乎

B. 古之王者，建国君民，教学为先

C. 今生只是永生的准备

D. 君子学道则爱人，小人学道则易使也

E. 为人在世，可贵者在于发展，在于发展各人天赋的内在力量，使其经过锻炼，使人能尽其才，能在社会上达到他应有的地位。这就是教育的最终目的

3. 确定教育目的的主观依据会受到什么因素的影响？（　　）

A. 教育对象的身心发展实际及规律

B. 教育发展程度和教育规律

C. 哲学观念

D. 人性假设观念

E. 理想人格

4. 确定教育目的的客观依据会受到什么因素的影响？（　　）

A. 受社会生产力和科学技术发展水平的制约

B. 受时代思想发展水平的制约

C. 受一定社会经济和政治制度的制约

D. 必须考虑历史发展的进程

E. 要依据受教育者身心发展的规律

5. 学校教育（狭义的教育）与广义教育的相同点在于它们都有目的

性，不同点则在于学校教育具有的目的性更强，这表现在（　　）。

A. 学校是专门的育人机构

B. 学校有健全的设施

C. 学校教育工作的主体比一般的教育工作者具有更高更专门的教育素养

D. 在设定的程序上，国家或学校在学校教育目的上会有较为全面的考虑

E. 学校是接受政府管理的

6. 教育目的对于教育活动意义重大。具体说来，教育目的的主要功能表现为以下三点。（　　）

A. 管理功能　　B. 导向功能

C. 调控功能　　D. 评价功能

E. 教育功能

7. 一些教育思想家从宗教的角度或从信仰出发论述教育目的，这就形成了所谓的"神学的教育目的论"，以下教育学家支持"神学的教育目的论"的是（　　）。

A. 夸美纽斯　　B. 雅克·马里坦

C. 小原国芳　　D. 卢梭

E. 洛克

8. 持个人本位目的论的教育学家为数甚多，其代表人物有（　　）。

A. 卢梭　　B. 夸美纽斯

C. 福禄倍尔　　D. 洛克

E. 裴斯泰洛齐

9. 要对人的全面发展理论有一个正确全面的理解，就不能不看到这一发展的社会历史条件，以下属于马克思主义关于人全面发展学说的社会历史条件的是（　　）。

A. 社会生产力及其决定的分工状况是人的全面发展的重要前提

B. 社会关系是人的全面发展的重要条件

C. 教育是人的全面发展实现的重要途径

D. 社会主义可以完全实现人的全面发展

E. 原始社会的人的发展是人获得全面发展的典范

10. 以下正确表达我国教育目的的基本特征的是(　　)。

A. 我国学生都可以获得全面发展

B. 我国具备了所有全面发展的基本要求

C. 我国教育目的以马克思主义人的全面发展学说为指导思想

D. 我国教育目的有鲜明的政治方向

E. 坚持全面发展与个性发展的统一

11. 要认真落实我国的教育目的，培养合乎时代需要的一代新人，应当特别注意人才具备如下几个方面的素质(　　)。

A. 创造精神　　B. 实践能力

C. 活动能力　　D. 开放思维

E. 崇高理想

12. 要认真落实我国的教育目的，我们还必须正确处理如下几个方面的关系(　　)。

A. 教育目的与教育目标

B. 德智体美诸育之间的关系

C. 全面发展与因材施教的关系

D. 全面发展与职业定向的关系

E. 校长权力与教师权力的关系

四、判断题

1. 个人本位的教育目的论的人性假设是人性本善。(　　)

2. 社会本位的目的论主要反映的是近代社会的特征和要求。(　　)

3. 教育无目的论承认教育的目的就是教育本身。(　　)

4. 由于教育目的要回答的是教育要培养什么样的人这样一个根本问题，所以教育目的是整个教育工作的核心，也是教育活动的依据和评判标准，出发点和归宿。(　　)

5. 学校教育产生以后，学校教育(狭义的教育)与广义教育的相同

点在于它们都有目的性，不同点则在于学校教育具有的目的性更强。（　）

6. 学校教育的教育目的比一般的教育目的更具科学性、预见性和有效性。（　）

7. 英国教育哲学家皮特思曾经认为，教育理论上许多有关教育目的的论争其实不是目的之争，而是“程序原理”之争。（　）

8. 教育目的是教育方针的政策性表达，具有政策的规定性，在一定时期内具有必须贯彻的强制性。（　）

9. 教育目的是整合所有具体的教育评价标准的精神内核，也是教育评价的最高准则。（　）

10. 在近现代，教育史上也出现过社会本位的目的论思想，最具代表性的是教育社会学中的“社会功能学派”。（　）

11. 持社会本位目的论的教育学家为数甚多，代表人物有卢梭、福禄倍尔、裴斯泰洛齐等人。（　）

12. 个人本位的教育目的论具有强烈的人道主义特色，它的全盛时期是18、19世纪。（　）

13. 历史上出现的不同的教育目的论证明教育目的具有强烈的主观性，教育目的的确定首先要反映一定的价值取向和教育理想，因此，教育目的的制定主要考虑这种主观性。（　）

14. 教育目的的确定要受到思想家们或制定教育目的者的人性假设的影响。（　）

15. 教育目的的确定必须考虑历史发展的进程。（　）

16. 20世纪末在中国开始的“素质教育”运动实质上是马克思主义人的全面发展学说的具体实践。（　）

17. 马克思主义关于人的全面发展学说是社会本位的教育目的论的典型代表。（　）

18. 按照马克思的观点，只有当生产力的发展达到消灭一切分工的基础，个人和整个人类的真正的全面发展才会彻底实现。（　）

19. 在社会生产发展允许的条件下，教育只是实现人的全面发展的途径之一，但却不是最重要的途径之一。（　）

20.1995年八届人大三次会议通过的《中华人民共和国教育法》规定“培养德、智、体等方面全面发展的社会主义事业的建设者和接班人”为我国的教育目的。（　　）

21.从我国教育目的的以上表述可以看出，我们始终坚持德、智、体等方面全面发展的方向，始终强调教育与生产劳动相结合的方针。（　　）

22.全面发展是排斥个性发展，因为全面发展是社会的每一个人的自由发展。（　　）

五、名词解释

1.教育目的

2.教育活动

3.教育方针

4.教育无目的论

5.人的全面发展

六、简答题

1.为什么说学校教育的目的性更强？

2.简述教育目的、教育目标、教育方针的联系和区别。

3.教育目的的主要功能有哪些？

4.简述神学的教育目的论及其意义。

5.简述社会本位的教育目的论及其意义。

6.简述个人本位的教育目的论及其意义。

7.简述杜威的教育无目的论及其意义。

8.确定教育目的的依据是什么？

七、论述题

1.马克思主义的“人的全面发展学说”是什么？你认为在当前历史条件下能不能实现人的全面发展，如何实现？

2.我国的教育目的是什么？有什么基本特征？如何落实？

八、综合分析题

请阅读以下材料：

材料一："古之王者，建国君民，教学为先"（选自《学记》）。

材料二：2001 年，湖南省某中学教师在课堂上公然宣称读书就是为的挣大钱。

材料三：1986 年六届人大四次会议通过的《中华人民共和国义务教育法》规定："义务教育必须贯彻国家的教育方针，努力提高教育质量，使儿童、少年在品德、智力、体质等方面全面发展，为提高全民族素质，培养有理想、有道德、有文化、有纪律的社会主义建设人才奠定基础。"

请分别分析上面三则材料的教育目的是什么？它们之间体现了什么关系？

参考答案

一、填空题

1. 教育目的
2. 社会的教育目的
3. 个人的教育目的
4. 教育目的
5. 导向功能　调控功能　评价功能
6. 杜威
7. 主观　客观
8. 教育目的
9. 劳动能力的全面发展　克服人发展的一切片面性，实现人的个性的真正全面和自由的发展
10. 社会生产力及其决定的分工状况　社会关系　教育
11. 马克思主义人的全面发展学说　鲜明的政治方向　全面发展

与个性发展

12.创造精神　实践能力　开放思维　崇高理想

13.全面发展　面向全体(学生)

二、单项选择题

1.A　2.B　3.A　4.D
5.C　6.B

三、多项选择题

1.BC　2.ABD　3.CDE　4.ACDE
5.ACD　6.BCD　7.ABC　8.ACE
9.ABC　10.CDE　11.ABDE　12.ABCD

四、判断题

1.√　2.×　3.√　4.√　5.√
6.√　7.√　8.×　9.√　10.√
11.×　12.√　13.×　14.√　15.√
16.√　17.×　18.√　19.×　20.√
21.√　22.×

五、名词解释

1.教育目的:是教育主体对于其所希望达成的结果的设定,具体说来就是教育活动所要培养人才的总的质量标准和规格要求。教育目的是整个教育工作的核心,也是教育活动的依据和评判标准,出发点和归宿。

2.教育活动:有广义与狭义之分,广义的教育活动指所有能够传递人类生产生活经验和精神文化的活动。狭义的教育活动指学校教育所专门从事的活动。

3.教育方针:是教育目的的政策性表达,但是由于教育方针往往是一个国家教育工作总的要求,所以它还要特别反映一个国家教育的根本性质、总的指导思想和教育工作的总方向等要素。

4.教育无目的论:是美国教育思想家杜威的观点,他认为教育的目的在于使个人能继续他们的教育,或者说,学习的目的和报酬是继续不断生长的能力。他把教育目的与教育活动本身联系起来,认为真正有效的教育目的必须是内在于教育,或通过教育过程去实现的目的。"教育无目的论"并非主张真正的教育无目的,而是认为无教育过程之外的"外在"目的。

5.人的全面发展:这里所谓"人的全面发展"的具体内涵,是指马克思主义经典作家尤其指马克思和恩格斯对"人的全面发展"概念的具体界定。马克思和恩格斯是在两个层次上谈论人的全面发展的:其一,指劳动能力的全面发展;其二,指克服人发展的一切片面性,实现人的个性的真正全面和自由的发展。个性自由和全面发展是马克思主义关于人的全面发展学说的灵魂。

六、简答题

1.为什么说学校教育的目的性更强?

答:这是因为:

(1)学校是专门的育人机构,是人类文化发展和教育经验积累到一定程度的产物。它在规划和从事教育活动时,会比一般经验性的教育活动对教育目的有着更多的关注和反思。

(2)学校教育工作的主体比一般的教育工作者具有更高更专门的教育素养,其中包括较高的对于教育活动目的的设定、反思与理解能力。因此学校教育工作者能够更为自觉地按照教育目的办事,对于偏离教育目的的现象也会迅速、自觉地采取措施予以纠正。

(3) 在设定的程序上,国家或学校在学校教育目的上会有较为全面的考虑。学校教育的教育目的会更自觉、精确和全面地反映社会和时代的要求,更自觉地反映一定的教育理想,特别是会充分反映教育规律和教育对象身心发展的实际,比一般的教育目的更具科学性、预见性和有效性。

2.简述教育目的、教育目标、教育方针的联系和区别。

答:(1)教育目的是各级各类教育培养人的总的质量标准和规格要求,而教育目标则是不同性质、不同层次和不同专业学校教育所要完成的具体任务,甚至可以是每一个具体教育活动的具体目标。教育目的必须集中反映时代、社会和个体发展的总体要求,是教育的最高理想的体现,具有一定的终极性;教育目标则是教育活动的具体努力方向。具体教育目标的制定既要考虑教育目的的总要求,又要考虑具体学校教育的任务和特点,考虑特定教育对象的身心特点和知识水平。任何终极性的教育目的都必须转化为一系列具体的教育目标才能避免流于空泛。

(2)教育方针是教育目的的政策性表达。教育方针往往是一个国家教育工作总的要求,所以它还要特别反映一个国家教育的根本性质、总的指导思想和教育工作的总方向等要素。同时,教育方针具有政策的规定性,在一定时期内具有必须贯彻的强制性。其反映的教育目的也当然具有某些规定性或强制性。这与教育理论和实践所要不断进行客观探讨的教育目的也有很大的不同。

3.教育目的的主要功能有哪些?

答:教育目的主要有三大功能:

(1)导向功能:教育目的规定了教育活动所应培养的人才质量和规格,实际上就是规定了教育活动的最大方向。

(2)调控功能:从宏观上说,教育目的对一个国家或地区的教育规划以及教育结构的确立与调整等都具有指导、协调的作用;从微观上说,教育目的对具体教育内容的安排、教育活动的形式及教育手段、方法和技术的选择等都有支配、协调和控制、调节的作用。

(3)评价功能:教育活动既然以教育目的为出发点和归宿,那么,检验教育活动成功与否的最根本标准,也应是教育目的。教育目的是整合所有具体的教育评价标准的精神内核,也是教育评价的最高准则。当具体评价标准有违教育目的时,就需要对具体评价标准作出修正。

4.简述神学的教育目的论及其意义。

答:一些教育思想家从宗教的角度或从信仰出发论述教育目的,这就形成了所谓的“神学的教育目的论”。他们认为,人有肉体也有灵魂,但灵魂才是人的本质。因此教育对人的肉体和精神都要关心,但主要关心的应当是灵魂。教育应当建立在精神本质占优势的基础之上。现代社会生活和教育的许多混乱都是由人们对灵魂、道德和宗教的无知造成的,因此他们主张回归宗教教育,主张以培养青年对于上帝的虔诚信仰作为教育的最高目标。

从宗教的立场出发所阐发的教育目的具有明确的终极价值性,具有较高的精神含量,它对我们思考人与教育的精神实质有一定的启示作用。在中世纪的欧洲,这一教育目的论曾经占据主导地位,对当时的教育活动产生了决定性的影响。但是由于宗教立场的唯心主义的本质,其主张往往有脱离实际生活的缺陷。在当代社会,神学教育目的论已不可能成为教育思想的主流,也不可能为广大教育界所广泛接受。

5. 简述社会本位的教育目的论及其意义。

答:社会本位的教育目的论的基本主张是以社会的稳定和发展为教育的最高宗旨,教育目的应当依据社会的要求来决定。

社会本位的目的论主要反映的是古代社会的特征和要求。中国古代教育一直以修身为本,但修身的最终目的是“治国平天下”。与此相似的是,古希腊思想家柏拉图在其《理想国》中所主张的教育目的就是教育应当为维持奴隶社会的社会秩序服务。

在近现代,教育史上也出现过社会本位的目的论思想。最具代表性的是教育社会学中的“社会功能学派”。他们将人类个体发展的社会条件无限夸大,认为个人的发展完全取决于社会。

社会本位目的论者认为衡量教育好坏的最高标准只能是看教育能否为社会稳定和发展服务,能否促进社会的存在和发展。离开社会的教育目的是不可思议的,也是没有意义的。社会本位的教育目的论充分注意到了社会对个人、对教育的制约作用。但这一学派没有看到:社会是由个体组成的,没有有活力的个体,社会存在就是病态的;同时离开个体的生活幸福等目的,社会存在也就失去了意义。社会是个体存在和发展的基本条件,但社会并不是个体存在的终极目的。因此,教育目的如果只看到教育对象存在的条件而对教育对象自身的需要不做足够的关照,就肯定是有失偏颇的。

6. 简述个人本位的教育目的论及其意义。

答:与社会本位的教育目的论相反,个人本位的教育目的论认为,个人价值远高于社会价值,因此应当根据个人的本性和个体发展的需要来确定教育目的。持个人本位目的论的教育学家为数甚多。代表人物有卢梭、福禄倍尔、裴斯泰洛齐等人。

个人本位的教育目的论往往强调人的自然本性,希望教育按照人的本性而不是违背这一本性办事。

个人本位的教育目的论具有强烈的人道主义特色。它的全盛时期是18、19世纪。在这一时期,强调人的本性需要、强调个人的自由发展对于反对宗教神学、反对封建专制及其影响下的旧式教育具有重要的进步意义。由于个人本位的教育目的论倡导个性解放、尊重人的价值等等,有一定的合理性,这一目的论在今天仍然对全世界的教育有着重要的影响。不过,正如社会本位的教育目的论只执一端因而有失偏颇一样,如果不将个人的自由发展同一定的社会条件和社会发展的需要结合起来,所谓合乎人性的自由发展就会变成空中楼阁。个人本位的教育目的论的最大缺陷即在于此。

7.简述杜威的教育无目的论及其意义。

答:杜威认为:“教育的过程,在它自身以外没有目的;它就是自己的目的”,“我们探索教育目的时,并不是要到教育过程以外去寻找一个目的,使教育服从这个目的”,“我们假定教育的目的在于使个人能继续他们的教育,或者说,学习的目的和报酬是继续不断生长的能力”。

杜威的教育无目的论发人深省的地方在于,他将教育目的与教育活动本身联系起来,反映了教育活动主体的自觉;同时他也注意到了真正有效的教育目的必须是内在于教育,或通过教育过程去实现的目的。但是,如果真如杜威所说教育的目的是“使个人能继续他们的教育”,是“继续不断生长的能力”的话,那么这一生长可能是没有方向的。而事实上杜威倡导的方向就是要为他所谓的“民主社会”培养合格的公民。只不过他并不将这一方向称之为教育目的而已。由此可知,“教育无目的论”并非主张真正的教育无目的,而是认为无教育过程之外的“外在”目的。杜威的这一目的论思想对于我们正确认识和确定教育目的有一定的积极意义。

8. 确定教育目的的依据是什么？

答：历史上出现的不同的教育目的论证明教育目的具有强烈的主观性，教育目的的确定首先要反映一定的价值取向和教育理想。但是教育目的的主观性又以客观性为存在的前提，恰当的教育目的的制定又必须考虑到社会发展的现实和要求，依据受教育者身心发展的规律。所以确定教育目的的基本依据可以概括为主观和客观两个方面。

从主观方面来看，教育目的首先是教育活动中人的价值选择。人们在考虑教育目的时往往会受其哲学观念、人性假设和理想人格等等观念和价值取向的影响。

确定教育目的的客观依据首先是指教育目的的制定必须考虑到一定的社会历史条件。与价值取向相比，社会历史条件对教育目的的制约更具有基础和决定的性质。教育目的的确定受一定社会历史条件的制约，主要是指受生产力与科技发展以及社会经济政治制度的制约，受历史发展进程的制约。此外，教育对象的身心发展实际及规律也是教育目的制定的重要制约因素。

七、论述题

1. 马克思主义的“人的全面发展学说”是什么？你认为在当前历史条件下能不能实现人的全面发展，如何实现？

答：这里所谓“人的全面发展”的具体内涵，是指马克思主义经典作家尤其是马克思和恩格斯对“人的全面发展”概念的具体界定。马克思和恩格斯是在两个层次上谈论人的全面发展的。

(1)指劳动能力的全面发展。

(2)指克服人发展的一切片面性，实现人的个性的真正全面和自由的发展。

应当指出，马克思关于人的全面发展学说是建立在他的“人的本质观”这一基础之上的。它对教育学有着重要的意义：其一，教育必须反映社会对人的发展的总要求。其二，个人发展与社会发展是密切相关的。毋庸置疑，马克思主义关于人的全面发展学说是对将个人发展与社会发展相分离的社会本位的教育目的论与个人本位的教育目的论的一次重大超越。

要对人的全面发展理论有一个正确全面的理解，就不能不看到这一发展的社会历史条件。

(1)社会生产力及其决定的分工状况是人的全面发展的重要前提。

(2)社会关系是人的全面发展的重要条件。

(3)教育是人的全面发展实现的重要途径。

2. 我国的教育目的是什么？有什么基本特征？如何落实？

答：教育目的是一个历史性的范畴。中华人民共和国成立后，我国对教育目的的表述也是随着历史的发展有所不同的。当前的教育目的从法律的角度得以确定，1995年八届人大三次会议通过的《中华人民共和国教育法》规定“培养德、智、体等方面全面发展的社会主义事业的建设者和接班人”为我国的教育目的。

概括起来，我国教育目的的基本特征有以下三点。

(1)我国教育目的以马克思主义人的全面发展学说为指导思想；

(2)我国教育目的有鲜明的政治方向；

(3)坚持全面发展与个性发展的统一。

教育目的实际上就是教育活动所要培养的人的质量标准和规格要求。要认真落实我国的教育目的，我们必须对当代社会和未来发展对人才规格的要求有清醒的认识。要培养合乎时代需要的一代新人，应当特别注意人才素质的这样几个方面

(1)创造精神；

(2)实践能力；

(3)开放思维；

(4)崇高理想。

此外，要认真落实我国的教育目的，我们还必须正确处理以下几个方面的关系。

(1)教育目的与教育目标；

(2)德智体美诸育之间的关系；

(3)全面发展与因材施教的关系；

(4)全面发展与职业定向的关系。

八、综合分析题

答案要点：

第一则材料属于社会本位教育目的论，第二则材料属于个人本位教育目的论，第三则材料为我国国家实施义务教育的教育目的。社会本位教育目的论和个人本位教育目的论既有联系又有冲突；我国的教育目的则是以马克思主义人的全面发展学说为指导思想，有鲜明的政治方向，坚持全面发展与个性发展的统一的。

结合案例分析部分内容略。

第六章 全面发展教育的组成部分

本章考核要点

通过本章的学习，懂得一个人的基本素养主要包括身体、精神两个方面，而精神方面的主要内容是人的知、情、意三大维度，与此相对应，作为对人的素养的培育的教育活动就可以大体划分为体育、智育、美育和德育，要掌握德育、智育、体育、美育的概念与功能及其在中小学的具体任务。

德育即培养学生品德的教育，有狭义和广义之分。德育是教育工作者组织适合德育对象品德成长的价值环境，促进他们在道德、思想、政治等方面不断建构和提升的教育活动。具有社会性功能、个体性功能和教育性功能三大功能。德育对智、体、美诸育具有促进功能。德育的任务是指德育活动要努力培养学生品德素养的教育目标，德育内容则是指德育活动所要传授的价值与规范。德育内容包括道德教育、思想教育和政治教育。

智育是教育者创设一定的情境以提升教育对象的智慧水平为目标的教育。其范畴的理解首先必须与对"智力"及其发展的理解联系起来。智育的意义可以从其必要性和可能发挥的功能两个角度去理解。智育的根本任务是要培育或发展学生的智慧，尤其是智力。智育的主要任务和内容是传授知识、形成技能和发展智力。

体育是指以发展体能、锻炼体魄为目标的教育活动，有广义和狭义之分。学校体育活动的基本特性是教育性、技能性和娱乐性。体育的意义可以从体育对社会和个体的必要性和体育所具有的教育功能两个方面加以体现。中小学体育工作的基本任务是增强学生体质，促进其身体的正常发育；提高运动素养，传授必要的知识技能；培养体育兴趣，形成良好的精神品质。

美育是以培养学生审美、立美的能力，从而促使他们追求人生的情趣与理想境界等为目标的教育活动，亦有广义和狭义之分。美育概念在从狭义走向广义的同时，实质上由形式美育走向了实质美育。美育具有间接、直接和超美育等三大功能。学校美育的基本任务可以概括为四个方面，同时学校美育在实施过程中要注意艺术美育、社会美育、自然美育与教育美育四种形态。

我们在学习本章时，应重点了解德育、智育、体育、美育的概念以及它们各自的功能，在中小学阶段的主要任务与内容等主要内容。

综合练习题

一、填空题

1. 德育是教育工作者组织适合德育对象品德成长的价值环境，促进他们在__________、__________、__________等方面不断建构和提升的教育活动。

2. 德育活动同一定社会的意识形态有较密切的联系，因而有其__________、__________和__________。

3. 德育过程对__________考虑不足、德育对象__________发挥不充分是中国德育的主要问题之一。

4. 德育的__________指的是学校德育能够在何种程度上对社会发挥何种性质的作用。具体说来，主要指学校德育对社会政治、经济、文化等发生影响的政治功能、经济功能、文化功能等。

5. 德育的__________指的是学校德育在一定社会文化发展历程中的作用和学校德育在不同文化形态中所起的作用。

6. 德育的核心任务是要赋予每一个个体以科学的__________、__________和__________等。

7. 德育的教育性功能有两大含义，一是__________；二是指德育

__________的作用。

8. 德育任务是教育目的在德育方面的__________；德育内容则是完成德育任务所要从事的__________。

9. 德育的教育性功能，实际上是指德育在完成__________的总目标和支持__________诸育具体任务的完成这两个方面的实际作用。

10. 德育内容实际上就是__________、__________和__________的教育内容。

11. 智力是指认识方面的各种能力，即__________、__________、__________、__________的综合，其核心成分是抽象思维能力。

12. 创造性的培养主要要从思维的__________、变通性和独特性三方面进行。

13. 广义的体育包括__________、__________和所有能够增进体质和体能的活动。

14. 体育的意义可以从体育对社会和个体的__________和体育所具有的__________两个方面加以说明。

15. 一般认为，狭义的美育指__________、__________、审美立美教育、审美观和美学素养教育等。

16. 美育的间接功能是一种__________，或者说是一种__________，是为其他教育功能发挥提供前提条件的作用，具体讲，就是美育的育德功能，促智、健体功能等。

17. 美的基本形态是__________和__________。

18. 德育的个体发展功能的实质也就是德育对__________的促进功能。

19. 个体发展功能发挥中必须充分尊重学习个体的主体性，它实质上是人的__________或__________。

20. 德育的__________是指德育可以为在每一学科学习过程中的个体提供价值的方向。

21. 智力是一种由__________、__________与__________等因素合成的综合能力。

二、单项选择题

1. 下面哪一项不是学校德育所具有的功能？（　　）

A. 社会性功能　　B. 个体性功能

C. 教育性功能　　D. 发展性功能

2. 下面哪一项不是德育对智、体、美诸育所体现的促进功能？（　　）

A. 基础作用　　B. 动机作用

C. 方向作用　　D. 习惯和方法上的支持

3. 学校体育活动不同于竞技体育和一般的身体锻炼的基本特性是（　　）。

A. 教育性　　B. 技能性

C. 娱乐性

4. 我们平时所讲的美育的“超美育”功能指的是（　　）。

A. 美育的直接功能

B. 美育的间接功能

C. 美育的超越性功能

D. 美育的附加功能

5. 美的基本形态是艺术美和现实美。其中现实美不包括（　　）。

A. 自然美　　B. 社会美

C. 教育美　　D. 形态美

6. 下列哪一项不是德育的核心任务？（　　）

A. 赋予个体以科学的价值观

B. 赋予个体以科学的道德原则

C. 赋予个体以科学的道德观

D. 赋予个体以科学的行为规范

7. 德育的个体发展功能的发挥应注意（　　）。

A. 强调德育的外在强制性

B. 尊重学习个体的主体性

C. 发挥德育的教育性功能

D. 注重个体的享用性

8. 智力的组成因素不包括下列哪一项？（　　）

A. 天赋　　　　B. 策略

C. 知识　　　　D. 认知能力

9. 下列哪一项不是智育对社会和个体发展所具有的促进作用？（　　）

A. 是生产力和科技发展、社会进步的催化剂

B. 让学生掌握作为智慧内容的人类已有的知识和技能体系

C. 是实现人的全面发展的重要途径之一

D. 对于每一个人的生活质量提高有重要的意义

10. 知识有广义和狭义之分，狭义的知识不可以表述为（　　）。

A. 程序性知识　　　　B. 陈述性知识

C. 记忆性知识　　　　D. 直接表述的知识

11. 技能是指在练习的基础上形成的按照某种规则或操作程序顺利完成智慧任务或身体协调动作的能力，不包括（　　）。

A. 对身体活动的协调能力

B. 进行智力活动的智慧能力

C. 反思能力

D. 元认知技能

12. 发散思维的衡量指标不包括思维（　　）。

A. 反映的速度和数量

B. 反映类别的多样性

C. 出现新观念的概率

D. 创造性

13. 狭义的体育是指在学校教育中有意识地促进学生体质、体能、体魄提高的教育活动，主要指（　　）。

A. 社会体育

B. 学校体育活动

C. 竞技体育

D. 所有能够增进体质和体能的活动

14. 一般意义上的学校体育与竞技体育是有严格区别的，主要表现在（　　）。

A. 有一定的集体性

B. 教育目标不同

C. 有纪律性

D. 以身体活动为手段

三、多项选择题

1. 德育的社会性功能指学校德育对社会的各个方面发生影响，具体可以表述为以下哪几个方面？（　　）

A. 政治功能　　B. 经济功能

C. 文化功能　　D. 教育功能

2. 我国中小学德育的重点具体说来应当包括或强调以下哪几个方面？（　　）

A. 基本道德和行为规范的教育

B. 公民道德与政治品质的教育

C. 公民的思想道德教育

D. 世界观、人生观和理想的基础教育

3. 学校美育的主要任务可以概括为以下哪几个方面？（　　）

A. 培养和提高学生感受美的能力

B. 培养和提高学生鉴赏美的能力

C. 培养和提高学生表现美、创造美的能力

D. 培养和提高学生追求人生趣味和理想境界的能力

4. 德育的个体性功能指德育对德育对象个体发展能够产生的实际影响，可以描述为哪几个方面？

A. 生存　　B. 成长

C. 发展　　D. 享用

5. 1998 年《中小学德育工作规程》规定中小学德育工作的基本任务是，培养学生成为（　　）的公民。

A. 热爱社会主义祖国

B. 具有社会公德

C. 文明行为习惯

D. 遵纪守法

6. 德育内容指德育活动所要传授的价值和规范，包括三个主要的层次(　　)。

A. 基本道德和行为规范的教育

B. 公民道德与政治品质的教育

C. 较高层次的世界观、人生观和理想教育

D. 世界观、人生观和理想的基础教育

7. 智育的主要任务和内容应当有哪些？(　　)

A. 传授知识　　B. 形成技能

C. 发展智力

8. 学校体育的哪些基本功能体现了体育的意义？(　　)

A. 竞技功能　　B. 健体功能

C. 教育功能　　D. 娱乐功能

9. 中小学体育工作的基本任务主要有(　　)。

A. 增强学生体质，促进其身体的正常发育

B. 提高运动素养，传授必要的知识技能

C. 培养体育兴趣，形成良好的精神品质

D. 调节和放松紧张的学习情绪

10. 学校美育的实施，主要应注意以下哪几个方面？(　　)

A. 艺术美育　　B. 自然美育

C. 社会美育　　D. 教育美育

11. 自然美育的主要内容应当包括哪些？(　　)

A. 通过自然美的鉴赏，使学生了解自然美的特征，增强学生的审美感知和理解能力

B. 通过自然美的欣赏开阔视野，增加知识，陶冶性情

C. 通过自然美的欣赏，增强学生热爱自然环境、热爱祖国美好河山的情感

D. 通过自然美的欣赏，增强学生的国际意识

12. 公民道德与政治品质的教育的主要内容包括（　　）。

A. 集体主义　　B. 爱国主义

C. 民主与法纪观念　　D. 其他政治常识的教育

13. 人的精神方面的素养主要可以从知、情、意三大维度来分析，与此相对应，作为对人的素养的培育的教育活动可以大体划分为（　　）。

A. 体育　　B. 智育

C. 美育　　D. 德育

四、判断题

1. 学校德育具有政治、经济等功能意味着学校德育对学校发展起着完全、直接参与的作用。（　）

2. 德育的社会性功能是指德育对社会发展所能发挥的客观作用，而德育的个体性功能则是指对德育对象个体发展能够产生的实际影响。（　　）

3. 道德教育的本质是指对个体社会人格的塑造或对个体道德人格发展方面所起的推动。（　　）

4. 德育的社会发展功能主要指的是对个体品德心理结构的发展所起的作用。（　　）

5. 德育过程实际上就是德育对象自身在道德等方面不断建构的过程。（　　）

6. 德育的社会性功能具体说来就是德育的政治功能、经济功能、文化功能等。（　　）

7. 德育社会性功能的实现具有间接性。（　　）

8. 在社会性功能之中，德育的经济功能是学校德育政治、文化功能中的中介。（　　）

9. 自律和他律的道德的共性是具有某种外在的强制性，这说明强制性是真正道德的本质。（　　）

10. 个体享用性的实质是让个体在道德学习与生活中领会、体验道德人生的幸福、崇高、人格尊严与优越，因而具有审美的性质。（　　）

11. 世界观、人生观、理想是人的精神内核。（　　）

12. 知识可分为陈述性知识和程序性知识，陈述性知识也可称为记忆性知识，是一种狭义的知识；广义的知识应当包括程序性知识。（　　）

13. 创造性或创造性思维其实说的就是发散思维。（　　）

14. 狭义的体育是指所有能够增进人的身体素质及活动技能的活动，包括社会体育、竞技体育和所有能够增进体质与体能的活动。（　　）

15. 学校体育的教育性决定了其不同于竞技体育和一般的身体锻炼。（　　）

16. 美的基本形态是艺术美和现实美。（　　）

17. 社会美也叫生活美，是社会生活中存在的美的形态，具有较为明显的社会性、历史性、民族性和阶级性。（　　）

18. 德育的政治功能指的就是德育在阶级社会中为阶级斗争服务的一面。（　　）

19. 德育的教育性功能的实现实质上是整个教育活动精神本质的实现。（　　）

五、名词解释

1. 德育
2. 德育内容
3. 德育的个体性功能
4. 德育的文化功能
5. 智育
6. 智力
7. 体育
8. 技能
9. 美育
10. 形式美育
11. 教育美育

六、简答题

1. 德育的概念是如何界定的？学校德育有哪些功能？

2. 中小学德育的任务是什么？《小学德育纲要》中规定的小学德育包括哪些具体内容？

3. 如何从体育对社会和个体的必要性和体育所具有的教育功能两个方面来说明体育的意义？

4. 分别说明美育的狭义和广义的概念，以及什么是形式美育和实质美育？

5. 中小学美育的主要任务是什么？

6. 艺术美育的具体内容有哪些？

7. 试简述进行爱国主义教育应当注意哪些问题？

8. 教育美育的实施对教育者有哪些具体的要求？

七、论述题

1. 试论述智育与教学的关系。

2. 如何从智育的必要性和可能发挥的功能两个角度去理解其意义？

3. 如何理解学校体育的基本特性？

4. 如何理解美育的功能？

5. 学校美育的实施应注意哪些方面？

八、综合分析题

请阅读下列文字：

2001 年 2 月 1 日，江泽民主席在《关于教育问题的谈话》中写道："最近，看了两份材料。一份反映浙江省金华市第四中学高二年级一名学生，因忍受不了学习成绩名次和家长的压力，用榔头打死了母亲；另一份反映浙江省温州市永嘉县桥头镇两名学生因勒索钱财将一同学乱刀砍死。今天的《光明日报》还报道，河南省安阳市一学生家长，因自己的儿子没有被评上"三好学生"和当上少先队大队长，带人把班主任给打了。这样的材料以前也看到一些，确实触目惊心，引起了我的深思。正确引导和帮助青少年学生健康成长，使他们能够德、智、体、美全面发展，是一个关系我国教育发展方向的重大问题。”

认真阅读江主席的上述讲话，并结合德育功能和我国中小学德育的任务，说明我国中小学德育在功能和任务的实现上存在哪些问题，请谈谈你的看法，并对如何解决我国目前存在的这些问题提出自己的建议。

参考答案

一、填空题

1. 道德　思想　政治
2. 阶级性　历史性　社会性
3. 德育对象　主体性
4. 社会性功能
5. 文化功能
6. 价值观　道德原则　行为规范
7. 德育的“教育”或价值属性　作为教育子系统对平行系统
8. 直接体现　具体工作
9. 教人做人　智、体、美
10. 道德教育　思想教育　政治教育
11. 观察力　记忆力　思维能力　想象能力
12. 流畅性
13. 社会体育　竞技体育
14. 必要性　教育功能
15. 美感教育　审美教育
16. 附带功能　潜功能
17. 艺术美　现实美
18. 个体人格

19. 文明化　社会化

20. 方向作用

21. 天赋　策略　知识

二、单项选择题

1. D	2. A	3. A	4. C	5. D
6. C	7. B	8. D	9. B	10. A
11. C	12. D	13. B	14. B	

三、多项选择题

1. ABC	2. ABD	3. ABCD	4. ACD
5. ABCD	6. ABC	7. ABC	8. BCD
9. ABC	10. ABCD	11. ABC	12. ABCD
13. ABCD			

四、判断题

1. ×	2. √	3. √	4. ×	5. √
6. √	7. √	8. ×	9. ×	10. √
11. √	12. √	13. ×	14. ×	15. √
16. √	17. √	18. ×	19. √	

五、名词解释

1. 德育:是教育工作者组织适合德育对象品德成长的价值环境,促进他们在道德、思想、政治等方面不断建构和提升的教育活动。

2. 德育内容:是指德育活动所要传授的价值与规范,是完成德育任务所要从事的具体工作。

3. 德育的个体性功能:是指德育对德育对象个体发展能够产生的实际影响,可以描述为德育对个体生存、发展、享用发生影响的三个方面。

4. 德育的文化功能:指的是学校德育在一定社会文化发展历程中

的作用和学校德育在不同文化形态中所起的作用。

5. 智育:是教育者创设一定的情境以提升教育对象的智慧水平为目标的教育。

6. 智力:是一种由天赋、策略与知识等因素合成的综合能力。

7. 体育:是指以发展体能、锻炼体魄为目标的教育活动。广义的体育,是指所有能够增进人的身体素质及活动技能的活动。它包括社会体育、竞技体育和所有能够增进体质和体能的活动。狭义的体育,是指在学校教育中有意识地促进学生体质、体能、体魄提高的教育活动。

8. 技能:是指在练习的基础上形成的按照某种规则或操作程序顺利完成智慧任务或身体协调动作的能力。

9. 美育:是以培养学生审美、立美的能力,从而促使他们追求人生的情趣与理想境界等为目标的教育活动。

10. 形式美育:指的是以培养对象的审美素养(如审美观、欣赏美和创造美的能力等)为目标的教育活动。

11. 教育美育:是说要使全部教育活动成为美育事业的组成部分,教育活动本身要努力做到审美化。

六、简答题

1. 德育的概念是如何界定的?学校德育有哪些功能?

答:德育是教育工作者组织适合德育对象品德成长的价值环境,促进他们在道德、思想、政治等方面不断建构和提升的教育活动。德育是有目的、有计划、有组织的活动,同一定社会的意识形态有较密切的联系,具有阶级性、历史性和社会性。

学校德育的功能可以概括表述为德育的社会性功能、个体性功能和教育性功能三个主要的方面。德育的社会性功能指的是学校德育能够在何种程度上对社会发挥何种性质的作用。德育的个体性功能是指德育对德育对象个体发展能够产生的实际影响。德育的教育性功能有两大含义。一是德育的"教育"或价值属性,二是指德育作为教育子系统对平行系统的作用。

2. 中小学德育的任务是什么?《小学德育纲要》中规定的小学德育

包括哪些具体内容？

答：中小学德育工作的基本任务是，培养学生成为热爱社会主义祖国、具有社会公德、文明行为习惯、遵纪守法的公民。在这个基础上，引导他们逐步确立正确的世界观、人生观、价值观，不断提高社会主义思想觉悟，并为使他们中间的优秀分子将来能够成为坚定的共产主义者奠定基础。

《小学德育纲要》规定小学德育的具体德育内容主要有以下十条：(1)热爱祖国的教育。(2)热爱中国共产党的教育。(3)热爱人民的教育。(4)热爱集体的教育。(5)热爱劳动、艰苦奋斗的教育。(6)努力学习、热爱科学的教育。(7)文明礼貌、遵守纪律的教育。(8)民主与法制观念的启蒙教育。(9)良好的意志、品格教育。(10)辩证唯物主义观点的启蒙教育。

3.如何从体育对社会和个体的必要性和体育所具有的教育功能两个方面来说明体育的意义？

答：必要性是指社会发展要求学校教育通过系统和有效的方式增进社会成员的身体素质。对于个体而言，个体的发展以及幸福生活都要求个体有一个健康的体魄。个体的事业发展和幸福生活所要求的身体基础最经济、有效的奠定方式就是接受学校体育。对于小学生而言，由于他们的身体正处于生长和发育的关键阶段，学校体育对他们的必要性就更加明显。现代社会是一个物质条件越来越好、闲暇活动时间越来越多的社会，社会生活的发展创造了前所未有的优越条件，社会发展也越来越要求社会成员具有健康、有情趣的生活能力。这一点也强化了体育对社会发展和个人生活的必要性。

学校体育所具有的功能可以解释为：

(1)健体功能：指对身体机能的促进作用。

(2)教育功能：可以理解为体育的价值功能。

(3)娱乐功能：是指学校体育能够使学生在劳累之后在体力和精神上得到恢复和放松。

4.分别说明美育的狭义和广义的概念，以及什么是形式美育和实质美育？

答：狭义的美育，极端的定义是认为专指“艺术教育”，其一般形式是认为美育指“美感教育”、“审美教育”、“审美立美教育”、“审美观和美学素养教育”等。广义的美育即真正的美育是将美学原则渗透于各科教学后形成的教育

形式美育指的是以培养对象的审美素养（如审美观、欣赏美和创造美的能力等）为目标的教育活动。实质美育是以上述目标为手段，追求美育的精神实质：人生的美学趣味和教育的审美境界。

5. 中小学美育的主要任务是什么？

答：美育的主要任务可以概括为以下四个方面：

（1）培养和提高学生感受美的能力；

（2）培养和提高学生鉴赏美的能力；

（3）培养和提高学生表现美、创造美的能力；

（4）培养和提高学生追求人生趣味和理想境界的能力。

6. 艺术美育的具体内容有哪些？

答：艺术美育的具体内容主要有三项：

（1）在艺术美育中，应当努力激发学生的情感体验，引导学生理解美的本质、内容和境界，从而在实质意义上得到美的陶冶。

（2）艺术美育还应当努力使学生理解、掌握不同艺术形式及表现方式，不同艺术体裁和风格的特点，从而提高艺术的鉴赏能力。

（3）让学生通过必要的训练，具有一定的艺术表现或创造能力，提高学生的艺术实践方面的修养。

7. 试简述进行爱国主义教育应当注意哪些问题？

答：进行爱国主义教育应当注意以下问题：

（1）爱国主义教育既有一般的对于祖国的向往、爱恋之情，也有对于具体的祖国的热爱与奉献的冲动。向学生进行爱国主义教育，主要是倡导民族奋发精神，焕发儿童和青少年的斗志，为把祖国建设成一个社会主义强国而不懈努力。其中要特别注意实现爱国主义教育对小学生学习动机的增强作用。

（2）爱国主义与爱社会主义制度是一致的。只有社会主义才能救中国，只有社会主义才能发展中国，这是中国历史的必然选择。所以真正

的爱国主义者必然热爱社会主义制度，拥护改革开放政策。应当努力实现爱国主义与爱社会主义的教育的内在统一。

(3)爱国主义应与改革开放的新形势紧密结合。由于科技、经济的发展，今天的世界已经变成了一个“地球村”。中国的发展进步是世界发展进步的一部分。当今世界的许多问题也只有从全球的大局出发才有可能解决。加强各民族之间的理解与合作是世界进步和国家发展的重要条件。

所以，今天的爱国主义教育，应当将爱国主义同国际主义、国际合作和对世界和平事业的理解和支持等紧密地结合起来。

8.教育美育的实施对教育者有哪些具体的要求？

答：教育美育要求教育者充分创造教育活动的形式美，同时努力发掘教育活动中所有美的要素作为美育的资源。这表现在：

(1)教师努力塑造美的讲台形象和人格形象，努力将自身的师表之美作为教育手段。

(2)教育活动努力寻找自身的审美活动形式。创造合乎美的规律的教育活动中介形式。比如有张有弛的授课节奏，课程内容呈现的审美追求，一直到教学语言、板书的美化等等。

(3)努力发现学生个体和集体的对象美，并且努力促进学生以自己和自己的活动为审美对象，让学生的成长作为他们自身成长的动力。

(4)科学美也是教育过程中广泛存在的美的形式之一。不同的学科蕴藏着丰富的科学美的成分。科学美可以使学生体会到人类的智慧之美及其表现的伟大的人类主体的本质力量。发掘并展示科学美不仅是美育的需要，而且对各科教学本身有巨大的促进作用。

七、论述题

1.试论述智育与教学的关系。

答：长期以来，我国的教育学著作虽然没有公开宣称智育等于教学，但是在教育学或教育原理的有关著作中，我们往往只有“教学”与德育、体育、美育等章节的平行安排，而没有“智育”章节的存在。

智育与教学是一个交叉概念。智育与德育、体育、美育等相并列，构成一个教育内容的完整构架。它们的上位概念或种概念是“教育”。而教学则是所有各育都可能具有的教育形式。换言之,教学并不仅仅是智育的活动方式,德育、体育、美育等都需要教学途径去完成,而各育在教学过程、原则和方法上也有各自的特殊性。同样,智育以教学为自己的重要途径,但这一途径又并不是智育的惟一途径。

将两个交叉概念完全等同起来,不仅在理论上是错误的,而且极易引起实践上的混乱。长期以来,正是因为将智育与教学相等同,人们往往忘却在教学中的德育、体育、美育等方面的任务。也正是这一概念上的混同,许多人也误以为只有在教学中才能发展学生的智力。这两种倾向都给我国的教育事业带来了很大的混乱和危害。

2.如何从智育的必要性和可能发挥的功能两个角度去理解其意义?

答:首先,人的智慧水平有通过智育去培养的必要。教育对于智力发展的必要主要体现在两个方面:

(1)在没有学校教育的参与的情况下,人的智力也会在生活中得到一定的发展,但这一发展是自发和缓慢的。学校教育对智力的开发是有意识的,所以会提供较多的刺激智力发展的条件和方法,从而加速这一发展。

(2)要使每一个人类个体所具有的智力潜能得到充分发展,需要将物化的智力成果(即客观知识体系)同主观的智力成果(即主体的认识能力)结合起来,在实现客观文化向学生主体能力的转化的同时,在转化中增进智力的发展。而学校教育是这一将客观文化和主观文化结合起来的专门形式。

其次,智育对社会和个体发展具有非常重要的促进作用。

(1)从社会的角度看,智育是生产力和科技发展、社会进步的催化剂。

(2)智育是实现人的全面发展的重要途径之一。

(3)智育对于每一个人的生活质量提高有重要的意义。

3.如何理解学校体育的基本特性?

答:学校体育活动的基本特性是教育性、技能性和娱乐性。

(1)所谓教育性首先是指体育是全面发展的教育的一部分。体育的分工是通过身体活动去提高身体的素质，从而为教育对象的全面发展这一教育的整体目标或教育目的的实现服务。教育性的第二个含义是它的价值属性。体育是通过体格的培育去完成人格的培养任务。体育本身有其“体育精神”，对教育对象的道德、审美和智能的发展都有重要的作用。

(2)所谓技能性是指体育活动还要向学生传授一定的身体锻炼和提高体能的知识与技能。

(3)所谓娱乐性是指体育具有在活动或锻炼中使人的身心得到放松、愉悦和享受的性质。学校体育的这些特性使它区别于一般的活动比如劳动和娱乐活动，也区别于竞技体育和一般的身体锻炼。

学校体育与一般劳动和娱乐活动对身体及其技能的自然影响的区别在于，前者是有意识地选择了那些有益于身体素质和体能全面提高的活动方式，进行有意识、有计划的培育的。

学校体育也区别于竞技体育和一般的身体锻炼。学校体育侧重于最基本的运动知识、技能和技巧的传授，教育性突出。学校体育在教育内容上也具有比一般身体锻炼更为系统和全面的特性。这些区别都是体育的教育性所决定的。

4.如何理解美育的功能？

答：美育是以培养学生审美、立美的能力，从而促使他们追求人生的情趣与理想境界等为目标的教育活动。

美育具有直接功能、间接功能（或附带功能）、超美育功能（或超越性功能）三大功能。

(1)关于美育的直接功能。美育的直接功能可用两个字表示即“育美”。美育的任务可以概括为树立正确的审美观，培养欣赏美和创造美的能力。狭义的育美功能或美育的直接功能（审美观以及审美、创作能力的培养等）与美育概念的狭义与形式定义阶段相关。

(2)关于美育的间接功能。美育的间接功能是一种附带功能，或者说是一种潜功能，是为其他教育功能发挥提供前提条件的作用，具体讲，就是美育的育德功能，促智、健体功能等。当然，美育的育德功能与促智、健体等功能一样，都是一种创设德育、智育、体育的前提、情境的功能，并不等于德育、智育、体育本身。这是因为审美过程拒斥外在的功利和道德目的。所以美育的育德功能等只能是一种附带或间接的功能。

(3)关于美育的“超美育”功能。“超美育”功能即美育的超越性功能。“超”是相对于既定的美育功能观而言。一般的美育功能观认为，美育的功能无非在于审美观的确立、审美创美能力的发展，同时促进德智体诸育等，没有超出以上论及的两类功能的范围。而与这两种功能观对应的实际上是一种形式美育概念。而与实质美育概念相联系的对于现实生活的超越所形成的人生意趣和教育美学精神追求等，显然已经“超”出了原有的直接和间接功能范畴。

5.学校美育的实施应注意哪些方面？

答：美的基本形态是艺术美和现实美。现实美又包括自然美、社会美、教育美。所以学校美育的实施，主要应注意以下几个方面。

(1) 艺术美育：艺术美是一种以现实美为基础，但是又经过艺术加工，因而高于现实美的美的形态，应当成为学校美育的核心内容。艺术美育的具体内容主要有三项：一是在艺术美育中，应当努力激发学生的情感体验，引导学生理解美的本质、内容和境界，从而在实质意义上得到美的陶冶。二是艺术美育还应当努力使学生理解、掌握不同艺术形式及表现方式，不同艺术体裁和风格的特点，从而提高艺术的鉴赏能力。三是让学生通过必要的训练，具有一定的艺术表现或创造能力，提高学生的艺术实践方面的修养。

(2) 自然美育：自然美是指自然物本身所呈现出来的美的形态。自然美育的主要内容应当包括：通过自然美的鉴赏，使学生了解自然美的特征，增强学生的审美感知和理解能力；通过自然美的欣赏开阔视野，增加知识，陶冶性情；通过自然美的欣赏，尤其是一些人化的自然美的欣赏，增强学生热爱自然环境、热爱祖国美好河山的情感。

(3) 社会美育：社会美也叫生活美，是社会生活中存在的美的形态。它包括人格美、劳动与生活过程的美、产品以及环境美等。社会美直接体现人们改造世界的本质力量和生活理想，有美与善、真相结合的特点，具有较大的美育价值。

(4) 教育美育：所谓“教育美育”是说要使全部教育活动成为美育事业的组成部分，教育活动本身要努力做到审美化。教育美育要求教育者充分创造教育活动的形式美，同时努力发掘教育活动中所有美的要素作为美育的资源。“教育美育”的命题的提出，实际上是在从教育原理的角度呼吁建立新的教育活动评价标准。

八、综合分析题

答案要点：

(1)上述案例所谈的主要是我国中小学德育中存在的一些严重的问题，即德育的功能无法真正实现，中小学德育面临重大挑战。

(2)学校德育的功能可以概括表述为德育的社会性功能、个体性功能和教育性功能三个主要的方面。

①德育的社会性功能。德育的社会性功能指的是学校德育能够在何种程度上对社会发挥何种性质的作用。具体说来，主要指学校德育对社会政治、经济、文化等发生影响的政治功能、经济功能、文化功能等等。

②德育的个体性功能。德育的社会性功能是指德育对社会发展所能发挥的客观作用，德育的个体性功能则是指德育对德育对象个体发展能够产生的实际影响。德育的个体性功能可以描述为德育对个体生存、发展、享用发生影响的三个方面。其中享用性功能是德育个体性功能的最高境界。

③德育的教育性功能。德育的教育性功能有两大含义。一是德育的“教育”或价值属性，二是指德育作为教育子系统对平行系统的作用。

(3)问题在于：我国的德育长期以来主要强调德育的社会性功能，而忽视了个体性功能和教育性功能，造成德育的形式化、政治化，很难使社会公认的价值取向和行为规范内化到学生的日常行为中。

(4)建议：德育内容实际上就是道德教育、思想教育和政治教育的教育内容。我们认为，从基本的道德教育开始，德育内容应当包括三个主要的层次：第一，基本道德和行为规范的教育；第二，公民道德与政治品质的教育；第三，较高层次的世界观、人生观和理想教育等。依据这一层次划分，我们认为，我国中小学德育的重点应当包括或强调以下几个方面。

①基本道德和行为规范的教育。

基本道德是个体生活的基础性道德要求。基本道德往往是历史上传承下来为人类社会广泛接受的道德规范。德育的基础是要教学生学会做人。所以诸如公平、正直、诚实、勇敢、仁爱、热爱劳动、艰苦朴素等应当成为中小学德育的奠基性内容。

②公民道德与政治品质的教育。

公民道德与政治品质的教育的主要内容包括集体主义、爱国主义、民主与法纪观念和其他政治常识的教育等项内容。

③世界观、人生观和理想的基础教育。

世界观、人生观、理想是人的精神内核。对世界观、人生观和理想的培育是德育的最高目标，同时也是德育工作的基础性工作。青少年处在世界观、人生观和理想的形成、发展的关键时期，世界观、人生观和理想的基础教育应当成为学校德育的重要内容和根本任务。

结合案例分析部分略。

第七章　课　程

本章考核要点

通过本章的学习，要正确地理解课程的概念，了解与掌握国外关于课程定义主要有哪些观点，正确地理解决定课程的几个基本关系，掌握泰勒关于课程设计模式的基本观点。

首先，本章要求考生对课程概念、课程的理论基础和决定课程的几个基本关系有一定的了解。

课程是师生之间相互作用的重要手段，课程是受教育者在教育者的引导下，受教育者在教学活动中所获得的经验（包括人类世代积累的历史经验和个体通过实践所获得的个体经验），这些经验是教育者按照一定的社会需求和受教育者的身心发展水平，有计划、有目的地组织安排的。

在哲学、心理学和教学论的理论基础上，出现了对课程本质的三种定义：课程是知识，课程是经验，课程是活动。直接经验和间接经验、知识与能力、分科与综合、人文主义与科学主义是决定课程的几个基本关系，学习者必须处理好这几个基本关系，把握两者的度，才能更好地理解课程、设计课程。

其次，本章要求考生掌握课程的基本基本范畴：课程目标、课程内容和课程结构。

课程目标可以按照垂直和水平两个纬度来分类。垂直分类包括教育目的、学科的（领域的）课程目标和课程目标；水平分类包括认知领域、情感领域、动作技能领域。不同的课程论流派，对于课程内容往往持有极为不同的主张，决定这些不同主张的，除了政治、科技等力量以外，还有课程自身的原因，主要是以下两个方面：课程本质观和在课程内部基本关系的倾向。

随着课程的发展，在教学实践中渐渐形成了课程的一般结构：即教学计划(课程计划)、教学大纲(课程标准)、教科书。教学计划(课程计划)是课程的总体规划；教学大纲(课程标准)是根据教学计划，以纲要的形式编定有关学科教学内容的教学指导文件，它规定学科的教材范围、教材体系、教学进度和教法上的基本要求；教科书是根据教学大纲系统阐述学科内容的教学用书。但是课程结构也随着时代的发展而变化，主要表现为：在统一基础上增加灵活性，在多样性基础上增加调控。

最后，本章要求考生掌握课程设计方面的基本方法。

课程设计存在着三个层次：宏观、中观和微观的课程设计工作。课程设计模式主要有主观法、经验法、客观法、活动分析法、实验法等。在众多的课程设计中，泰勒的课程设计模式是最著名的，由四个问题组成，围绕着解决这些问题的方法和程序进行，即：学校应该达到哪些教育目标？提供哪些教育经验才能实现这些目标？怎样才能有效地组织这些教育经验？我们怎样才能确定这些目标正在得到实现？同时泰勒也提出了评价程序的四个步骤：确立评价目标、确定评价情境、设计评价手段、利用评价结果。

综合练习题

一、填空题

1. 泰勒 1944 年出版的《__________》被认为是课程论的经典，其中提出的关于课程编制的四个问题后来被称为__________。

2. 完整的课程理论应该能够兼顾课程的__________性和__________性。

3. 建立在学生自主性探索学习基础上的课程，具体结构以单元的形式最为适宜，在每一个单元中，至少必须包括以下三个部分：__________、__________、__________。

4. ________(概念)是对于任务完成状况做出判断的依据。

5. 一般说,哲学对课程的影响有两个层次,一是________的层次,二是________的层次。

6. 为课程论建立起心理学基础做出最大贡献的学者是________。

7. 就目前而言,我国中小学阶段的课程类型主要包括________、________、________。

8. ________(概念)就是对于课程的各个方面做出规划和安排。

9. 我国将逐步建立________、________、________三级课程管理制度。

10. ________被称为"教育评价之父"。

11. 一般说,在各种不同的课程论体系中,有一些范畴比较普遍,是人们在讨论课程时经常采用的,这样一些范畴主要包括________、________、________、________。

12. 根据布卢姆的思想,完整的教育目标应当包括三个部分:________领域、________领域、________领域,并且在每一个领域都进行了更为详细、由低到高的区分。

13. 近代以来,随着课程的发展,在教学实践中渐渐形成了课程的一般结构:即________、________、________,尽管在不同国家和地区名称和实施状况往往不同,但这样三个层次及相应的内容大体是一致的。

14. 在制定自主性探索学习的评价标准时,必须注意到以下两点:评价标准应当________,评价标准应当________。

15. 根据所承担的任务和产生的结果,可以将课程设计大致分为三个层次:________的课程设计工作、________的课程设计工作、________的课程设计工作。

16. 泰勒 1944 年出版的《课程与教学的基本原理》被认为是课程论的经典,其中提出的关于课程编制的四个问题后来被称为泰勒原理,这四个问题是:________? ________? ________? ________?

17. 泰勒认为,评价程序共有四个步骤:________、________、

__________、__________。

18. 课程论从内容上可以分为两个层面或两个部分:第一个层面,是关于课程__________方面的探讨;第二个层面,是关于课程__________方面的探讨。

二、单项选择题

1. 下列哪个国家在 1988 年改革之前,既没有统一的国家课程标准,更没有统一的国家课程计划?(　　)

A. 德国　　B. 美国

C. 加拿大　　D. 英国

2. 在我国,中小学教科书长期以来采用国定制,一直持续到(　　)。

A. 20 世纪 70 年代末　　B. 20 世纪 80 年代

C. 20 世纪 90 年代　　D. 20 世纪 21 世纪初

3. 课程设计的方法或模式大致可以分为(　　)。

A. 客观法、活动分析法、实验法、文献分析法、信息加工法

B. 活动分析法、实验法、文献分析法、信息加工法、主观法

C. 主观法、经验法、客观法、活动分析法、实验法

D. 实验法、文献分析法、信息加工法、主观法、经验法

4. 课程体系是以科学逻辑组织的,课程是社会选择和社会意志的体现,课程是既定的、先验的、静态的,课程是外在于学习者的,并且是凌驾于学习者之上的——学习者服从课程,在课程面前是接受者的角色,这种课程观是(　　)。

A. 课程是知识　　B. 课程是经验

C. 课程是活动　　D. 课程是生活本身

5. 真正为课程论建立起心理学基础的学者是(　　)。

A. 赫尔巴特　　B. 夸美纽斯

C. 杜威　　D. 亚里士多德

6. 最自觉、清醒地论证了直接经验在个人成长中的意义,并以极大的魄力将儿童个体的直接经验加以规范和具体化为课程,并且付诸实

践的教育家是(　　)。

A. 桑代克　　　　B. 杜威

C. 赫尔巴特　　　　D. 夸美纽斯

7. 在课程目的上，重视人，崇尚个性。在课程内容上，提倡广泛的课程范围。在课程的实施过程中，充分地尊重儿童，热爱儿童。这种教育目的观体现的是(　　)的观点。

A. 人文主义课程观

B. 科学主义课程观

C. 知识本位课程观

D. 能力本位课程观

8. 关于课程目标的水平研究最为著名的学者是(　　)

A. 桑代克　　　　B. 杜威

C. 赫尔巴特　　　　E. 布卢姆

三、多项选择题

1. 当课程被认识为知识并付诸实践时，一般特点在于(　　)。

A. 课程体系是以科学逻辑组织的

B. 课程是社会选择和社会意志的体现

C. 课程是既定的、先验的、静态的

D. 课程是重学习者的实际学习体验和学习过程的

E. 课程是外在于学习者的，并且是凌驾于学习者之上的

2. 当课程被认为是经验时，一般特点在于(　　)。

A. 课程体系是以科学逻辑组织的

B. 课程往往是从学习者角度出发和设计的

C. 课程是与学习者个人经验相联系相结合的

D. 强调学习者作为学习主体的角色

E. 课程内容强调以间接经验为主

3. 当课程被认为是活动时，其特点在于(　　)。

A. 强调学习者是课程的主体，以及作为主体的能动性

B. 强调以活动方式开展课程教育教学活动

C. 强调以学习者的兴趣、需要、能力、经验为中介实施课程

D. 从活动的完整性出发，突出课程的综合性和整体性，反对过于详细的分科

E. 重视学习活动的水平、结构、方式，特别是学习者与课程各因素的关系

4. 完整的教育目标应当包括（　　）。

A. 思维领域　　B. 身心发展领域

C. 认知领域　　D. 情感领域

E. 动作技能领域

5. 在国内外，如下观点比较接近课程本质的定义的是（　　）：

A. 课程是标准

B. 课程是教育教学本身

C. 课程是活动

D. 课程是经验

E. 课程是知识

6. 根据目标的性质及其与课程的关系，课程目标可以进行垂直分类，以下属于这种分类方法的是（　　）：

A. 教育目的

B. 认知领域

C. 学科的（领域的）课程目标

D. 课程目标

E. 情感领域

7. 随着课程的发展，在教学实践中渐渐形成了课程的一般结构，包括（　　）。

A. 教学计划　　B. 教学大纲

C. 教育目标　　D. 教科书

E. 教学内容

8. 课程的一般结构在近年来发生了一些变化，对于这种变化的基本情况描述正确的是（　　）。

A. 趋向于统一

B. 趋向于多元化

C. 在统一基础上增加灵活性

D. 保持原有的基本结构

E. 在多样性基础上增加调控

9. 根据国内外有关经验，建立在学生自主性探索学习基础上的课程，具体结构以单元的形式最为适宜，在每一个单元中，至少必须包括以下几个部分（　　）。

A. 练习题　　B. 主题

C. 任务　　D. 评价标准

E. 教学大纲

10. 制定自主性探索学习的评价标准时，必须注意到以下几点（　　）。

A. 评价标准应该多元化

B. 评价标准应当突出重点

C. 评价标准应该量化

D. 评价标准应该有惟一标准

E. 评价标准应当有一定的弹性

11. 泰勒认为，不同的教育流派、学者和学校在教育目标的来源上往往强调某个方面，而任何单一的来源都不足以成为课程目标的基础，课程目标应当来源于以下几个方面（　　）。

A. 对学生的研究

B. 对当代社会生活的研究

C. 学科专家对目标的建议

D. 国家的需要

E. 教师的教学水平

12. 泰勒认为，解决教育目标的筛选原则应考虑（　　）。

A. 学校信奉的教育和社会的哲学

B. 学习心理学所提示的选择教育目标的准则

C. 教材的结构

D. 教师的要求

E. 社会和家长委员会的意见

13. 能否选择好学习经验，决定着教育目标能否实现。泰勒为学习经验的提出和选择制定了几条一般原则，这些原则包括（　　）。

A. 学生必须具有使他有机会实践这个目标所隐含的那种行为的经验

B. 学习经验必须使学生由于实践目标所隐含的那种行为而获得满足感

C. 学习经验所期望的反应，是在有关学生力所能及的范围之内的

D. 有许多特定的经验可以用来达到同样的教育目标

E. 同样的学习经验往往会产生几种结果

14. 泰勒认为，有助于达到目标的学习经验所必备的一些特征，这些特征包括（　　）。

A. 有助于培养思维技能的学习经验

B. 有助于获得信息的学习经验

C. 有助于形成社会态度的学习经验

D. 有助于培养兴趣的学习经验

E. 有助于培养学生的观察经验

15. 泰勒认为学习经验必须组织起来形成连贯的计划，才能使它们产生"累积效应"。为此，他提出了组织学习经验的主要准则，这些准则包括（　　）。

A. 连续性　　　　　　B. 循环性

C. 顺序性　　　　　　D. 整合性

E. 模糊性

16. 组织学习经验，可以说就是完成将学习经验从最高单元到最低单元的编制程序。泰勒陈述了这一程序的具体步骤，包括（　　）。

A. "对课程组织的总体框架取得一致的看法。"

B. "对已确定的每一个领域内所要遵循的一般组织原则，取得一致的看法。"

C. "对采用的低层次单元的种类，取得一致的看法。"

D."制定一些灵活的方案或所谓的'资源单元',供每位教师在与某一组学生打交道时使用。"

E."由学生与教师共同设计班上从事的特定活动。"

17. 泰勒提出了课程评价的程序,评价程序共有以下几个步骤(　　)。

A. 确立评价目标　　B. 确定评价情境

C. 设计评价手段　　D. 利用评价结果

F. 采取果断措施

四、判断题

1. 课程论建立起心理学基础的人是亚里士多德。(　　)

2. 发生在18世纪前后的形式教育与实质教育关于知识和能力的著名论争,结果是主要以人文科学为基础和内容的课程大规模地发展。(　　)

3. 课程近代化的标志之一是建立在近代自然科学基础之上、相对独立设置的各门课程的出现和成熟。(　　)

4. "三育"是体、美、劳。(　　)

5. 课程结构就是:教学计划(课程计划)、教学大纲(课程标准)、教材。(　　)

6. 当课程被认为是知识时,一般特点在于:课程往往是从学习者角度出发和设计的、课程是与学习者个人经验相联系相结合的、强调学习者作为学习主体的角色。(　　)

7. 就国内情况看,人们普遍接受的主要还是课程是知识的观点。但是,如果我们从课程发展需要的角度来看,课程是经验的观点则更为合理一些,更接近课程本质的定义。(　　)

8. 完整的课程理论,应当兼顾理论性和应用性。(　　)

9. 哲学对课程的影响大概有两个层次:一是哲学本体论的层次,二是方法论层次。(　　)

10. 在我国小学课程的传统中,学生的间接经验是相当缺乏的,因此,在今后的课程改革与发展中,如何在小学课程中增加学生的间接经

验，将是重要的理论和实践课题。（　　）

11. 关于课程目标的垂直研究最为著名的是布卢姆，根据布卢姆的思想，完整的教育目标应当包括三个部分：认知领域、情感领域、动作技能领域。（　　）

12. 古代或早期的课程是以整体、综合为特征的，中西莫不如此。（　　）

13. 在课程的实施过程中，充分地尊重儿童，热爱儿童。重视受教育者的需求和兴趣，讲究教学方法，提倡学习的主动性积极性，这是典型的科学主义的课程观。（　　）

14. 从产生上，科学主义课程的产生要晚于人文主义课程，而且是以人文主义思想对封建神学的批判和否定，才有了近代科学和科学课程。（　　）

五、名词解释

1. 课程
2. 课程目标
3. 教学大纲
4. 教科书
5. 课程设计

六、简答题

1. 什么是课程论？
2. 谈谈如何建立与学生自主性探索学习方式相适应的课程结构。
3. 简述课程设计的三个层次。
4. 简述课程目标的垂直分类。
5. 简述课程最常见的、最一般的结构形态及其近年来的变化特点。

七、论述题

1. 课程的理论基础是什么？它们对课程的发展有什么意义？
2. 如何理解决定课程的几个基本关系？

3. 试论述泰勒的课程设计模式。

八、综合分析题

请阅读以下材料：

材料一：改革开放以来，我国基础教育取得了辉煌成就，基础教育课程建设也取得了显著成绩。但是，我国基础教育总体水平还不高，原有的基础教育课程已不能完全适应时代发展的需要。为贯彻《中共中央国务院关于深化教育改革全面推进素质教育的决定》(中发[1999]9号)和《国务院关于基础教育改革与发展的决定》(国发[2001]21号)，教育部决定，大力推进基础教育课程改革，调整和改革基础教育的课程体系、结构、内容，构建符合素质教育要求的新的基础教育课程体系。

(摘自《基础教育课程改革纲要》)

材料二：1966年，普里西拉·格里菲思等教师在托夫勒的帮助下，为肯尼迪航天中心技术人员的子女开设了美国中学最早的未来学课程，这一破天荒的尝试，其方法和创见对今天在世界各地进行同类工作的人们有着重要的启示。

根据托夫勒带来的一份课程纲要，未来学课程内含15个单元，每个单元均列有推荐书目，这些读物包括从杂志文章(《1984年的世界》)到非小说书籍(阿瑟·克拉克《未来的形象》)到长篇小说(爱德华·贝拉米《回顾》)到当代科学小说(威廉·坦恩《仆佣问题》)等。当这门课程最后定形时，其单元依次如下：(1)未来学入门。(2)预测未来。(3)战争与暴力。(4)种族关系。(5)工作与闲暇。(6)人与机器。(7)智力。(8)交流。(9)思想的控制。(10)明天的政治学。(11)人口。(12)城市化。(13)遗传学。(14)平均寿命。(15)什么是人。

这些单元都按顺序进行教学，并根据托夫勒的建议，结合上许多相关教学游戏和模拟活动。如别开生面的“模拟”之一，是让每个学生在他(或她)自己的家庭之外的一些家庭中轮流实际生活一段时间，由1个月开始，依次递减，直到1天。这一设想是为了让学生体验，并学会如何过漂泊无常的生活，那在未来可能是一种相当普遍的现象：频繁变换住址、家庭及友谊关系。参加模拟的学生必须学会如何在家庭生活的亲密环境中对不同类型的人迅速调整感情，并很快适应。对基本读物和内容各异的游戏、模拟等其他练习作了充分讨论之后，这门课程被定名为“21 世纪”，以显示其不是一门寻常的、正规的学校课程。

“21 世纪的课程”设置，究竟要教些什么呢？美国学者考夫曼在《教育的未来》一书中，提出了下列六项内容：

(1)接近并使用信息：包括图书馆和参考书，电脑数据库，商业和政府机构的有关资料等。

(2)培养清晰的思维：包括分辨语意学、逻辑、数学、电脑编程、预测方法、创造性思维等。

(3)有效的沟通：公开演说，身体语言，文法，语辞，绘画，摄影，制片，图形绘制等。

(4)了解人的生活环境：物理，化学，天文学，地质和地理学，生物和生态学，人种和遗传学，进化论，人口学等。

(5)了解人与社会：人类进化论，生理学，语言学，文化人类学，社会心理学，种族学，法律，变迁的职业形态，人类存续问题等。

(6)个人能力：生理魅力与平衡，求生训练与自卫，安全，营养，卫生和性教育，消费与个人财务，最佳学习方式和策略，记忆术，自我动机和自我认识。

考夫曼的课程表虽然非常广泛，却是一个完整教育的内容。毫无疑问，这些课程的设置是更为注重人在社会中的角色地位，以及适应未来的能力。它充分显示了，只有未来导向的远景才能把目前学校杂乱的课程转换成广义的课程，以真正适应 21 世纪社会发展和人类自身发展的双重需求。

请结合上面两则材料，谈谈我国的基础教育课程改革应该如何进行？

参考答案

一、填空题

1. 课程与教学的基本原理　泰勒原理

2. 理论　应用

3. 主题　任务　评价标准

4. 评价标准

5. 哲学本体论　方法论

6. 赫尔巴特

7. 学科课程　活动课程　综合课程

8. 课程设计

9. 国家　地方　学校

10. 泰勒

11. 课程目标　课程内容　课程结构　课程评价

12. 认知　情感　动作技能

13. 教学计划(课程计划)　教学大纲(课程标准)　教科书

14. 突出重点　有一定的弹性

15. 宏观　中观　微观

16. 学校应该达到哪些教育目标　提供哪些教育经验才能实现这些目标　怎样才能有效地组织这些教育经验　我们怎样才能确定这些目标正在得到实现

17. 确立评价目标　确定评价情境　设计评价手段　利用评价结果

18. 基本理念　设计或编制

二、单项选择题

1. D　　2. B　　3. C　　4. A

5. A　　6. B　　7. A　　8. D

三、多项选择题

1. ABCE　　2. BCD　　3. ACDE　　4. CDE
5. CDE　　6. ACD　　7. ABD　　8. CE
9. BCD　　10. BE　　11. ABC　　12. AB
13. ABCDE　　14. ABCD　　15. ACD　　16. ABCDE
17. ABCD

四、判断题

1. ×　　2. ×　　3. √　　4. ×　　5. ×
6. ×　　7. √　　8. √　　9. √　　10. ×
11. ×　　12. √　　13. ×　　14. √

五、名词解释

1. 课程:是受教育者在教育者的引导下,受教育者在教学活动中所获得的经验(包括人类世代积累的历史经验和个体通过实践所获得的个体经验),这些经验是教育者按照一定社会的需求和受教育者的身心发展水平,有计划、有目的地组织安排的。

2. 课程目标:是根据教育目的和不同类型学校的教育任务,由国家教育主管部门所制定的有关教学和教育工作的指导性文件。

3. 教学大纲:是根据教学计划,以纲要的形式编定有关学科教学内容的教学指导文件,它规定学科的教材范围、教材体系、教学进度和教法上的基本要求。

4. 教科书:简称课本,它是根据教学大纲系统阐述学科内容的教学用书。

5. 课程设计:对于课程的各个方面做出规划和安排。

六、简答题

1. 什么是课程论?

答:顾名思义,课程论就是研究课程的专门理论。但是,在以课程论为名的理论体系中，实际存在着很大的不同，除了不同的流派之外，还存在着研究层次上的区别。

大体说来，课程论从内容上可以分为两个层面或两个部分。

第一个层面，是关于课程基本理念方面的探讨，是人们对于课程的最根本的认识，通常由一些思辨性较强的题目，以及相应比较概括化和抽象化的理论性观点及其说明论证构成。

第二个层面，是关于课程设计或编制方面的探讨，这通常是由一些操作性很强的要求、步骤、原则、方法等的说明和规定构成。

2.谈谈如何建立与学生自主性探索学习方式相适应的课程结构。

答：根据国内外有关经验，建立在学生自主性探索学习基础上的课程，具体结构以单元的形式最为适宜，在每一个单元中，至少必须包括以下三个部分：主题、任务、评价标准。

(1)主题。

主题是课程单元的主要内容。以自主性探索学习为基础的课程，每个具体的课程单元总是围绕某个主题展开。主题所涉范围相当宽泛、灵活，可以来自学科课程的某个内容，也可以来自社会和自然的现实。主题的选择和确定应当遵循学生发展和社会的需求相统一的原则，并富有教育意义。

(2)任务。

任务是在一定的课程单元中，学生通过各种活动必须完成的学习作业。任务是根据主题确定的，学生的学习及由此可能得到的发展主要是通过任务的设置规定的。

任务的设置应当根据学生发展水平而制定，在同一个主题下，不同发展阶段的学生可以承担不同的任务。

(3)评价标准。

评价标准是对于任务完成状况做出判断的依据。在此类课程的每一单元中，都应当有根据主题、任务、学生具体情况而制定的评价标准。与接受性学习相比，在这种课程结构中学生活动的自由度在时间和空间上，乃至思想上和行为上都要大得多。

制定评价标准时，必须注意到以下两点：

①评价标准应当突出重点。

②评价标准应当有一定的弹性。

3.简述课程设计的三个层次。

答:课程设计就是对于课程的各个方面做出规划和安排。根据所承担的任务和产生的结果,可以将课程设计大致分为三个层次:

(1)宏观的课程设计工作。这一层次的课程设计应当解决课程的一些基本理念问题。包括课程的价值、课程的根本目的、课程的主要任务、课程的基本结构等。

(2)中观的课程设计工作。宏观的课程设计完成之后,进一步需要做的,便是将其具体化为各门课程的大纲或标准,并且以教科书或其他形式的教材为物质载体表现出来。这一层次的设计工作以宏观的课程设计为前提和基础,是在具体的课程门类基础上进行的。

(3)微观的课程设计工作。无论中观的设计是比较详细还是比较概括,在进入课程实施领域,必然地还要由教师进行再设计。

4.简述课程目标的垂直分类。

答:这是指根据目标的性质及其与课程的关系,从宏观到微观,将课程目标区分为不同层次的分类方法。

(1)课程的总体目标——教育目的。

教育目的反映特定社会对于合格成员的基本要求,与该社会最根本的价值观一致,通常有较强的哲学理念色彩,以及浓厚的社会政治倾向。这一层次的目标经常被写进国家和地方的教育法,或其他形式的重要的课程文件之中。

(2)学科的(领域的)课程目标。

按照一般的含义,这一层次的目标适用于一定阶段的具体课程,比总体目标更为具体,是总体目标在特定课程领域里的表现。这一层次的目标比总体目标具体,对于课程的关系也更为接近,总体目标是以具体课程领域的目标为中介作用于课程的。

(3)课程目标。

这是更为具体的,与课程关系最为直接和密切的目标。这一层次的目标在具体的课程领域内部展开,对于课程的作用最具体、最直接。以上两个层次的目标能否真正体现和落实到课程中，主要取决于能否科学和恰当地分解为这个层次的目标。

5. 简述课程最常见的、最一般的结构形态及其近年来的变化特点。

答：近代以来，随着课程的发展，在教学实践中渐渐形成了课程的一般结构：即教学计划（课程计划）、教学大纲（课程标准）、教科书，尽管在不同国家和地区名称和实施状况往往不同，但这样三个层次及相应的内容大体是一致的。

这一结构的三个层次分别包括如下内容：

（1）教学计划（课程计划）：是课程的总体规划。教学计划，是根据教育目的和不同类型学校的教育任务，由国家教育主管部门所制定的有关教学和教育工作的指导性文件。它对学校教学、生产劳动、课外活动等方面作全面安排，具体规定学校应设置的学科、各门学科开设的先后顺序、课时分配和学年编制等。教学计划在课程结构中占有极为特殊重要的地位，它既是纵向结构中最宏观的安排，同时也展现课程的横向结构。

（2）教学大纲（课程标准）：教学大纲是根据教学计划，以纲要的形式编定有关学科教学内容的教学指导文件，它规定学科的教材范围、教材体系、教学进度和教法上的基本要求。教学大纲是按学科分别编写的；教学计划的每门学科，都应有相应的教学大纲。

（3）教科书：教科书，简称课本，它是根据教学大纲系统阐述学科内容的教学用书。教科书是教学大纲的具体化。

一般说，可以将课程计划（教学计划）称为课程的宏观结构，将课程标准（教学大纲）和教科书称为课程的具体结构。

课程的一般结构近年来发生了一些变化，基本情况大致是：一方面保持原有的主要特点，另一方面出现了与原有特点相反的迹象，强调统一性的开始有所松动，注重多样化的开始进行适度控制。（1）在统一基础上增加灵活性。（2）在多样性基础上增加调控。

七、论述题

1. 课程的理论基础是什么？它们对课程的发展有什么意义？

答:(1)课程论与哲学。

在课程的各种理论基础中,哲学对于课程的影响最为长久、最为深刻。这主要是由于哲学本身的特性所决定的。一般说,哲学对课程的影响大概有两个层次。一是哲学本体论的层次,二是方法论的层次。哲学对于课程论的作用有时是通过中介进行的,通过对课程论有着更为密切关系的其他学科,间接地影响到课程。

(2)课程论与心理学。

作为课程论主要理论基础之一的心理学,与哲学相比较,对课程的影响更加直接,更加明显,也更加具体。不仅如此,哲学对于课程论的影响,往往还要通过心理学作为中介实现。随着课程论和心理学各自的发展,心理学作为课程论理论基础的作用也越来越加强,越来越突出,在某种程度上已经超过了哲学。首先,与心理学的结盟是课程论形成独立科学的主要条件。其次,心理学在称为独立科学并且成为课程论的基础理论后,对于课程论的发展发挥了极大的作用,甚至部分地取代了哲学对于课程论的影响。

(3)课程论与教学论。

从目前的趋势来看,今后相当长的时期内,国内的课程论和教学论将共同存在。针对这样的趋势,应当强调,课程论的发展应当注意与教学论的联系,自觉地将教学论作为自己的理论基础。教学论成为课程论的理论基础,首先在于二者本身的联系。其次,虽然长期以来国内没有独立的课程论,但在课程问题的研究上并不是一无所有的空白。

2.如何理解决定课程的几个基本关系?

答:(1)直接经验与间接经验。

伴随着课程的成长与成熟,在课程理论研究中逐渐形成了两种截然对立的声音。一种声音是,课程应当给予学生间接经验;另一种声音是,课程应当使学生获得直接经验。从实践的角度上看,课程应该同时关注直接经验和间接经验,在不同的课程、针对不同的年龄段的学生,课程应该对直接经验和间接经验有不同的侧重。例如在我国小学课程的传统中,学生的直接经验是相当缺乏的,因此,在今后的课程改革与发展中,如何在小学课程中增加学生的直接经验,将是重要的理论和实践课题。

(2)知识与能力。

课程究竟是应当给学生某种完整的或某种意义上实用的知识储备,还是通过传授知识来发展学生的各种能力?这是课程必然要回答的问题,也是课程历史上十分古老的问题。

在这一基本关系中存在着两个方面的冲突,比较著名的有两次:第一次是发生在18世纪前后的形式教育与实质教育关于知识和能力的著名论争。第二次是以20世纪中叶以来的课程改革为代表的。面对科学技术的迅速发展,人们意识到课程只关心给学生什么样的知识无法满足社会对教育的要求,于是将改革的目标定位于如何使学生通过课程的学习获得能力的良好发展,并且对于只关注知识的完整性、系统性的课程进行了批判。

我国课程的发展在这一基本关系上曾经是存在片面性的,事实上,知识与能力之间存在着内在联系,不能截然分开。

(3)分科与综合。

分科与综合的关系在课程发展的过程中也是由来以久的,但在很长的历史时期内并不是课程发展中的主要问题,只是在当代才成为课程实践和理论研究中十分突出的课题,成为今天人们制订和设计课程时不可回避、必须考虑和处理的关系。具体说,就是如何看待和处理分科课程和综合课程的关系。

古代或早期的课程是以整体、综合为特征的,中西莫不如此,而近代课程是分科的。综合课程的研究和尝试在二战之后达到高潮,成为当代课程实践和理论发展中一个重要的课题。

(4)人文主义与科学主义。

今天人们经常提的人文主义课程或课程中的人文主义,主要是在文艺复兴时期形成的,这种传统的最重要特点表现在以下几个方面:①在课程目的上,重视人,崇尚个性。②在课程内容上,提倡广泛的课程范围。③在课程的实施过程中,充分地尊重儿童,热爱儿童。重视受教育者的需求和兴趣,讲究教学方法,提倡学习的主动性积极性。

科学主义的课程也有许多具体的流派,但在各种流派的差异之中,科学主义的课程传统是共同的，这种传统主要表现为以下几点。①在课程目的上，强调科学本身的价值和力量，课程要为科学的发展和进步服务，即使提到课程对于个人和社会的意义，也会归结到二者对于科学的依赖或者科学对于二者的巨大影响方面。②在课程内容上，提倡和推崇科学、重视各门科学知识在学校教育课程体系中的地位，并不断增加自然科学的内容，及时吸收科学发展的新成就。③在课程实施过程中，对于方法和形式同样讲究科学性，讲究效率。即使关注学习者个体的兴趣、爱好、差异，也是从获取更好的学习结果出发，而不是从学习者个性发展的需求本身出发。

在人文与科学这一基本关系上，我国的课程改革应有自己的特点，我们既要提倡科学精神和科学知识，又要提倡尊重学生和重视个性发展的人文精神。

3.试论述泰勒的课程设计模式。

答：泰勒是著名的美国课程理论家，其最为重要的著作为《课程与教学的基本原理》。这本书被认为是课程论的经典，其中提出的关于课程编制的四个问题后来被称为泰勒原理，并且在世界范围内课程领域的理论和实践中产生了广泛、持久的影响。

泰勒不是直接回答这些问题，而是围绕着解决这些问题的方法和程序进行，对于每个问题都进行了实际的分析，然后进一步提出解决问题的思路和程序。

(1)学校应该达到哪些教育目标？

泰勒对于这个问题的解决，主要可以概括为以下三个方面：论证了教育目标的三个来源，解决了教育目标的筛选原则，规定了教育目标的表述方式。

(2)提供哪些教育经验才能实现这些目标？

能否选择好学习经验，决定着教育目标能否实现。泰勒为学习经验的提出和选择制定了五条一般原则，此外，还提出了有助于达到教育目标的学习经验必备的四个特征。

(3)怎样才能有效地组织这些教育经验？

泰勒认为学习经验必须组织起来形成连贯的计划，才能使它们产生“累积效应”。为此,他提出了组织学习经验的主要准则和一般程序。

(4)我们怎样才能确定这些目标正在得到实现?

泰勒提出了课程评价的程序,评价程序共有四个步骤:确立评价目标,确定评价情境,设计评价手段,利用评价结果。

泰勒的课程设计模式在产生巨大影响同时,也显示出了许多弱点,许多后来出现的课程设计模式正是在对于泰勒模式反思和批评的基础上形成的。人们至今认为,泰勒模式是世界上第一个完整的课程编制模式,无论同意还是反对,泰勒原理所提出的四个问题是课程设计所不能回避的。

八、综合分析题

答案要点:

(1)课程改革是全世界都在面临的问题;

(2)课程改革应该在理论指导下进行;

(3)课程改革应当处理好直接经验与间接经验、知识与能力、分科与综合、人文主义与科学主义等问题;

(4)课程改革应该有科学的课程设计;

(5)课程改革应该关注各种现实问题和其他理论所带来的对课程的影响。

结合案例分析部分内容略。

第八章　教学(上)

本章考核要点

教学工作是学校工作的中心。教学工作开展的好坏,直接影响着学校工作的质量。本章在阐述教学意义的同时,列举了关于教学任务的传统表述和近些年来我国关于教学任务的不同表述。

教学活动,是教师教、学生学的统一活动。我们在学习本章时应了解关于教学活动的几种不同的看法:认为教学活动本质上是一种学生身心发展的过程,认为教学过程是一种特殊的实践过程,认为教学活动是一种师生交往活动。以及关于教学活动本质的界说:认为教学认识过程是一种学生的认识过程,认为教学认识过程是一种间接性的认识过程,认为教学认识过程是一种在教师领导下的认识过程,认为教学认识过程是一种有教育性的认识过程。

教学模式是指以某种教学理论为指导,以一定的教学实践为基础形成的,教学活动的各个成分按照一定的要求和程序整合而成的、比较固定的和具有典型性的教学实践形式。对于教学模式的分类多种多样,主要是关于教学模式的概括化研究和关于教学模式的全面化的研究。

教学原则是根据教育、教学目的,反映教学规律而制定的指导教学工作的基本要求。本章分别介绍了目前我国中小学常用的教学原则体系、赞科夫的教学原则体系、布鲁纳的教学原则体系、罗杰斯的教学原则体系。

教学组织形式是教学的空间结构和时间序列的统一。教学组织形式对于教学活动的质量和效果有着非常重要的影响,在教学的其他方面相同的情况下,教学组织形式的不同会带来极为不同的教学效果。目前在世界范围内,最普遍采用的教学组织形式是班级授课制。随着教学组织形式的改革,出现了分层教学、小组合作学习、小班教学以及复式教学等多种新的教学形式。

我们在学习本章时,应重点了解教学、教学模式、教学原则、教学组织形式的概念,以及教学的基本任务、教学活动的本质特征、教学模式的分类、教学原则应遵循的要求、班级授课制的主要特征与评价,以及教学组织形式改革的趋势等主要内容。

综合练习题

一、填空题

1. 教学是＿＿＿＿＿、＿＿＿＿＿的统一活动;在这个活动中,学生不但掌握了一定的知识和技能,同时,身心获得了一定的发展,并形成了一定的思想品德。

2. 教学过程不仅是教师领导下学生自觉认识世界的＿＿＿＿＿,而且也是以此为基础的促进学生＿＿＿＿＿的过程。

3. ＿＿＿＿＿认为,教学活动本质上是一种学生身心发展的过程。

4. 教学过程本质的实践说着眼点是教学过程中的＿＿＿＿＿具体的感性的外部行为及其结果蕴涵的意义。

5. 教学本质的交往说认为,教学是一种特殊的交往活动,是师生之间的一种有目的有组织有计划的＿＿＿＿＿过程。

6. ＿＿＿＿＿是指以某种教学理论为指导,以一定的教学实践为基础形成的,教学活动的各个成分按照一定的要求和程序整合而成的、比较固定的和具有典型性的教学实践形式。

7. 美国学者乔伊斯和韦尔在《教学模式》一书中提出了＿＿＿＿＿、＿＿＿＿＿、＿＿＿＿＿、行为修正类四类教学模式。

8. ＿＿＿＿＿是根据教育、教学目的,反映教学规律而制定的指导教学工作的基本要求。

9. 我国中小学常用的教学原则有＿＿＿＿＿、启发性原则、

__________、__________、量力性原则。

10. 班级授课制的特征主要包括__________、__________、__________三个方面。

11. 直观教学的具体手段有__________、__________、__________三种。

12. 凯洛夫等以传授系统书本知识为主要任务，将课划分为__________和__________两大类别。

13. 综合课按照顺序依次为：__________、复习旧知识、__________、巩固新知识、__________。

14. __________指在教学中要不断地安排和进行专门的复习，使学生对所学的知识能够牢固地掌握和保存。

15. 小组合作学习是以__________为基本形式，以小组为主体，以小组成员合作性活动为机制，以小组目标达成为标准，以小组成绩为奖励依据的教学组织形式。

16. 发展说的不足在于，从逻辑上很容易落入__________与__________以及能力的关系这个古老的命题之争。

17. 教学过程本质的实践说关注的是从__________展开活动，学生获得一定的意义，到学生发生某种成长性变化的最终结果。

18. __________对于处理好教学过程中知与行的关系等问题具有很重要的意义。

19. 交往说认为传统的教学忽略了学生的地位，由此提出__________、平等、解放的观点。

20. 教师在教学过程中领导作用的发挥必须要__________，并且领导的方式应当是多样化的。

21. 教学认识中的教育性与其他认识中的教育性仍然存在显著的不同，这是因为在教学认识中，教育性带有__________和__________。

22. 赫尔巴特提出的教学过程的四个阶段分别是__________、__________、系统、方法。

23. 五段教学法指的是__________、提示、__________、统合、__________等五个阶段。

24. 行为修正类教学模式包括相倚性管理模式、通过操作方法的自我控制模式、__________、掌握学习模式、减轻紧张模式、__________、使教与学的特点相适应的模式。

二、单项选择题

1. 美国学者乔伊斯和韦尔提出了四类教学模式，其中个人类的教学模式不包括（　　）。

A. 非指导性教学模式

B. 认知发展模式

C. 群辩法模式

D. 意识训练模式

2. 罗杰斯的教学原则体系不包括（　　）。

A. 以学生为本

B. 让学生自发地学习

C. 使学生理解学习过程的原则

D. 排除对学习者自身的威胁

3. 传统的关于教学任务的认识，不概括以下哪一个方面（　　）。

A. 传授和学习系统的科学基础知识和基本技能

B. 在这个基础上发展学生的智力和体力

C. 在这个基础上培养学生的各种品质

D. 在这个活动过程中培养学生共产主义世界观和道德品质

4. 陶行知先生所说的“接知如接枝”，说明的是哪一条教学原则？（　　）

A. 系统性原则　　B. 量力性原则

C. 直观性原则　　D. 因材施教原则

5. 设计教学法的一般进程为（　　）。

A. 明确结构，掌握课题，提供资料→建立假说，推测答案→验证→做出结论

B. 设置问题的情境→确定问题或课题→拟定解决课题方案→执行计划→总结与评价

C. 诱导学习动机→领会新教材(感知、理解)→巩固知识→检查

D. 解释作为范例的个别事物→解释范例的类或属→掌握规律范畴→获得对自我或人类的理解

6. 前苏联教育家凯洛夫所提出的教育学原则体系不包括(　　)。

A. 直观性原则

B. 理论联系实际原则

C. 启发性原则

D. 系统性原则

7. 教学过程本质实践说的不足之处在于(　　)。

A. 容易导致教学活动人为的分离

B. 重视学生的主观能动性,忽视教师的主导作用

C. 忽略了学生的地位

D. 难以揭示教学活动区别于其他活动的特殊性

8. 教师在教学中贯彻直观性教学原则,以下哪一项不是对于教师的基本要求?(　　)

A. 要恰当地选择直观手段

B. 直观是手段而不是目的

C. 要在直观的基础上提高学生的认识

D. 要充分运用三种直观教学的手段

9. 下面哪一条原则是为了将教学活动中教师的主导作用和学生的主体地位统一起来而提出的?(　　)

A. 启发性原则　　　　B. 直观性原则

C. 高速度原则　　　　D. 高难度原则

10. 循序渐进原则要求教师在教学过程中贯彻这一原则时,要(　　)。

A. 教学必须由近及远、由浅入深、由简到繁

B. 在理解的基础上巩固

C. 建立民主平等的师生关系

D. 了解学生发展的具体特点

11. 以下哪一条不是教师在教学中贯彻量力性原则应注意的问题?

(　　)

A. 重视学生的年龄特征

B. 了解学生发展的具体特点

C. 恰当地把握教学难度

D. 实事求是

12. 下面哪一位前苏联的教育家提出了"最近发展区"的概念？(　　)

A. 凯洛夫　　B. 赞科夫

C. 维果斯基　　D. 巴班斯基

13. 是谁将心理咨询的临床疗法引入教学领域，创立了非指导教学模式？(　　)

A. 罗杰斯　　B. 杜威

C. 布鲁纳　　D. 赞科夫

14. 非指导性教学的精髓是(　　)。

A. 排除对学习者自身的威胁

B. 给学生安全感

C. 让学生自发地学习

D. 以学生为本

三、多项选择题

1. 教学活动就其本质而言，是一种特殊的认识活动，是因为(　　)。

A. 教学认识过程是一种学生的认识过程

B. 教学认识过程是一种间接性的认识过程

C. 教学认识过程是一种在教师领导下的认识过程

D. 教学认识过程是一种有教育性的认识过程

2. 教学模式的具体形式虽然多种多样，但从根本特征上，关于教学模式的概括化研究大致可以概括为哪几类？(　　)

A. 师生系统地传授和学习书本知识的模式

B. 教师辅导学生从活动中自己学习的模式

C. 折衷于两者之间的教学模式

D. 行为修正类教学模式

3. 关于教学模式的全面化研究中，社会类教学模式包括(　　)。

A. 课堂会议模式和直率性训练模式

B. 群体调查研究模式和角色扮演模式

C. 法理学探究模式和研究室训练模式

D. 社会探究模式和社会模拟模式

4. 单一课指在一节课中主要完成一种教学任务的课，又可细分为(　　)。

A. 新授课　　　　B. 复习课

C. 练习课　　　　D. 实验课

E. 测验课

5. 巩固性原则要求教师在教学中贯彻这一原则，应当做到(　　)。

A. 在理解的基础上巩固

B. 保证巩固的科学性

C. 重视学生的年龄特征

D. 巩固的具体方式要多样化

6. 布鲁纳的教学原则体系包括哪些内容？(　　)

A. 动机原则　　　　B. 以学生为本原则

C. 高速度原则　　　　D. 反馈原则

7. 围绕班级授课制改革的展开，又出现了哪些新的教学组织形式？(　　)

A. 分层教学　　　　B. 小组合作学习

C. 小班教学　　　　D. 复式教学

8. 小组合作学习的基本要素包括哪几个方面？(　　)

A. 组间同质，组内异质

B. 设立小组目标

C. 实施小组评价与奖励的机制

D. 个人责任的明确和均等的成功机会

9. 发展说认为教学活动本质上是一种学生身心发展的过程，其代表人物主要有(　　)。

A. 杜威　　B. 皮亚杰

C. 布鲁纳　　D. 赞科夫

10. 教学认识过程是一种间接性的认识过程,是因为(　　)。

A. 认识的对象是间接的

B. 学生的认识是在教师领导之下进行的

C. 认识的方式是间接的

D. 学生作为认识主体是不成熟的

11. 在教学模式的概括性研究的基础上,把教学模式分为三类的优点是(　　)。

A. 概括性较强　　B. 简洁明确

C. 分类详细　　D. 便于理解

12. 教师在教学活动中贯彻启发性原则要遵循那些基本要求?(　　)

A. 激发学生的积极思维

B. 确立学生的主体地位

C. 建立民主平等的师生关系

D. 根据具体情况进行调整

13. 我国教学理论和实际工作者结合我国的教学实践发展了凯洛夫所提出的教学原则体系,补充了哪些新的原则?(　　)

A. 理论联系实际原则

B. 量力性原则

C. 思想性和科学性统一的原则

D. 因材施教原则

14. 在教学活动中贯彻理论联系实际原则,对于教师有那些基本要求?(　　)

A. 重视理论知识的教学

B. 注重在联系实际的过程中发展学生的能力

C. 联系实际应当从多方面入手

D. 帮助学生总结收获

15. 赞科夫在批判和否定凯洛夫教学原则体系基础上形成自己的教学原则体系，其中哪几条被认为是对于凯洛夫教育学理论的突破？(　)

A. 理论知识起主导作用的原则

B. 使学生理解学习过程的原则

C. 高难度原则

D. 使所有学生包括差生都得到一般发展的原则

16. 布鲁纳认为在教学过程中，学习与解决问题要靠动机的作用，应遵循几个方面(　)。

A. 活动的激发　　B. 活动的维持

C. 活动的方向　　D. 活动的调节

17. 分层教学又称为分组教学，它的优点是(　)。

A. 便于管理

B. 增加了智力测验和成绩作为依据

C. 同一层次内学生的基础和水平较一般班级授课制条件下更为整齐

D. 学生的学习和教师的教学更加便利

18. 从发达国家的经验来看，实行小班教学应注意哪几个问题？(　)

A. 取消教师分科任教或延缓教师分科年限

B. 改革现有的班级制度以保证给予学生均等的机会

C. 采用复式教学

D. 均等的成功机会

四、判断题

1. 系统性原则又被称为循序渐进原则，指教学活动应当持续、连贯、有系统地进行。(　)

2. 信息加工类的教学模式包括：相倚性管理模式、通过操作方法的自我控制模式、训练模式、掌握学习模式、减轻紧张模式、脱敏模式、使教与学的特点相适应的模式。(　)

3. 启发性原则是为了处理好教学中获取新知识与保持旧知识之间的矛盾而提出的。(　)

4. 发展说认为教学过程的根本目的在于培养人，在于促进学生德智体全面发展。(　　)

5. 实践说强调了学生的主观能动性，但是削弱了教师的主导作用。(　　)

6. 教学实践指的是教师的教学工作或教学实际，是对于教学过程本质的概括。(　)

7. 教学本质的交往说认为教学不仅仅是一种知识传递的过程，更应该是一种交往的过程。(　)

8. 皮亚杰、维果斯基等人在心理学方面提出的理论，为教学认识过程是一种学生的认识过程这一问题的解决提供了理论基础。(　　)

9. 由于教学活动是以间接认识为主，因而直接经验相对来说可有可无。(　　)

10. 设计教学法是杜威的学生在总结他的教学经验的基础上提出来的。(　　)

11. 美国教育家布鲁纳提出的发现学习模式是一种"折衷"的教学模式。(　　)

12. 直观性原则是针对教学中词、概念、原理等理论知识与其所代表的事物之间相互脱离的矛盾而提出的。(　)

13. 巩固性原则又可称为可接受性原则，是为了防止发生教学低于或高于学生实际程度而提出的。(　　)

14. 因材施教原则要求教师在教学中要充分了解学生，尊重学生的差异，面向每一个学生。(　　)

五、名词解释

1. 班级授课制
2. 复式教学
3. 教学模式
4. 启发性原则

5. 因材施教

6. 教学原则

7. 教学组织形式

8. 教学

9. 分层教学

10. 小组合作学习

六、简答题

1. 试简述传统的关于教学任务的几种不同的认识。

2. 为什么说教学认识过程是一种间接性的认识过程？

3. 目前我国中小学常用的教学原则体系包括哪些内容？

4. 在教学活动中贯彻启发性原则，对于教师有哪些基本要求？

5. 什么是教学模式？从概括性研究的角度出发，教学模式基本上可以归为哪几类？

6. 简述关于教学模式全面化研究所提出的 4 类教学模式的具体内容。

7. 在教学活动中贯彻巩固性原则，对于教师有哪些基本要求？

七、论述题

1. 试分别阐述有关教学活动本质的几种不同的观点，以及它们本身存在的不足？

2. 如何理解赞科夫的教学思想及教学原则体系？

3. 为什么说教学认识过程是一种特殊的认识过程？

4. 教学组织形式的含义是什么？近代以来世界上教学组织形式改革出现了哪些趋势？

5. 班级授课制的主要特征是什么？如何进行评价？

6. 为什么要因材施教？依据因材施教原则，你认为应当如何进行教学改革？

八、综合分析题

1.请结合实际分析以下案例：

教师在上《植物的叶》一课教学时，除了通过实验让学生知道绿叶在太阳光的照射下有制造养料的作用外，主要讲清了下面的知识点：(1)光合作用需要绿叶、阳光、水、二氧化碳，缺一不可；(2)光合作用要吸收二氧化碳和水，制造有机养料，呼出氧气；(3)有机养料和氧气是人和动物所需要的；(4)人和动物在新陈代谢时呼出二氧化碳，为植物的光合作用提供了原料；(5)植物和动物的生长都离不开太阳等。学生从这些知识中认识到植物与动物之间的，动物、植物与空气、水、太阳之间的关系是非常密切的，从而认识到自然界是相互联系、相互制约的。

试说明以上这个案例体现了哪一条教学原则，它对于教师在教学过程中贯彻这一原则有哪些具体的要求？

2.请分析如下案例：

有位教师讲《阿Q正传》，一上课便崇敬地说："在20世纪20年代初，中国文坛出现了一篇震动社会的小说。这篇小说还在报刊连载时，就使那些正人君子、豪绅官吏惊恐万分，以为小说写的是他们自己，纷纷要求追查作者。小说很快被翻译介绍到各国成为世界名著。"学生听了，他们的学习主动性一下便调动起来了。

试说明这位教师在讲述这篇文章时，运用了哪一条教学原则？这条原则的基本含义是什么？对于教师在教学的过程中提出哪些具体的要求？

参考答案

一、填空题

1.教师教　学生学

2.特殊认识过程　身心全面发展

3.发展说

4. 自主行为者(老师或学生)
5. 师生交往
6. 教学模式
7. 信息加工类　个人类　社会类
8. 教学原则
9. 直观性原则　系统性原则　巩固性原则
10. 班　课　时
11. 实物直观　模象直观　语言直观
12. 单一课　综合课
13. 组织教学　讲授新知识　布置作业
14. 巩固性原则
15. 异质小组
16. 掌握知识　发展智力
17. 师生
18. 实践说
19. 反权威
20. 承认学生的主体地位
21. 客观必然性　目的性
22. 明了　联想
23. 预备　联系　应用
24. 训练模式　脱敏模式

二、单项选择题

1. B　2. C　3. C　4. A　5. B
6. B　7. C　8. D　9. A　10. A
11. D　12. C　13. A　14. B

三、多项选择题

1. ABCD　2. ABC　3. ABCD　4. ABCDE
5. ABD　6. AD　7. ABC　8. ABCD

9. ABCD　　10. AC　　11. ABD　　12. ABC
13. ACD　　14. ABCD　　15. ABD　　16. ABC
17. BCD　　18. AB

四、判断题

1. √　　2. ×　　3. ×　　4. √　　5. ×
6. ×　　7. √　　8. √　　9. ×　　10. √
11. √　　12. √　　13. ×　　14. √

五、名词解释

1. 班级授课制:是把一定数量的学生按年龄与知识程度编成固定的班级,根据周课表和作息时间表,安排教师有计划地向全班学生集体上课。它的特征主要包括三个方面,有人用班、课、时三个字来概括。

2. 复式教学:是指把两个或两个以上年级的儿童合编在一个班级,采用直接教学和布置、完成作业轮流交替的方式,在同一节课内由一位教师对不同年级学生进行教学的组织形式。

3. 教学模式:以某种教学理论为指导,以一定的教学实践为基础形成的,教学活动的各个成分按照一定的要求和程序整合而成的、比较固定的和具有典型性的教学实践形式。

4. 启发性原则:指在教学中要充分调动学生学习的自觉积极性,使得学生能够主动地学习,以达成对所学知识的理解和掌握。

5. 因材施教:指教师在教学活动中应当照顾学生的个别差异。

6. 教学原则:是根据教育、教学目的,反映教学规律而制定的指导教学工作的基本要求。

7. 教学组织形式:是教学的空间结构和时间序列的统一。教学组织形式所要解决的问题,就是教师以什么样的形式将学生组织起来,通过什么样的形式与学生发生联系,教学活动按照什么样的程序展开,教学时间如何分配和安排等等问题。

8. 教学:是教师教、学生学的统一活动。在这个活动中,学生不但掌握了一定的知识和技能,同时,身心获得了一定的发展,并形成了一定的思想品德。

9.分层教学：是将学生按照智力测验分数和学业成绩分成不同水平的班组，教师根据不同班组的实际水平进行教学。

10.小组合作学习：是以异质小组为基本形式，以小组为主体，以小组成员合作性活动为机制，以小组目标达成为标准，以小组成绩为奖励依据的教学组织形式。

六、简答题

1.试简述传统的关于教学任务的几种不同的认识。

答：先前我国理论界关于教学任务的研究，主要是在学习前苏联教学论和总结自己经验的基础上进行的。传统的关于教学任务的认识，主要概括为以下三个方面：

(1)传授和学习系统的科学基础知识和基本技能；

(2)在这个基础上发展学生的智力和体力；

(3)在这个活动过程中培养学生共产主义世界观和道德品质。

2.为什么说教学认识过程是一种间接性的认识过程？

答：在教学活动中，学生的认识，主要是为了掌握由课程计划、课程标准确定的，通过教科书具体陈述体现出来的，人类在千百年中已经认识到了的知识经验。学生的这种认识与其他个体的认识和科学家的认识不同，其他个体与科学家的认识主要通过个体亲身去探索与经历人类尚未认识的事物，而且是不确定的事物。而学生的认识在总体上是去认识人类已知的事物，在认识的对象和方式上都具有间接性的特点。

(1)认识的对象是间接的。学生学习的知识不是本人亲身获得的，而是现成的、前人的认识结果，主要表现为书本知识和理论知识。

(2)认识的方式是间接的。学生不是直接同事物打交道去获得对于事物的认识，而是通过读书、听讲、观察等方式接受现成的知识，然后通过作业、实验等方式应用。

由于教学认识的这种间接性，使得教学活动获得了在一般认识活动中所没有的巨大优越性，这就是教学认识的高效率，学生可以在短短的几年时间掌握人类几千年认识结果中最重要最有价值的内容。

应当指出，教学活动虽然是以间接认识为主，却不等于无视直接经验。而且，是否善于利用学生的直接经验，是否能够将间接经验转化为学生的直接经验，或者与学生的直接经验联系起来，对于教学活动的成功是举足轻重的。

3.目前我国中小学常用的教学原则体系包括哪些内容？

答：目前我国中小学常用的教学原则体系，是在前苏联凯洛夫教育学的原则体系基础上发展起来的，具体内容包括：

（1）直观性原则：指根据教学活动的需要，让学生用自己的感官直接感知学习对象。

（2）启发性原则：指在教学中要充分调动学生学习的自觉积极性，使得学生能够主动地学习，以达成对所学知识的理解和掌握。

（3）系统性原则：指教学活动应当持续、连贯、有系统地进行。

（4）巩固性原则：指在教学中要不断地安排和进行专门的复习，使学生对所学的知识能够牢固地掌握和保存。

（5）量力性原则：指教学活动要适合学生的发展水平。

（6）思想性和科学性统一的原则：指教学要在科学的方法论的指导下进行。

（7）理论联系实际原则：指教学活动要把理论知识与生活和社会实践结合起来。

（8）因材施教原则：指教师在教学活动中应当照顾学生的个别差异。

4.在教学活动中贯彻启发性原则，对于教师有哪些基本要求？

答：启发性原则是为了将教学活动中教师的主导作用和学生的主体地位统一起来而提出的。在教学活动中贯彻启发性原则，对于教师有以下基本要求：

（1）激发学生的积极思维。教师的启发应当是能够激起学生紧张、活泼的智力活动的，从而使得学生深刻地理解掌握知识，获得多方面的体验和锻炼发展。因此，启发应当选择那些具有一定难度，需要学生进行比较复杂的思维活动，但又是他们通过自觉积极的思考能够得到基本正确结果的问题进行。

(2)确立学生的主体地位。学生是学习的主人,教师的启发只有在切合学生实际时才可能避免盲目性,只有承认学生的主体地位,真正研究和了解学生的学习需要,教师的启发才可能是有针对性的和有效的。

(3)建立民主平等的师生关系。在权威式的师生关系中,教师是凌驾于学生之上的真理代言人和学术权威,学生很难真正做到自由、充分地提问和思考。只有当学生真正感受到教师将自己当作人格上与之完全平等的人,他们的学习自觉性才可能真正地调动起来。

5.什么是教学模式?从概括性研究的角度出发,教学模式基本上可以归为哪几类?

答:教学模式的概念可以这样表述:以某种教学理论为指导,以一定的教学实践为基础形成的,教学活动的各个成分按照一定的要求和程序整合而成的、比较固定的和具有典型性的教学实践形式。

我国有的学者指出,教学模式的具体形式虽然多种多样,但从概括性的研究角度出发,大致可以概括为三种类别。

(1) 师生系统地传授和学习书本知识的模式。

传授和学习书本知识模式的比较完备的结构:诱导学习动机→领会新教材(感知、理解)→巩固知识→检查

(2)教师辅导学生从活动中自己学习的模式。

设计教学法是这种模式的典型代表,其一般进程为:设置问题的情境→确定问题或课题→拟定解决课题方案→执行计划→总结与评价

(3)折衷于两者之间的教学模式。

比较有代表性的两种折衷模式是美国教育家布鲁纳的发现教学法和西德教育家瓦·根舍因的范例教学模式。布鲁纳的发现教学模式的一般进程为:明确结构,掌握课题,提供资料→建立假说,推测答案→验证(一次或几次)→做出结论

西德教育家瓦·根舍因提出范例教学模式,这种模式的一般进程为:解释作为范例的个别事物→解释范例的类或属→掌握规律范畴→获得对自我或人类的理解

6.简述关于教学模式全面化研究所提出的4类教学模式的具体内容。

答:美国学者乔伊斯(B. Joyce)和韦尔(M. Weil)在《教学模式》一书中提出了信息加工类、个人类、社会类、行为修正类4类教学模式,共有25种。

(1)信息加工类的教学模式:包括概念获得模式、归纳思维模式、探究训练模式、先行组织概念模式、记忆模式、认知发展模式、生物科学探究模式。

(2)个人类的教学模式:包括非指导性教学模式、群辩法模式、意识训练模式。

(3)社会类教学模式:包括课堂会议模式、直率性训练模式、群体调查研究模式、角色扮演模式、法理学探究模式、研究室训练模式、社会探究模式、社会模拟模式。

(4)行为修正类教学模式:包括相倚性管理模式、通过操作方法的自我控制模式、训练模式、掌握学习模式、减轻紧张模式、脱敏模式、使教与学的特点相适应的模式。

7.在教学活动中贯彻巩固性原则,对于教师有哪些基本要求?

答:巩固性原则指在教学中要不断地安排和进行专门的复习,使学生对所学的知识能够牢固地掌握和保存。是为了处理好教学中获取新知识与保持旧知识之间的矛盾而提出的。

在教学中贯彻这一原则,对于教师有以下基本要求。

(1)在理解的基础上巩固。对于所学知识的理解是巩固的前提,没有学会的东西,是不可能真正巩固的。教师首先应当保证学生学懂学会,才可能获得巩固的良好效果。

(2)保证巩固的科学性。心理学的研究揭示了许多关于记忆和遗忘规律,按照这些规律组织安排巩固,可以提高巩固的效率。教师应当熟悉并且善于运用这些规律。

(3)巩固的具体方式要多样化。除了常见的各种书面作业外,教师应当善于利用各种不同的方式帮助学生巩固所学的知识,比如一些调查、制作、实践,都能够使得学生通过将知识运用于实际,有效地达到巩固的目的,并且能够促进学生多方面的发展。

(4)保证学生的身心健康。近年来国内若干调查显示,小学生的学习负担过重、睡眠不足，是相当普遍的现象，原因之一是作业量偏多。教师应当本着对学生和社会负责的精神，合理地安排巩固工作，将作业量控制在恰当的范围（国家对小学生的作业时间和睡眠时间都有正式规定）。

七、论述题

1. 试分别阐述有关教学活动本质的几种不同的观点，以及它们本身存在的不足？

答：(1)教学活动本质上是一种学生身心发展的过程。

这种看法的基本观点是：教学过程不仅是教师领导下学生自觉认识世界的特殊认识过程，而且也是以此为基础的促进学生身心全面发展的过程。

这种观点认为，教学过程的根本目的在于培养人，在于促进学生德智体全面发展。这种观点强调和突出了教学与发展的联系，特别是作为教学活动主体的学生在教学中的能动性，强调任何具体的教学活动都应当以促进学生发展为根本宗旨。

发展说的不足在于，从逻辑上很容易落入掌握知识与发展智力以及能力的关系这个古老的命题之争。发展说强调了学生的主观能动性，但是削弱了教师的主导作用，在教学活动中，离开了教师主导，学生的发展水平是难以得到保证的。此外，国内目前对于发展的研究仍然比较笼统，有关发展的目标、具体内容都缺乏可操作性。

(2)教学过程是一种特殊的实践过程。

教学过程本质的实践说着眼点是教学过程中的自主行为者（老师或学生）具体的感性的外部行为及其结果蕴涵的意义，作为教师的实践，其根本目的是促进学生的成长，也是教学活动区别于其他实践活动的特殊性所在；作为学生的实践，其目的就是通过一系列的活动来促成自身预期发展。

实践说对于处理好教学过程中知与行的关系等问题具有很重要的意义。以实践的观点看待教学过程，关注的是从师生展开活动，学生获得一定的意义，到学生发生某种成长性变化的最终结果。

实践说的不足在于，从教师的角度概括教学的实践本质，不是十分妥当，而且容易导致重教轻学，从学生的角度则容易重学轻教，无论怎样，都可能导致本来统一的教学活动人为分离的倾向。而且，学生的实践与一般的社会实践有着根本的不同，将学生受教育的过程等同于实践在理论上也有一些问题。最后，这种学说也容易使得实践的概念泛化，使得认识与实践之间界限不清，甚至混淆。

(3)教学过程是一种师生交往活动。

教学本质的交往说认为：教学是一种特殊的交往活动，是师生之间的一种有目的有组织有计划的师生交往过程。按照这种学说，教学不仅仅是一种知识传递的过程，更应该是一种交往的过程。

交往说阐述了教学活动中师生的交往关系，并且做出了合理的解释和论证，具有鲜明的时代性和进步性，不仅对世界范围内的教育现代化有重要的历史意义，对于今天我国教育的现代化仍然具有巨大的现实意义。此外，传统的教学论心理学仅仅看成是教学论的条件，交往说指出注重学生心理的交往不仅是手段与条件，同样也是目的。

这一学说的不足在于，交往是人类活动的基本形式之一，普遍地存在于人类不同活动当中，用来作为教学过程本质的概括，失之宽泛，难以揭示教学活动区别于其他活动的特殊性所在。

2.如何理解赞科夫的教学思想及教学原则体系？

答：赞科夫的根本思想是“以尽可能大的教学效果来促进学生的一般发展”，而一般发展是指学生个性所有方面的发展。他对以凯洛夫为代表的前苏联传统教学论进行了激烈的批判，认为偏重于知识和技能的训练，忽视和限制了学生的发展。他接受并极为推崇前苏联心理学家维果斯基的观点，认为凯洛夫的教学只是利用学生的发展，而教学实际上可以促进学生的发展。并且进一步提出，如果教学只是着眼于知识技能的传授，学生的发展是不可能取得理想效果的，只有同时对教学原理和方法都从学生发展的角度进行考虑，才可能在学生掌握知识的同时有效地促进他们的发展。

赞科夫的上述思想，在他的教学原则体系中得到了比较充分的体现。这一原则体系是针锋相对地在批判和否定凯洛夫原有的五条原则体系基础上形成的，也包括五条原则。

(1)高难度原则。

赞科夫认为，在原来的量力性原则(可接受性原则)指导下，教学内容贫乏，教学方法不能引起学生的创造性的认识活动。这样，不利于学生的智力和一般发展。因此提出与之相反的高难度原则，强调要将教学建立在高水平之上，同时注意掌握难度的分寸，只有这种能为学生紧张的智力活动不断提供丰富食物的教学过程，才能促进学生迅猛的发展。

(2)高速度原则。

赞科夫反对巩固性原则，批评在这条原则指导下的教学进度太慢，浪费时间，总是让学生花费大量的时间去咀嚼他们已知的东西，进行过多的技巧训练。结果导致学生不动脑筋，精神消沉，阻碍了发展。他主张，只要学生已经掌握了学过的知识，就要向前进，就应当教给他们新的知识，以广度求深度。

(3)理论知识起主导作用的原则。

赞科夫认为，过去在直观性原则和量力性原则的指导下，小学教学主要以训练读、写、算技巧为目的，理论知识所占的位置微不足道。他提出加强和提高理论知识的地位和作用，要求尽可能在深刻地理解语言的规律、数的概念和数的运算规则的基础上，形成读、写、算技巧。赞科夫还批评以往的教学片面、过分强调直观。久而久之，很难发展学生的抽象概念。

(4)使学生理解学习过程的原则。

赞科夫认为，在凯洛夫教育学理论影响下，教学只关心学生学习的结果，而不关心学生学习的过程。他主张要使得学生学会学习，学生不仅要能够理解知识本身，而且应当能够理解知识得来的过程。他还认为，凯洛夫教学原则体系中的自觉性原则，只把“理解”指向外部，只把知识技能作为“理解”的对象。而使学生理解学习过程的原则与之有重大区别，是指向内部的，即指向学习的进行过程。

(5)使所有学生包括差生都得到一般发展的原则。

赞科夫认为，在凯洛夫教育学理论影响下，教学对差生提供智力活动的机会和可能性是最少的，帮助他们的方法主要是补课和多做作业。

而差生之所以差，正是因为他们在发展上落后于其他学生，单纯的补课和作业，对于改善他们的发展不但没有效果，还会造成恶性循环。因此，对于差生要特别注意发展其智力和个性品质，这才是提高他们的根本办法。

3.为什么说教学认识过程是一种特殊的认识过程？

答：教学活动对学生来说是一种认识活动，因此它应该服从人类认识活动的一般规律，如认识是人脑的反映，认识过程是一个从感性到理性，再由理性到实践的过程的规律等等。教学活动作为一种相对独立的认识活动，既要受到这些认识规律的制约，又表现出了它自己独特的特征。教学活动就其本质而言，是一种特殊的认识活动。

(1)教学认识过程是一种学生的认识过程。

教学活动必须考虑作为认识主体的学生的认识水平和方式，不能够将以成人认识为对象的研究结果直接套用到学生身上。教育者应当尽可能地了解，不同发展阶段的学生是怎样认识的，这些认识阶段分别具有什么样的特征，在这样的基础上设计和实施教学。

(2)教学认识过程是一种间接性的认识过程。

学生的认识在总体上是去认识人类已知的事物，在认识的对象和方式上都具有间接性的特点：首先，认识的对象是间接的。其次，认识的方式是间接的。

(3)教学认识过程是一种在教师领导下的认识过程。

在教学活动中，学生的认识是在教师领导之下进行的，学生的任何学习活动都不可能没有教师的指导而孤立存在。在教学认识中，教师的领导或者说教师的主导作用存在着客观必然性。

(4)教学认识过程是一种有教育性的认识过程。

学生在教学认识中，不仅仅是掌握各种科学知识，他们的各种情感、态度、价值观，他们的各种能力也在经历着变化发展。教学认识中的教育性与其他认识中的教育性仍然存在显著的不同，这是因为在教学认识中，教育性带有客观必然性和目的性。教学认识的教育性不能够像其他认识活动中那样偶然地、自发地发挥作用，而是成为经常的、自觉的追求，成为必须有意识、花力气去实现的东西。

4.教学组织形式的含义是什么？近代以来世界上教学组织形式改革出现了哪些趋势？

答:教学组织形式是教学的空间结构和时间序列的统一。教学组织形式所要解决的问题,就是教师以什么样的形式将学生组织起来,通过什么样的形式与学生发生联系,教学活动按照什么样的程序展开,教学时间如何分配和安排等等问题。教学组织形式在历史上也经历了许多变化,从早期的个别教学到近代的班级授课制,再到今天班级授课制为主的多样化,是随着社会和教育活动的进步而变化发展的。

目前在世界范围内,最普遍采用的教学组织形式是班级授课制。在古代教育中,无论在东方还是西方,教学组织形式主要是个别教学,工业革命之后,社会提出了普及义务教育的要求,教育的规模和效率都必须扩大和提高,个别教学因无法满足这样的需求,表现出明显的不适应,于是班级授课制应运而生。

近代以来,班级授课制成为中小学最基本的教学组织形式,但人们并没有停止有关新的教学组织形式的探索。

(1)分层教学,是将学生按照智力测验分数和学业成绩分成不同水平的班组,教师根据不同班组的实际水平进行教学。在西方一些国家尤其是美国十分流行。一般在中学,有些学校在小学高年级实行。

它的优点是由于增加了智力测验和成绩作为依据,同一层次内学生的基础和水平较一般班级授课制条件下更为整齐,因此学生的学习和教师的教学都更加便利。由于不同科目各自分组,能够比较好地适应学生的兴趣和差异。缺点是在管理上比较复杂。

(2)小组合作学习,是以异质小组为基本形式,以小组为主体,以小组成员合作性活动为机制,以小组目标达成为标准,以小组成绩为奖励依据的教学组织形式。小组合作学习的基本要素包括:组间同质,组内异质;设立小组目标;实施小组评价与奖励的机制;个人责任的明确;均等的成功机会。

(3)小班教学,在发达国家基础教育各阶段已经普遍实行,许多国家在教育法中规定的每班学生人数,通常在15～25人之间。小班教学是社会和义务教育发展到一定程度的产物,是为了满足社会成员对于教育公平性、公正性的进一步要求:不仅享有受教育的权利,而且得到高质量的教育。可以预见,在今后几十年内,小班教学会成为我国义务教育的主要发展趋势之一。

从发达国家的经验来看,实行小班教学应当注意:取消教师分科任教或延缓教师分科年限,改革现有的班级制度以保证给予学生均等的机会。

5.班级授课制的主要特征是什么?如何进行评价?

答:(1)班级授课制的特征主要包括三个方面,有人用班、课、时三个字来概括。

班:把学生按照年龄和知识水平分别编成固定的班级,即同一个教学班学生的年龄和程度大致相同,并且人数固定,教师同时对整个班集体进行同样内容的教学。

课:把教学内容以及实现这种内容的教学手段、教学方法展开的教学活动,按学科和学年分成许多小的部分,分量不大,大致平衡,彼此连续而又相对完整,这每一小部分内容和教学活动,就叫做一“课”,一课接着一课地进行教学。

时:把每一“课”规定在统一的单位时间里进行。单位时间可以是50分钟、45分钟或30分钟,但都是统一的和固定的。课与课之间有一定的间歇和休息。

(2)对班级授课制的评价。

班级授课制的优越性表现在:第一,班级授课制使得教学获得了巨大的效率,一位教师同时向几十个学生教学,使得教育的普及成为可能。第二,有利于教师主导作用的发挥,便于有计划的教学活动,循序渐进地开展教学。第三,由于学生是按照年龄和程度编成班级,水平接近,有利于他们彼此之间的互相交流和启发。

可以说,没有班级授课制,就会影响义务教育的普及。因为它具有这样一些突出的优越性,尽管不断受到批评和改革,仍然表现出长久的生命力,而且许多改革实际上是对于班级授课制的发展,而不是彻底的否定。

班级授课制的不足在于:第一,不利于学生主体性的发挥,学生比较多地是接受教师所传授的现成知识。第二,为学生提供的实践性学习、探索性学习的机会比较缺乏,因此不利于学生多方面的发展。第三,不能很好地适应教学内容和教学方法等方面的多样化,比较固定化,缺少灵活性。第四,强调统一性,难以适应学生的个别差异,不利于因材施教。第五,每个学生实际上分别地对教师负责,彼此之间没有分工与合作,因此学生的互相交流和启发难以保证。

6.为什么要因材施教?依据因材施教原则,你认为应当如何进行教学改革?

答:因材施教指教师在教学活动中应当照顾学生的个别差异。因材施教原则是为了处理好集体教学与个别教学、统一要求与尊重学生个别差异而提出的。

由于遗传素质、家庭环境和个人成长经历的不同,在同一班级的中小学生,虽然有着共同的年龄特征,但是在学习的成绩、学习态度和方法、兴趣和爱好、气质和性格、禀赋和潜能方面都会存在很大的差异。教师是对由个性完全不同的学生组成的集体教学,因材施教不是指让所有学生达到同一规格和标准,而是适应每个学生的不同需要及可能进行有针对性的教育。

我国目前的中小学教育普遍班级大,学生人数多,因材施教原则的贯彻是比较困难的。但是毫无疑问,教师应当在可能的条件下争取将这一原则最大限度地付诸实现。

在教学中贯彻这一原则,对于教师有以下要求。

(1)充分了解学生。在共同的年龄特征基础上,儿童的差异是绝对存在的。要做到因材施教,必须充分地了解每一个学生。除了学习成绩之外,学生的个性特征的各个方面、家庭背景、生活经历等等,都是教师因材施教的重要基础。

(2)尊重学生的差异。学生的差异不仅是客观存在,而且是合理的,因材施教的含义不仅包括承认差异,而且包括尊重差异。在达到基本标准的前提下,教师应当允许学生存在不同方面、不同水平的差异。并且针对每一个学生的具体条件帮助他们得到最适宜的个性发展。良好教育的结果是大批个性充分发展的人,而不是千人一面的“标准件”。

(3)面向每一个学生。现代教育的一个重要观念是，每一个儿童有权利得到适合于自己的教育，教师不能以任何理由忽视任何学生。

八、综合分析题

1.答案要点

主要从科学性与思想性相统一这一原则去考虑问题。

科学性与思想性相统一原则指教学要在科学的方法论的指导下进行，是为了将教学中科学知识的传授学习与思想品德教育统一起来而提出的。

在教学活动中贯彻这一原则，对于教师有以下要求。

(1)坚持正确的方向。小学生的认识水平和分辨能力都是有限的，教师要主动地、适时地、适当地加以引导，帮助他们形成和提高对于是非、善恶、美丑的认识。

(2)严格遵守职业道德。教师作为社会公民，享有思想和信仰自由，但是，在教学中教师必须体现国家意志，按照国家制定的教育目的教学，坚持和维护社会基本的政治观点和价值观念。不能用带有个人色彩的思想观点随意地影响学生。

(3)实事求是。在教学中贯彻这一原则，特别要防止形而上学，不能穿凿附会，生拉硬扯。那种“穿靴戴帽式”的思想性，本身就是违背这一原则的，从长远效果更是适得其反。

(4)讲究教学艺术。要善于根据小学生的年龄特征和教学任务的具体特点，自然地将思想性与科学性结合起来，使得学生在不知不觉中受到教育，达到“润物细无声”的效果。许多优秀教师在这方面创造了宝贵经验，教师应当善于从中学习。

结合案例部分内容略。

2.答案要点：

抓住启发性原则的基本内涵以及在教学过程中对于教师的基本要求即可。

启发性原则指在教学中要充分调动学生学习的自觉积极性，使得学生能够主动地学习，以达成对所学知识的理解和掌握。是为了将教学活动中教师的主导作用和学生的主体地位统一起来而提出的。

在教学活动中贯彻启发性原则,对于教师有以下基本要求。

(1)激发学生的积极思维。教师的启发应当是能够激起学生紧张、活泼的智力活动的,从而使得学生深刻地理解掌握知识,获得多方面的体验和锻炼发展。因此,启发应当选择那些具有一定难度,需要学生进行比较复杂的思维活动,但又是他们通过自觉积极的思考能够得到基本正确结果的问题进行。

(2)确立学生的主体地位。学生是学习的主人,教师的启发只有在切合学生实际时才可能避免盲目性,只有承认学生的主体地位,真正研究和了解学生的学习需要,教师的启发才可能是有针对性的和有效的。

(3)建立民主平等的师生关系。在权威式的师生关系中,教师是凌驾于学生之上的真理代言人和学术权威,学生很难真正做到自由、充分地提问和思考。只有当学生真正感受到教师将自己当作人格上与之完全平等的人,他们的学习自觉性才可能真正地调动起来。

结合案例部分内容略。

第九章　教学（下）

本章考核要点

本章继第八章之后主要论述教学理论中一些相对来说较为具体的问题，如教学方法、教学手段、教学工作的实施等等。了解与掌握这些问题，不仅有助于我们加深对教学理论中基本性问题的理解，而且对于指导与改进我们的实际教学工作具有重要的意义。

教学方法是为达到教学目的，实现教学内容，运用教学手段而进行的，由教学原则指导的一整套方式组成的，师生相互作用的活动。中小学常用的教学方法有讲授法、谈话法、讨论法、实验法、实习作业法、练习法、参观法等。20世纪中叶以来又出现了一些新的教学方法，如发现学习、探究—研讨法、纲要信号图式教学法、范例教学法、非指导教学法。

教学手段就是教学活动中师生互相传递信息的工具、媒体或设备。传统的教学手段就是人自身的活动。现代化的教学手段指幻灯机、电影、唱片、录音机、闭路电视、语音教室等用于教学的手段。另外，计算机作为辅助教学手段在教学过程中的应用具有特殊的意义。

一般说，教学工作的实施，由备课、上课、作业布置和批改、课外辅导几个环节构成，这是迄今为止我国中小学教学工作实施最常见、最普遍的过程，这样的过程对于以学生接受性学习为主要基础的教学模式是适宜的。

目前，国内课程与教学改革的一个重要任务，是建立学生自主性探索的学习方式，与这种学习方式相适应的，不是师生系统学习书本知识的教学模式，而是教师辅导学生从活动中自己学习的教学模式。根据这种教学模式的特点，相应的教学工作的实施过程为：确定主题、布置任务、制定评价标准、展示与交流。

在学习本章时，应重点了解教学方法的概念、中小学常用的几种教学方法应遵循的要求，以及随着教学方法的改革与发展新出现的几种教学方法；了解新的和传统的教学手段及计算机作为一种手段应用到教学过程中的意义；以及教学工作实施过程中应遵循的要求。

综合练习题

一、填空题

1. 教学方法是为达到__________，实现__________，运用__________而进行的，由教学原则指导的一整套方式组成的，师生相互作用的活动。

2. __________是教师运用口头语言系统地向学生传授知识的方法。

3. 中小学常用的教学方法包括__________、谈话法、讨论法、__________、实习作业法、练习法、__________。

4. __________是教师根据教学目的，组织学生到校外观察自然现象和社会现象，从而获取新知识或验证已经学习过的知识的教学方法。

5. 美国教育家布鲁纳提出的教学方法是__________。

6. 谈话法是教师根据学生已有的知识经验，借助启发性问题，通过__________的方式，引导学生通过比较、分析、判断等思维活动获取知识的教学方法。

7. 实习作业法的基本形式是在教师指导下，学生运用__________解决__________的教学方法。

8. 根据与学习有关知识的顺序，参观法又可分为__________、__________和__________三种。

9. 发现法的具体做法是，教师提出课题和一定的材料，引导学生自己进行__________、综合、抽象、概括等一系列活动，最后得到

________。

10. ________没有十分严格的程序，一般是按照从具体材料引发学习经历、通过集体交流和研讨促进学习、鼓励学生的语言表达、肯定学生在学习中所犯错误的意义顺序进行的。

11. 纲要信号图式是一种由字母、单词、数字或其他信号组成的直观性很强的________，是教学辅助根据。

12. 范例教学的基本特征是________、基础性和________。

13. ________就是教学活动中师生互相传递信息的工具、媒体或设备。

14. 最早的教学手段包括口耳相传、示范、模仿、练习等一些人自身的活动，主要通过________，也包括________、动作、形体等进行。

15. 计算机教育的任务主要应当定位在________上，使得每一个学生能够熟练地使用这一工具。

16. 备课的过程是教师________、________和提高教学能力的过程。

17. 教学进程是教案的主要部分，要详细设计安排________的展开、________的运用和时间的分配。

18. 学生作业的直接目的在于巩固所学内容，一般分为________和________两种。

19. 课外辅导主要以________和________两种形式进行。

20. 在钻研教材和了解学生的基础上，教师要设计教学活动如何进行，具体说，也就是要编写________、________和课时教学计划等三个计划。

二、单项选择题

1. 谈话法的基本形式是学生在教师引导下通过独立思考进行学习，它的优点在于(　)。

A. 能够比较充分地激发学生的主动思维

B. 讲究语言艺术

C. 有利于发挥教师的主导作用

D. 很容易激发兴趣、活跃思维

2. 以下哪一点不是对于教师运用实习作业法时提出的要求？(　　)

A. 提出明确要求

B. 选择恰当的方式

C. 明确练习的目的和要求

D. 做好事后的检查

3. 中小学常用的教学方法不包括(　　)。

A. 讲授法　　　　B. 参观法

C. 暗示教学法　　D. 试验法

4. 暗示教学法是谁首先创立的？(　　)

A. 卢扎诺夫　　B. 沙塔洛夫

C. 布鲁纳　　　D. 巴普洛夫

5. 哪一种教学方法是发端于 1951 年秋季的蒂宾根会议？(　　)

A. 暗示教学法　　B. 范例教学

C. 发现学习　　　D. 纲要信号图式教学法

6. 计算机的这种独特性，为教学活动带来的不仅是效率的提高，而是一些革命性变化的可能，其中不包括哪一项？(　　)

A. 教师的角色将实现重要转变

B. 个别化教学将普遍实现

C. 计算机辅助教学将使得学生的自主性学习成为可能

D. 让学生学习计算机的原理和程序语言

7. (　　)是适应学生个别差异、因材施教的主要途径和措施。

A. 课外辅导　　B. 备课

C. 上课　　　　D. 布置和批改作业

8. 与学生自主性探索的学习方式相适应的教学模式，其教学工作的实施过程不包括(　　)。

A. 确定主题　　B. 布置任务

C. 备课　　　　D. 制定评价标准

9. 讲授法是最普遍的一种教学方法，有它独特的优点，缺点在于

(　　)。

A. 容易束缚学生,不利于学生主动自觉地学习

B. 不利于教学活动有目的有计划地进行

C. 不利于发挥教师的主导作用

D. 不利于在短时间内获得大量的知识

10. 谈话法与讲授法相比存在的缺点是(　　)。

A. 较多地依赖于教师个人的语言素养

B. 完成同样的教学任务,它需要较多的时间

C. 不利于学生主动自觉地学习

D. 能够比较充分地激发学生的主动思维

11. 讨论法是在教师指导下,学生围绕某个问题发表和交换意见,通过相互之间的启发、讨论、商量获取知识的教学方法,它的基本形式是(　　)。

A. 学生在教师引导下借助独立思考和交流学习

B. 学生在教师引导下通过独立思考进行学习

C. 教师讲、学生听

D. 学生在教师指导下独立自主地学习

12. 教师在运用练习法时不需要注意(　　)。

A. 明确练习的目的和要求

B. 科学掌握练习量

C. 给予学生及时反馈

D. 及时、具体地指导

13. 参观法的基本形式是(　　)。

A. 学生在教师指导下获得直接经验

B. 学生在教师指导下的一种实践性学习

C. 学生在教师的指导下独立观察实践的过程

D. 学生在教师指导下独立自主地学习

14. 与讲授法相比,布鲁纳所提出的发现法更关注(　　)。

A. 对学习过程的关注超过对学习结果的关注

B. 对学习结果的关注超过对学习过程的关注

C. 同时关注学习的过程和结果

D. 更关注学生的参与

15. 纲要信号图式教学法的突出作用是(　　)。

A. 提高了教学的效率

B. 使教学有效地贯彻了理论知识起主导作用的原则

C. 简明扼要地表现重点知识

D. 直观性很强

16. 施滕策尔以“乌克兰的防风林地带”课题为例,具体说明的是什么教学方法?(　　)

A. 暗示教学法

B. 纲要信号图式教学法

C. 发现学习

D. 范例教学法

17. 非指导性教学是以学生为中心的教学方法,在非指导教学中,教师的角色(　　)。

A. 由指导者变成了促进者

B. 由促进者变成了指导者

C. 由指导者变成了旁观者

D. 有旁观者变成了促进者

三、多项选择题

1. 教师运用谈话法,应当注意以下哪几点?(　　)

A. 做好充分的准备

B. 谈话要面向全体学生

C. 在谈话结束时进行总结

D. 注意与其他教学方法配合使用

2. 20 世纪中叶以来,出现了哪些新的教学方法?(　　)

A. 发现学习

B. 暗示教学法

C. 范例教学法

D. 非指导教学法

3. 范例教学法的一般程序包括如下哪几个步骤？（ ）

A. 范例性地阐明“个”的阶段

B. 范例性地阐明“类型”和“类”的阶段

C. 范例性地掌握法则性、范畴性关系的阶段

D. 范例性地获得关于世界（以及生活）关系的经验

4. 讲授法的基本形式是教师讲、学生听，具体地说，又可以分为哪几种形式？（ ）

A. 讲述　　B. 讲读

C. 讲解　　D. 解读

5. 讲授法是最古老的一种教学方法，也是迄今为止在世界范围内应用最广泛、最普遍的一种教学方法。它的优点在于（ ）。

A. 使学生在比较短的时间内获得大量的、系统的知识

B. 有利于发挥教师的主导作用

C. 有利于学生主动自觉地学习

D. 有利于教学活动有目的有计划地进行

6. 讨论法的基本形式是学生在教师引导下借助独立思考和交流进行学习。教师在运用讨论法，应当注意（ ）。

A. 调动所有学生的学习积极性

B. 选好讨论题目

C. 肯定学生各种意见的价值

D. 善于引导

7. 实验法的基本形式是学生在教师指导下独立自主地学习。教师在运用实验法时，要注意以下哪几点？（ ）

A. 准备工作充分　　B. 及时、具体地指导

C. 帮助学生总结　　D. 提出明确要求

8. 参观法的基本形式是学生在教师指导下获得直接经验。参观法的优点在于（ ）。

A. 能够有效地把书本知识与实际紧密结合起来

B. 帮助学生深入地理解和领会所学习的理论知识

C. 扩大学生的眼界

D. 学生从中受到多方面的教育

9. 探究－研讨法与发现法有密切联系，但也有自己的一些十分突出的特点。（　　）

A. 从具体材料引发学习经历

B. 通过集体交流和研讨促进学习

C. 鼓励学生的语言表达

D. 肯定学生在学习中所犯错误的意义

10. 纲要信号图式教学法的具体运用包括以下哪几个阶段？（　　）

A. 按照教材内容详细讲解教学内容

B. 出示纲要信号图式，把小型的“图式”发给每个学生进行消化

C. 要求学生课下按“图式”进行复习

D. 让学生在课堂上按图式回答问题

11. 暗示教学法的具体做法主要有以下哪几个方面？（　　）

A. 在下一次课上，让学生根据记忆回答问题

B. 善于激发学生动机，设置能够诱发学生学习潜力的外部环境

C. 用跨学科的观点，按课题编制较大的教学单元

D. 充分利用各种艺术手段

12. 就一门学科来说，如果选择的范例具有了基本性，是指它能够包含或体现该学科的（　　）。

A. 基本要素　　　　B. 基本概念

C. 基本知识结构　　　　D. 基本科学规律

13. 罗杰斯提出了非指导性教学的根本目的在于（　　）。

A. 使学生通过自我反省活动及情感体验

B. 在融洽的心理气氛中自由地表现自我、认识自我

C. 以学生为中心

D. 达到改变自我、实现自我

14. 备课是教学工作的基础，备好课是上好课的先决条件。教师主要从哪几个方面为上课做好准备？（　　）

A. 钻研教材　　　　B. 教学目的明确

C. 了解学生　　　　D. 设计教学过程

15. 一般来说，评价一位教师是否上好一节课的标准是（　　）。

A. 教学目的明确　　　　B. 教学内容正确

C. 教学方法适当　　　　D. 教学过程紧凑

E. 学生主体性充分发挥

16. 学生作业分为课内和课外两种，大致可以分为如下几种（　　）。

A. 阅读教科书和参考书

B. 口头作业

C. 书面作业

D. 实践作业

17. 作业的布置与批改是教学工作的有机组成部分，是上课的延续，布置作业时应当注意哪些问题？（　　）

A. 作业的内容，应当符合教学大纲和教科书的要求

B. 作业的分量要适当

C. 布置作业时要有明确的要求，规定完成的时间

D. 对学生作业要认真、及时地批改

18. 教师批改作业的方式有哪些？（　　）

A. 全面批改　　　　B. 重点批改

C. 轮流批改　　　　D. 当面批改和指导学生互相批改

四、判断题

1. 练习法的优点在于，可以有效地发展学生的各种技能技巧。（　　）

2. 与讲授法相比，发现法对学习结果的关注超过对学习过程的关注。（　　）

3. 非指导教学法是由罗杰斯的非指导性治疗演变过来的。（　　）

4. 实验法是在教师指导下，学生围绕某个问题发表和交换意见，通过相互之间的启发、讨论、商量获取知识的教学方法。（　　）

5. 实习作业法的优点在于，通过将书本知识运用于实际，把理论与

实践结合起来，并且在这样的过程中有效提高各种能力。(　　)

6. 范例教学的主要倡导者是德国著名教育家、教学论专家瓦根舍因和克拉夫斯基。(　　)

7. 纲要信号图式法为发挥学生各方面的潜能提供了可能性。(　　)

8. 暗示教学法是保加利亚医学博士巴普洛夫创立的教学方法。(　　)

9. 选择范例的基本原则是基本性、基础性和范例性。(　　)

10. 非指导性是对传统的指导性教学的否定，即它认为可以取消指导。(　　)

11. 现代化教学手段的应用原理，完全摆脱了传统教学论上的直观原则和演示、实验法的原理。(　　)

12. 确定主题、布置任务、制定评价标准和展示与交流是迄今为止我国中小学教学工作实施最常见、最普遍的过程。(　　)

13. 备课首先要做的就是钻研教材，即包括学习教学大纲(课程标准)、研究教科书、阅读与教学内容有关的参考材料。(　　)

14. 设计教学过程实质上指的就是设计教案。(　　)

15. 备课是全部教学工作的中心环节，教学质量的高低，直接取决于上课的水平。(　　)

16. 课外辅导是适应学生个别差异、因材施教的主要途径和措施。(　　)

五、名词解释

1. 教学方法
2. 讨论法
3. 教学手段
4. 实习作业法
5. 教学工作的实施
6. 讲授法
7. 谈话法

8.实验法

9.非指导性教学

10.暗示教学法

六、简答题

1.什么是讲授法？它的具体形式有哪些？教师如何正确运用讲授法？

2.教师在运用练习法时应该注意哪些基本的要求？

3.如何评价布鲁纳提出的发现式学习方法？

4.非指导性教学的基本特征有哪些？

5.计算机作为一种手段应用到教学过程当中具有什么重要意义？

6.请简单说明评价一节课成功的标准有哪些？

7.作业可以分为哪几类？教师在布置作业时应当注意哪些问题？

七、论述题

1.20世纪中叶以来世界范围的教育改革运动中，出现了哪些新的教学方法？

2.教学工作实施的一般过程包括哪些基本环节？每一环节的实施应遵循哪些要求？

八、综合分析题

请结合本章内容分析如下案例：

一位教师在讲授《植物的果实》一课时，课前曾布置作业，要求学生把自己认为是果实的带到教室里来。学生带来的有梨、苹果、香蕉、花生、核桃、葵花籽、胡萝卜等。上课一开始，学生就对胡萝卜是不是果实，进行了激烈的争论，双方谁也说服不了谁，气氛异常活跃。教师因势利导地指出："当你对一个事物拿不准的时候，你就拿一个和它相类似的东西和它比较，看它们有哪些相同？哪些不同？答案就很容易找出了。"他拿起一个苹果和一个梨，问道："它们有哪些地方相同？为什么它们是果实呢？"

“都能吃。”一个学生回答。

“能吃，对。但不一定所有的果实都能吃。”教师说。

“都是树上长的。”又有一个同学说。

“苹果和梨都是树上长的，但不是所有的果实都长在树上，花草也有果实。”教师说。

“都是开完花结的果。”又有一个同学说，教师立即加以肯定。

“都有核儿。”——一个学生猛然想起，脱口而出。

“是吗？那就要观察它们的构造了。”教师说：“好，切开来研究研究。”

切开后，教师问：“那核儿是什么？知道吗？”“是种子。”同学们回答。

教师说：“它的内部构造都有种子，种子是繁殖后代的，那么种子以外这一大部分叫什么呢？”

“叫果肉。”一个同学答。

这时，教师总结：“对，平常我们叫它果肉，最外面一层叫皮，但科学的叫法，把种子以外的都叫果皮。我们都知道开花结果，果实都有两部分，就是果皮和种子。是不是果实，主要看里面有没有种子。”又问：“胡萝卜里面有没有种子呀？”

“没有种子，不是果实。”学生回答。

试阐述以上这个案例运用了中小学常用的哪种教学方法？这种教学方法的基本内涵是什么？它对于教师有哪些基本的要求？

参考答案

一、填空题

1. 教学目的　教学内容　教学手段
2. 讲授法
3. 讲授法　实验法　参观法
4. 参观法
5. 发现式学习

6. 口头问答

7. 书本知识　实际问题

8. 准备性参观　并行性参观　总结性参观

9. 分析　学习结果

10. 探究—研讨法

11. 图表

12. 基本性　范例性

13. 教学手段

14. 语言　表情

15. 应用层面

16. 积累　总结教学经验

17. 教学内容　教学方法

18. 课内作业　课外作业

19. 个别辅导　小组辅导

20. 学期(或学年)教学进度计划　单元(或课题)教学计划

二、单项选择题

1. A	2. C	3. C	4. A	5. B
6. D	7. A	8. C	9. A	10. B
11. D	12. D	13. A	14. A	15. B
16. D	17. A			

三、多项选择题

1. ABC	2. ABCD	3. ABCD	4. ABC
5. ABD	6. BCD	7. ABC	8. ABCD
9. ABCD	10. ABCD	11. BCD	12. ABCD
13. ABD	14. ACD	15. ABCDE	16. ABCD
17. ABCD	18. ABCD		

四、判断题

1. √　2. ×　3. √　4. ×　5. √
6. √　7. √　8. ×　9. √　10. ×
11. ×　12. ×　13. √　14. ×　15. ×
16. √

五、名词解释

1. 教学方法:是为达到教学目的,实现教学内容,运用教学手段而进行的,由教学原则指导的一整套方式组成的,师生相互作用的活动。

2. 讨论法:是在教师指导下,学生围绕某个问题发表和交换意见,通过相互之间的启发、讨论、商量获取知识的教学方法。

3. 教学手段:就是教学活动中师生互相传递信息的工具、媒体或设备。

4. 实习作业法:是学生根据教师布置的任务,在课上或课外进行实际操作,将已经学过的知识运用于实践的教学方法。

5. 教学工作的实施:由备课、上课、作业布置和批改、课外辅导几个环节构成,这是迄今为止我国中小学教学工作实施最常见、最普遍的过程。

6. 讲授法:是教师运用口头语言系统地向学生传授知识的方法。讲授法是最古老的一种教学方法,也是迄今为止在世界范围内应用最广泛、最普遍的一种教学方法。

7. 谈话法:是教师根据学生已有的知识经验,借助启发性问题,通过口头问答的方式,引导学生通过比较、分析、判断等思维活动获取知识的教学方法。

8. 实验法:是学生在教师指导下,运用一定的仪器设备进行独立操作,观察和研究这种操作引起的现象和过程,以获取知识的教学方法。

9. 非指导性教学:这是由罗杰斯的"非指导性治疗"演变过来的。根本目的在于,使学生通过自我反省活动及情感体验,在融洽的心理气氛中自由地表现自我、认识自我,最后达到改变自我、实现自我。

10.暗示教学法:指广泛利用环境的暗示信息,充分利用人的可暗示性,使理智与感情统一,有意识功能和无意识功能统一,尤其是调动和发掘大脑无意识领域的潜能,使学生在愉快气氛中不知不觉地接受信息。

六、简答题

1.什么是讲授法?它的具体形式有哪些?教师如何正确运用讲授法?

答:讲授法是教师运用口头语言系统地向学生传授知识的方法。讲授法的基本形式是教师讲、学生听,具体地说,又可以分为讲述、讲读、讲解三种方式。

教师运用讲授法,应当注意以下几点:

(1)保证讲授内容的科学性和思想性。教师讲授的概念、原理、事实、观点必须是正确的,这就要求教师认真备课和教学。

(2)讲授要做到条理清楚、重点分明。讲授的逻辑清楚,学生的理解才能够清楚。

(3)讲究语言艺术。教师的语言水平直接决定着讲授法的效果,因此必须不断注重和提高自己的语言修养。首先,要做到语言清晰、准确、精练,既逻辑严密又清楚明白;其次,要努力做到生动形象、富于感染力;最后,还应当注意语音的高低、语速的快慢,讲究抑扬顿挫。

(4)注意与其他教学方法配合使用。学生的注意时间有限,在整节课中完全采用讲授法很难取得良好效果,教师应当善于将讲授法与其他教学方法和手段交叉替换使用,避免学生因长时间听讲出现疲劳和注意涣散现象。

2.教师在运用练习法时应该注意哪些基本的要求?

答:教师运用练习法,应当注意以下几点:

(1)明确练习的目的和要求。要让学生知道为什么进行练习,怎样才是达到了练习的要求,这样才能使学生的练习具有自觉性和积极性,避免练习的盲目性和机械性。

(2)指导正确的练习方法。教师要在练习之前讲解和示范正确的练习方法,并且保证学生基本掌握,以便提高练习的效率。

(3)合理安排练习步骤。教师应当使得练习有计划地进行，循序渐进。

(4)科学掌握练习量。技能技巧的练习需要一定的练习量，但并不是越多越好，超过学生承受能力的练习会导致适得其反的结果。教师要考虑到学生身心发展特点确定练习的量。此外，一般说分散练习比过于集中的练习效果更好，将某种练习分成时间较短的几次完成，要比一次性安排更为科学。

(5)给予学生及时反馈。要使学生能够及时知道练习的结果，以便纠正错误和巩固成绩。

(6)练习方式要多样化。要防止单一、重复的练习方式，根据教学任务和学生实际，将口头的与书面的、记忆的与操作的、课内的与课外的等不同方式结合使用，采取多样化的练习方式，可以保持学生的兴趣和注意，提高练习的效率。

3.如何评价布鲁纳提出的发现式学习方法？

答：发现法的具体做法是，教师提出课题和一定的材料，引导学生自己进行分析、综合、抽象、概括等一系列活动，最后得到学习结果。

与讲授法相比，发现法对学习过程的关注超过对学习结果的关注，也就是说要求学生主动参与到知识形成的过程中去，否则，学习结果将无法得到。

发现法的优势在于，由于学生在发现的过程中必须进行持续的、全面的智力活动，他们的智力也就因此获得发展，这是讲授法所难以企及的。发现法的弱点在于，对于同样的教学内容，花费的时间要比讲授法多出许多，这是它无法完全取代讲授法的重要原因。同时，发现法对于教师提出了很高的要求，引导学生自己获得学习结果比之直接讲解不仅需要教师有更高的教学水平，而且也使得教师的教学更加紧张和具有挑战性。因此，虽然人们对发现法评价很高，但在实践过程中往往要同其他教学方法结合进行。

4.非指导性教学的基本特征有哪些？

答：在非指导教学中，教师的角色由指导者变成了促进者。非指导教学的基本特征如下：

(1)极大地依赖于个体成长、健康与适应的内驱力,坚决排除各种有碍于学生成长和发展的障碍。

(2)强调情感因素,强调教学情境的情感方面而不是理智方面。要求教学要尽可能直接进入学生的情感世界,而不是借助理性的方法去干预或重组学生的情感。

(3)强调学生"此时此刻"的情形,而不关心他过去的情感和经验。

(4)强调人际接触和人际关系在教学中的地位。

5.计算机作为一种手段应用到教学过程当中具有什么重要意义?

答:计算机进入中小学,主要还是作为一种教学手段,而且,正是在这个方面,计算机显示出了其他教学手段所不具备的特点和巨大优势。正如有人指出的,以往的教学手段,充其量是人的感官的延长,而计算机则是人脑的扩展,因为计算机可以部分地代替人脑的工作。计算机的这种独特性,为教学活动带来的不仅是效率的提高,而是一些革命性变化的可能。

(1) 计算机辅助教学将使得学生的自主性学习成为可能。

(2) 个别化教学将普遍实现。

(3) 教师的角色将实现重要转变。

6.请简单说明评价一节课成功的标准有哪些?

答:一般说,一节(次)好课应当符合以下标准:

(1)教学目的明确。

教师对于一节课要完成什么任务,心中必须十分清楚,同时应当以某种形式让学生有所了解。整个教学活动的进行都要贯穿教学目的,教学方法的选择和运用,学生活动的设计和安排,教学环节的组织和实施等,都是围绕教学目的进行的。

(2)教学内容正确。

教学内容要科学合理。我国小学各门课程的内容从教学大纲(课程标准)到教科书都是由国家专门机构制定或审查的,科学性有很强的保障。教师要能够按照大纲和教科书的要求,并且联系学生实际和教学条件,使得教学主次分明,详略得当,前后有序。

(3)教学方法适当。

根据教学任务的要求、教学内容的特点和学生的具体情况，以正确的教学原则为指导，教师要善于选择和运用适当的教学方法，方法适当，学生的积极性才能调动起来，教学才能取得良好的效果。

(4)教学过程紧凑。

整个教学过程结构严密，教师的讲解，学生的各种活动、讨论、练习，都要精心设计，安排妥当，使得教学时间得到最大限度的利用，教学活动有高效率。

(5)学生主体性充分发挥。

这是最根本的一条，如果学生在教学过程中的主体地位没有保证，学生的主体性没有得到发挥，是不可能真正成为好课的。

7.作业可以分为哪几类？教师在布置作业时应当注意哪些问题？

答:学生作业分为课内和课外两种，学生作业的直接目的在于巩固所学内容。具体的学生作业大致有如下种类:阅读教科书和参考书，如复习、预习教科书，阅读文艺和科技读物；口头作业，如口头问答、朗读、复述、背诵；书面作业，如演算习题、作文、绘制图表；实践作业，如观察、实验、测量、调查；等等。

教师在布置作业时应当遵循下列要求:

(1)作业的内容应当符合教学大纲(课程标准)和教科书的要求，作业的目的要明确，每项作业都有明确的意图，为学生知识的巩固、技能的训练服务。

(2)作业的分量要适当，要做到时间和难易适度，大多数学生经过一定努力能够独立完成，避免负担过重。

(3)布置作业时要有明确的要求，规定完成的时间。教师也应当根据具体情况对学生完成作业给予指导。

(4)对学生作业要认真、及时地批改。作业是教学活动的有机组成部分，通过批改作业，教师可以全面地了解学生的情况，从而有效地调整自己的教学；而教师的批改结果是重要的信息，将这种信息反馈给学生，能够使他们清楚地知道自己的进步和错误。批改作业的方式可以也应该多种多样:全面批改、重点批改、轮流批改、当面批改、指导学生互相批改等。

七、论述题

1.20 世纪中叶以来世界范围的教育改革运动中，出现了哪些新的教学方法？

答：自 20 世纪中叶以来世界范围的教育改革运动中，各种各样新的教学方法不断出现，其中有一些带来了教学实践的显著变化，并且由此产生了广泛的影响。

(1)发现学习。

美国教育家布鲁纳提出的教学方法。发现法的具体做法是，教师提出课题和一定的材料，引导学生自己进行分析、综合、抽象、概括等一系列活动，最后得到学习结果。

与讲授法相比，发现法对学习过程的关注超过对学习结果的关注，也就是说要求学生主动参与到知识形成的过程中去，否则，学习结果将无法得到。

发现法的优势在于，由于学生在发现的过程中必须进行持续的、全面的智力活动，他们的智力也就因此获得发展，这是讲授法所难以企及的。发现法的弱点在于，对于同样的教学内容，花费的时间要比讲授法多出许多，这是它无法完全取代讲授法的重要原因。同时，发现法对于教师提出了很高的要求，引导学生自己获得学习结果比之直接讲解不仅需要教师有更高的教学水平，而且也使得教师的教学更加紧张和具有挑战性。因此，虽然人们对发现法评价很高，但在实践过程中往往要同其他教学方法结合进行。

(2)探究－研讨法。

探究－研讨法与发现法有密切联系，在实质上也基本一致。这种方法在一些发达国家被普遍应用。探究－研讨法没有十分严格的程序，但十分注重利用发展心理学所提供的关于儿童不同认识阶段的特征，由此形成了一些十分突出的特点。

①从具体材料引发学习经历。

②通过集体交流和研讨促进学习。

③鼓励学生的语言表达。

④肯定学生在学习中所犯错误的意义。

(3)纲要信号图式教学法。

这是前苏联教师沙塔洛夫在自己30年的教学实践基础上创立的。所谓纲要信号图式是一种由字母、单词、数字或其他信号组成的直观性很强的图表，是教学辅助根据。它通过各种“信号”提纲挈领、简明扼要地把需要重点掌握的知识表现出来。有时一张图表仅由几个信号组成，有时一张图表可以包括教科书中二三节甚至四五节课的内容。

应用纲要信号图式法，大大提高了教学的效率。纲要信号图式法的突出作用，在于使教学有效地贯彻了理论知识起主导作用的原则，为发挥学生各方面的潜能提供了可能性。

这一方法的具体运用包括以下六个阶段：

①按照教材内容详细讲解教学内容。

②出示纲要信号图式，进行第二次讲解，突出重点，分析难点，指出各部分之间的逻辑关系，并加以概括。

③把小型的“图式”发给每个学生进行消化。

④要求学生课下按“图式”进行复习。

⑤在下一次课上，让学生根据记忆，在各自的练习本上画出图式。

⑥让学生在课堂上按图式回答问题。

(4)暗示教学法。

这是保加利亚医学博士卢扎诺夫创立的教学方法，在20世纪60至70年代在欧洲、前苏联、美国、加拿大都产生了巨大反响，尤其在外语教学方面，被公认为创造了奇迹。

暗示教学法是建立在不同于以往的教学理论基础之上的。暗示教学法的基本原理是：广泛利用环境的暗示信息，充分利用人的可暗示性，使理智与感情统一，有意识功能和无意识功能统一，尤其是调动和发掘大脑无意识领域的潜能，使学生在愉快气氛中不知不觉地接受信息。

暗示教学法的具体做法主要有以下几个方面。

①善于激发学生的动机，设置能够诱发学生学习潜力的外部环境，充分考虑学生个性的完整性，尽可能彻底地消除学生的紧张心理，尊重学生，帮助学生确立自信。在暗示教学的环境中，一反教室的常规，不用

课桌，而是将几十把椅子排成半圆形，教室还选择让人感觉松弛、舒适的颜色装饰。

②用跨学科的观点，按课题编制较大的教学单元，加强教学的整体逻辑的感情效果。

③充分利用各种艺术手段，采用音乐、舞蹈、戏剧、电影等单项或综合的艺术形式配合教学的进行。在学生为戏剧表演等做准备而阅读教材——主题对话时，用微小的音量播放背景音乐，通常是柔和舒缓的古典音乐，据说这样能够使人的大脑处于最佳的记忆状态。而在正式表演时则根据“剧情”的需要，用较大的声音播放其他精选的音乐，以强化表演者的印象。

(5)范例教学法。

范例教学即发端于1951年秋季蒂宾根会议。范例教学的主要倡导者是德国著名教育家、教学论专家瓦根舍因和克拉夫斯基，他们提出了若干范例教学的基本理论观点。研究认为，范例的基本特征有三个：即基本性、基础性和范例性。

范例教学的一般程序包括四个步骤。

①范例性地阐明“个”的阶段。

②范例性地阐明“类型”和“类”的阶段。

③范例性地掌握法则性、范畴性关系的阶段。

④范例性地获得关于世界(以及生活)关系的经验。

(6)非指导教学法。

罗杰斯提出了非指导性教学，这是由他的“非指导性治疗”演变过来的。根本目的在于，使学生通过自我反省活动及情感体验，在融洽的心理气氛中自由地表现自我、认识自我，最后达到改变自我、实现自我。罗杰斯强调，“非指导性”仅仅是对传统的指导性教学的否定，并不等于取消指导。传统的指导性教学是以教师为中心的，注重知识和技能，采取比较固定的步骤；而非指导性教学则以学生为中心，不重视技术，只重视态度，主要是移情性理解，无条件尊重和真诚。非指导教学重视作为个体的学生自己具有生长的可能性。在非指导教学中，教师的角色由指导者变成了促进者。

非指导教学的基本特征如下：

①极大地依赖于个体成长、健康与适应的内驱力，坚决排除各种有碍于学生成长和发展的障碍。

②强调情感因素，强调教学情境的情感方面而不是理智方面。要求教学要尽可能直接进入学生的情感世界，而不是借助理性的方法去干预或重组学生的情感。

③强调学生“此时此刻“的情形，而不关心他过去的情感和经验。

④强调人际接触和人际关系在教学中的地位。

2.教学工作实施的一般过程包括哪些基本环节？每一环节的实施应遵循哪些要求？

答：一般说，教学工作的实施，由备课、上课、作业布置和批改、课外辅导几个环节构成，这是迄今为止我国中小学教学工作实施最常见、最普遍的过程。

(1)备课。

备课是教学工作的基础，备好课是上好课的先决条件。备课的过程，是教师提高自身文化科学知识修养的过程，也是教师积累、总结教学经验和提高教学能力的过程。

备课主要从三个方面为上课做好准备。

①钻研教材。包括学习教学大纲（课程标准）、研究教科书、阅读与教学内容有关的参考材料。

②了解学生。学生既是教师教学的对象，更是全部教学活动的主体，成功的教学只能是建立在对于学生充分而正确了解的基础上。根据学生的发展现状和发展需求设计和实施教学，才可能获得良好的教学效果。了解学生应当是全面的。教师应当注意从多种渠道获得有关信息，除了平时在教学活动中的表现、日常的作业和考试检查成绩之外，还应当注意了解学生在课外的情况、校外的情况，尽可能使得对学生的了解全面可靠。

③设计教学过程。在钻研教材和了解学生的基础上，教师要设计教学活动如何进行，具体说，要完成学期（或学年）教学进度计划、单元（或课题）教学计划、课时教学计划（教案）三个计划的编写。

(2)上课。

上课是全部教学工作的中心环节,教学质量的高低,直接取决上课的水平。教师上课一定要有经过详细准备的教案,但上好课又不仅仅是有好的教案就足够的,相反,过分拘泥于教案可能会影响教学的效果。一般说,一节(次)好课应当符合以下标准。

①教学目的明确。

②教学内容正确。

③教学方法适当。

④教学过程紧凑。

⑤学生主体性充分发挥。

(3)作业的布置和批改。

作业的布置与批改是教学工作的有机组成部分,是上课的延续。学生作业分为课内和课外两种,学生作业的直接目的在于巩固所学内容。布置作业应当遵循下列要求:

①作业的内容,应当符合教学大纲(课程标准)和教科书的要求,作业的目的要明确,每项作业都有明确的意图,为学生知识的巩固、技能的训练服务。

②作业的分量要适当,要做到时间和难易适度,大多数学生经过一定努力能够独立完成,避免负担过重。

③布置作业时要有明确的要求,规定完成的时间。教师也应当根据具体情况对学生完成作业给予指导。

④对学生作业要认真、及时地批改。作业是教学活动的有机组成部分,通过批改作业,教师可以全面地了解学生情况,从而有效地调整自己的教学;而教师的批改结果是重要的信息,将这种信息反馈给学生,能够使他们清楚地知道自己的进步和错误。

(4)课外辅导。

课外辅导是教学工作的重要组成部分,是上课的补充和辅助,是适应学生个别差异、因材施教的主要途径和措施。在我国中小学主要采用班级授课制,而且班级规模通常较大的情况下,尤其应当重视并尽量做好这项工作。

课外辅导的内容通常包括：解答学生的各种问题，指导学生完成作业，为因各种原因成绩较差的学生补课并帮助他们克服学习上的困难，为成绩优秀且学有余力的学生进行个别指导等等。课外辅导主要以个别辅导和小组辅导两种形式进行。

八、综合分析题

答案要点：

这个案例运用了谈话法的教学方法。

谈话法是教师根据学生已有的知识经验，借助启发性问题，通过口头问答的方式，引导学生通过比较、分析、判断等思维活动获取知识的教学方法。谈话法的基本形式是学生在教师引导下通过独立思考进行学习。

谈话法的优点在于能够比较充分地激发学生的主动思维，促进学生的独立思考，对于学生智力的发展有积极作用，同时也有助于学生语言表达能力的锻炼和提高。谈话法的缺点是，与讲授法相比，完成同样的教学任务，它需要较多的时间。此外，当学生人数较多时，很难照顾到每一个学生。因此，谈话法经常与讲授法等其他方法配合使用。

教师运用谈话法，应当注意以下几点：

(1)做好充分的准备。围绕什么内容进行谈话、提出哪些问题、提问哪些学生，以及学生可能做出什么样的回答，怎样通过进一步的提问引导学生等等，教师都应当在事前周密考虑和安排。

(2)谈话要面向全体学生。尽管谈话只能在教师与个别学生之间进行，教师还是可以通过努力吸引所有的学生。首先，谈话的内容应当是能够引起全体学生注意的在教学中具有普遍性和重要性的问题。其次，教师应当尽可能使得谈话对象有代表性，比如选择不同层次的学生。最后，在谈话时适时加以适当的解释、说明作为补充。

(3)在谈话结束时进行总结。在谈话中学生的理解和掌握往往表达得不够准确精练，因此在谈话的最后阶段，教师应当用规范和科学的表述对学生通过谈话所获得的知识加以概括总结，从而强化他们的收获。

结合案例部分略。

第十章 学生集体与集体教育

本章考核要点

学生集体和集体教育是学校教育的一个重要课题，也是班主任和科任教师必须认真考虑的问题。能否形成良好的学生集体是进行教育的重要前提，也是中小学教育的重要目标之一。而集体教育正是形成良好学生集体的重要途径。

通过本章的学习，学习者应该正确地理解学生集体的概念，懂得学生集体的组织培养过程，了解学生集体的基本组织形式，领会班主任与班集体的相互关系。

本章首先要求学生了解集体和群体的概念的区别与联系，并认识到不同的群体对学生具有不同的影响。学生集体的教育作用表现为集体通过有机的组织对其成员施加教育影响；集体组织活动比教师个人对学生教育的范围大、内容丰富、方法多样灵活，学生易于接受；集体的教育影响是通过舆论实现的，集体舆论起着潜移默化的教育作用；在集体中，个体之间的相互影响使得人人都成为教育者。在此基础上，我们还应该了解学生集体发展的一般阶段，并掌握建立良好的学生集体的基本步骤和要求：善于向学生提出教育要求，树立明确的共同目标，建设一支好的学生干部队伍，培养健康的集体舆论。

其次，本章介绍了中小学校中常见的学生集体的基本组织形式，如班级、共青团和少先队等。包括班级组织建构的社会心理基础、班级组织建构的原则、班级组织的结构、班级文化；共青团的性质、基本任务、组织机构，团组织的教育功能；少先队的性质、任务、组织机构、活动形式和教育功能等。

再次，本章还阐述了班主任与班集体的相互关系。从班主任的作用上看，班主任是学校对学生教育管理的具体执行者，是班集体内教育和教学活动的核心，也是联系学校、家庭及社会的纽带，可以看出，班主任在班集体组织培养中的影响是很大的。作为学习者，我们需要了解班主任工作的目的和主要任务，并认识到集体对班主任工作也具有反作用。

综合练习题

一、填空题

1. ________是青少年学生学校生活的基本组织形式，是我国各级各类学校对学生进行教育的基本手段和方式。

2. 通过集体对学生进行自我管理和自我教育，培养________、________、________的能力，学习民主精神和民主集中制的方法，促进学生身心发展，这是学生集体所具有的基本功能。

3. 教育学取这种群体的含义，认为群体是具有________的共同体，群体中的成员是按某个或某些共同特征而结合在一起的，这些特征都与他们进行的共同活动和交往有关。

4. 人们情投意合、自愿结成的群体是________。

5. 集体是一个有意识地加以组织的群体，是具有________、________和________的整体。

6. 学生集体的形成要经历一系列不同的发展阶段。在集体形成的初始阶段，主要任务是________________。集体形成的第二阶段，集体已经初步建立了自己的核心和舆论。集体形成的第三阶段是________的阶段。

7. 建立良好集体应采取的一些基本手段和方法，这些方法包括：________、________、________________、________。

8. 培养学生干部，首先要有________，第二要________，第三要注意学生集体领导机构的经常变动，使集体中每个成员轮流地置于领导与被领导的地位。

9. 培养健康的舆论，首先要经常进行__________，第二要结合实际事例引导学生做出____________________，第三要注意__________，第四要特别重视教师__________的作用。

10. 班级组织建构应遵循以下原则：(1)__________，(2)__________，(3)__________。

11. 班级组织机构的微观建制的形式主要有以下三种：(1)__________，(2)__________，(3)__________。

12. 班级组织结构与班级组织机构不同，班级组织的结构主要包括(1)__________，(2)____________________，(3)__________。

13. 一般的情况下，班级是由以下三个层次构成：第一个层次，由__________组成，主要负责参与制定和执行班级工作计划，配合班主任完成班级的教育教学工作。第二个层次，由____________________组成，主要负责在第一个层次与第三个层次之间的沟通与联系工作。第三个层次，主要由__________组成，主要负责班级的一些具体的活动。

14. 教师与学生是通过教学活动联系起来的，从不同的角度来研究，教师与学生之间的关系的表现就会不同。从教育学的角度来研究，主要是一种__________的关系；从社会学的角度来研究，主要是一种__________之间的关系；从法学的角度来研究，主要是一种__________之间的关系。从认识论的角度来说，教师与学生之间的关系并非是一种简单的主客体的关系，教育的对象、目的、内容、方法的不同，都会影响到师生之间的角色转换。

15. 班级是由学生构成的，班级文化与学生文化皆是学校亚文化的重要组成部分，二者既有相同之处，又有区别。国外学者把学生文化主要归结为三种：__________、__________和____________________。

16. 共青团具有如下特点：第一，__________；第二，__________；第三，__________。

17. 共青团基本任务是__________。

18. 共青团组织的教育功能包括以下几个方面：(1)__________的功能，(2)__________的功能，(3)__________的功能。

19. 少先队的活动形式是多种多样的，归纳起来，大致可以分为以下几种：（1）__________，（2）__________，（3）__________，（4）__________。

20. 少先队活动的阵地形式有很多，一般情况下可以分为以下四种：(1)__________，(2)__________，(3)__________，(4)__________。

21. __________是中小学最主要的学生集体组织形式，也是学校进行教育教学活动的基本单位。

22. 在中小学教育工作中，班主任起着举足轻重的作用，具体看来，这种重要性主要体现在以下三方面：(1)__________，(2)__________，(3)__________。

23. 班主任的多重角色决定其工作任务繁重而复杂。但从其工作的目的出发，班主任工作的任务最重要的应包括如下两方面内容：__________是班主任工作的首要任务，__________是班主任工作的中心任务。

24. 班主任除了组建一个良好的班集体外，还特别需要关注以下几方面工作：培养__________；在学生中树立__________；指导本班班委会、共青团、少年先锋队组织的工作；通过合理地组织安排学生的体育锻炼及卫生保健活动，教育学生遵守卫生制度，养成良好的卫生习惯，并进行生理卫生、心理卫生常识教育，促成学生身心健康发展；__________；做好与本班学生家长的联系工作。

二、单项选择题

1. 以下不属于正式群体的是（　）。

A. 同乡会

B. 班级

C. 共青团组织和少先队组织

D. 学生会

2. 在集体发展的几个阶段中，集体真正成为教育手段的阶段是（　）。

A. 集体形成的初始阶段

B. 集体形成的初步建立阶段

C. 集体发展趋于成熟和和谐阶段

D. 以上都不是

3. 班级组织机构的微观建制的形式有很多种，其中的一种形式的结构图式如下：班主任——班长——组长——学生。这种班级组织机构属于（　）。

A. 直线式　　B. 职能式

C. 直线职能式　　D. 以上都不是

4. 我国多数中小学的班级组织机构的建构属于（　）。

A. 直线式　　B. 职能式

C. 直线职能式　　D. 以上都不是

5.（　）是共青团工作和活动的基本单位，是团的最基层一级组织。

A. 团支部　　B. 团总支

C. 支部委员会　　D. 团员大会

6. 以下不属于少先队活动的阵地形式的是（　）。

A. 少先队室　　B. 少先队报

C. 红领巾广播站　　D. 瞻仰烈士陵园

7. 以下不属于班主任对本班团、队的工作要求是（　）。

A. 指导团、队组织，要从本班的具体情况出发，完成上级团、队组织的基本任务

B. 班主任要尽可能参加本班的团队会议

C. 任免团、队干部，提高思想觉悟和工作能力

D. 班主任要指导超龄队员积极入团，指导超龄团员努力入党，帮助他们树立正确的人生观

三、多项选择题

1. 学生集体在教育工作中的作用主要表现为（　）。

A. 集体通过有机的组织对其成员施加教育影响，可以起到教师个人起不到的作用

B. 集体组织活动比教师个人对学生教育的范围大、内容丰富、

方法多样灵活，学生易于接受

C. 集体的教育影响是通过舆论实现的，集体舆论起着潜移默化的教育作用

D. 在集体中，个体之间的相互影响使得人人都成为教育者

2. 班主任建立良好集体可以采取的基本手段和方法包括（　　）。

A. 善于向学生提出教育要求

B. 树立明确的共同目标

C. 建设一支好的学生干部队伍

D. 培养健康的集体舆论

3. 培养班干部是班主任的一项重要职责。培养班干部，班主任应该做到（　　）。

A. 严格的要求

B. 耐心引导

C. 注意学生集体领导机构的经常变动

D. 注意保持教师的绝对权威

4. 班主任在培养班集体健康的集体舆论时应该做到（　　）。

A. 经常进行正面教育

B. 结合实际事例引导学生做出正确评价

C. 注意控制各种信息

D. 特别重视教师言传身教的作用

5. 班级组织建构应当坚持哪些原则？（　）

A. 有利于教育的原则

B. 目标一致的原则

C. 有利于身心发展的原则

D. 小规模原则

6. 班级组织机构是班级组织结构形成的基础与前提。班级组织机构的微观建制的形式主要有以下几种（　　）。

A. 层叠式　　　　B. 直线式

C. 职能式　　　　D. 直线职能式

7. 共青团具有如下特点（　　）。

A. 先进性　　　　　　　　　B. 群众性

C. 参与性　　　　　　　　　D. 实践性

8. 少先队的活动形式主要有(　　)。

A. 队会

B. 参观、访问和社会调查

C. 游戏

D. 少先队的阵地活动

9. 组建班集体是班主任智慧发挥之所在,所以其方法应该是不拘一格。但是通常情况下,如下哪些工作环节还是被认为是必需的?(　　)

A. 建立组织

B. 对全班同学提出共同的奋斗目标

C. 制定规章制度

D. 树立正确的集体舆论

10. 班主任对本班团、队的工作要求应该包括(　　)。

A. 指导团、队组织,要从本班的具体情况出发,完成上级团、队组织的基本任务

B. 班主任要尽可能参加本班的团、队会议

C. 关心和帮助团、队干部提高思想觉悟和工作能力

D. 班主任要指导超龄队员积极入团,指导超龄团员努力入党,帮助他们树立正确的人生观

11. 班主任对班委会的工作要求是(　　)。

A. 认真培养和慎重选择班干部

B. 领导班委会制定工作计划

C. 对班干部既要严格要求,又要具体指导

D. 指导班委会成员的学习和生活

12. 目前,在义务教育阶段,班主任评定学生操行应该主要采用哪一种形式?(　　)

A. 撰写评语　　　　　　　B. 评定操行等级

C. 记分法　　　　　　　　D. 分数排行法

四、判断题

1. 学生集体是学校教育的基本方法和手段，但它本身不是教育的目的。（ ）

2. 教育学中的群体是指具有组织特征的人的共同体，群体中的成员是按某个或某些共同特征而结合在一起的，这些特征都与他们进行的共同活动和交往有关。（ ）

3. 集体是群体发展的高级形式，任何组织起来的群体，例如幼儿园的学前儿童班组、中小学的班级等等，只有符合一定的要求才能成为集体。（ ）

4. 良好的集体本身就具有巨大的教育力量。（ ）

5. 在集体初步形成阶段，集体就开始成为真正的教育手段，集体本身作为主体，向每个成员提出自己的奋斗目标和要求，并团结全体成员为达到共同的目标而进行有组织的顽强努力。（ ）

6. 班级是学生发展的一面镜子，它通过群体作用在镜子中所形成的影像，即班级组织的镜像，在教育教学过程中发挥着重要的作用。（ ）

7. 班级组织的镜像具有两种功能，一种功能是使班集体中的每一个学生产生文化认同，另一种功能是个体能够在对群体认知的基础上产生自我异化。（ ）

8. 在我国中小学班级组织的建构多数都属于直线式的建制形式。（ ）

9. 在班级组织机构建设中，关键性的班级干部职务应当采取轮换制的办法，尽量使每一个同学都有一个能够得到成长与锻炼的机会。（ ）

10. 共青团与少先队的基本任务都是为共产主义事业培养接班人，但是共青团对青年的培养更加注重思想性、理论性与实践性。（ ）

11. 团总支是团的基层组织之一。根据团章的规定，团员在50人以上的单位可以建立总支部。如果实际工作需要，团员在30人以上的单位也可以建立总支部。（ ）

12. 根据少先队章程中的规定："凡是 6 周岁到 12 周岁的少年儿童，愿意参加少先队，愿意遵守队章，向中队委员会申请，经中队委员会批准，就成为队员。"（　）

13. 少先队基层组织一般建立在初中和小学里，分别设为大队、中队、小队三个组织层级。（　）

14. 少先队阵地活动是指在少先队组织建设的过程中以阵地的形式经常开展的活动。少先队活动的阵地形式有很多，一般情况下可以分为以下四种：少先队室、少先队报、红领巾广播站、中队活动角。（　）

15. 在普通中小学中，班主任评定学生操行有三种形式：撰写评语；评定操行等级，如优、良、及格、不及格；记分法。目前，在义务教育阶段，班主任大多采取第一种与第三种相结合的办法，而在高中阶段，前两种方法较普及。（　）

16. 良好班集体一旦形成，它就会成为教育影响班内每个学生的巨大力量，同时良好的班集体对班主任工作也有反作用。（　）

17. 学生集体是否形成了健康的舆论，这是集体成熟的重要标志。（　）

18. 有利于教育的原则是班级组织建立的一条首要的原则，当其他的原则与其发生冲突的时候，其他原则都必须无条件地服从这一原则。（　）

五、名词解释

1. 学生集体
2. 群体
3. 非正式群体
4. 集体
5. 班级
6. 少先队的阵地活动
7. 班主任

六、简答题

1. 学生集体的教育作用有哪些？

2. 学生集体的发展需要经历哪些阶段？

3. 班主任如何培养班干部？

4. 班主任如何培养班级健康的集体舆论？

5. 班级组织建构应该坚持哪些基本原则？

6. 班级组织的结构包括哪些方面？

7. 与行政组织相比，班级组织活动有哪些特殊性？

8. 简述共青团组织的教育功能。

9. 简述少先队的活动形式。

10. 在中小学教育中，班主任工作的重要性表现在哪些方面？

11. 班主任如何促进班集体全体成员的全面发展？

12. 班主任如何促进班级形成良好的学习风气？

13. 班主任如何做好家长工作？

七、论述题

1. 试论述班主任如何培养一个良好的学生集体。

2. 试论述班主任工作的主要任务。

八、综合分析题

试分析以下案例：

有个班级，一个同学拿出一瓶墨水放在教室里，并写了一张纸条："当你的钢笔没墨水时，可以用这墨水。"下面署名"你的同学"。此后，班里经常出现类似的好人好事。

这说明，集体成员之间的友谊，比、学、赶、帮的力量，是老师个人力量根本不可比拟的。如果一个学校或班级没有形成一个团结一致、组织健全的集体，则任何教育努力都不会取得明显效果。请你结合实际谈一谈学生集体在教育工作中究竟具有哪些作用，这些作用是如何发挥出来的？

参考答案

一、填空题

1. 学生集体

2. 自主　自立　自治

3. 组织特征的人

4. 非正式群体

5. 共同规范　共同活动目的　共同活动组织

6. 组织和团结集体　集体发展趋于成熟并和谐发展

7. 善于向学生提出教育要求　树立明确的共同目标　建设一支好的学生干部队伍　培养健康的集体舆论

8. 严格的要求　耐心引导

9. 正面教育　正确评价　控制各种信息　言传身教

10. 有利于教育的原则　目标一致的原则　有利于身心发展的原则

11. 直线式　职能式　直线职能式

12. 职权结构　角色结构　师生关系结构和生生关系结构

13. 班长、小队长或团支书　各个委员　行政组长

14. 教育与被教育　社会化与反社会化　权利与义务

15. 学术亚文化　娱乐亚文化　违法亚文化

16. 先进性　群众性　实践性

17. 用马列主义、毛泽东思想和现代科学文化知识武装青年，引导青年在建设现代化强国的事业中锻炼成长，把我国青年培养成为共产主义事业的接班人

18. 政治思想教育　思想品德教育　协助教师与班委会组织实施教学

19. 队会　参观、访问和社会调查　游戏　少先队的阵地活动

20. 少先队活动室　少先队报　红领巾广播站　中队活动角

21. 班集体

22. 学校对学生教育管理的具体执行者　班集体内教育和教学活动的核心　联系学校、家庭及社会的纽带

23. 组织建立良好的班集体　促进班集体全体成员的全面发展

24. 学生自立、自策、自勉的精神和民主作风　热爱科学、勤奋学习的良好风气　评定学生操行

二、单项选择题

1. A　2. C　3. A　4. C　5. A
6. D　7. C

三、多项选择题

1. ABCD　2. ABCD　3. ABC　4. ABCD
5. ABC　6. BCD　7. ABD　8. ABCD
9. ABCD　10. ABCD　11. ABC　12. AB

四、判断题

1. ×　2. √　3. √　4. √　5. ×
6. √　7. √　8. ×　9. ×　10. √
11. √　12. ×　13. √　14. √　15. ×
16. √　17. √　18. √

五、名词解释

1. 学生集体：是青少年学生学校生活的基本组织形式，是我国各级各类学校对学生进行教育的基本手段和方式。通过集体对学生进行自我管理和自我教育，培养自主、自立、自治的能力，学习民主精神和民主集中制的方法，促进学生身心发展，这是学生集体所具有的基本功能。

2. 群体：这一概念有广义和狭义之分。广义的“群体”概念认为群体是按某些共同特征，例如一定的出身、成分、年龄、职业、社会地位等特征而划分的人类共同体。

狭义的“群体”概念则是指由于某种共同的社会活动和交往需要而结合起来的具有组织特征的联合体，参加到这种联合体之中的人们都在不同的程度上发生组织上的相互联系和接触。

教育学中的群体是具有组织特征的人的共同体，群体中的成员是按某个或某些共同特征而结合在一起的，这些特征都与他们进行的共同活动和交往有关。

3.非正式群体：与正式的社会群体不同，它是人们情投意合、自愿结成的群体。非正式群体是自发的、没有形式化的组织的群体，它以人们之间的性格、志向、兴趣、感情等心理的、精神的因素为基础，因此一旦形成就具有很大的内聚力和吸引力，对学生的成长影响极大。

4.集体：是一个有意识地加以组织的群体，是具有共同规范、共同活动目的和共同活动组织的整体。

5.班级：是学校里班和级的总称。这里的班具有“群”与“组”的含义，级具有“层次”与“等级”的含义。从这个角度去理解，班级在教育学中的含义是指依据一定的标准，将程度相同或相近的学生聚集在一起，并对其进行统一内容教学的一种组织形式。

6.少先队的阵地活动：是指在少先队组织建设的过程中以阵地的形式经常开展的活动。少先队活动的阵地形式有很多，一般情况下可以分为以下四种：少先队室、少先队报、红领巾广播站、中队活动角。

7.班主任：是班集体的教育者、组织者与领导者。班主任工作是班级授课制这一教学组织形式下，为了对一个班级的学生有效地进行教育管理所专门设置的教师职务。

六、简答题

1.学生集体的教育作用有哪些？

答：学生集体的教育作用主要有：

(1)集体通过有机的组织对其成员施加教育影响，可以起到教师个人起不到的作用。

(2)集体组织活动比教师个人对学生教育的范围大、内容丰富、方法多样灵活，学生易于接受。

(3)集体的教育影响是通过舆论实现的,集体舆论起着潜移默化的教育作用。

(4)在集体中,个体之间的相互影响使得人人都成为教育者。

2.学生集体的发展需要经历哪些阶段?

答:学生集体是一个经过专门组织而形成的学生联合体,它不是一下子就能形成的,学生集体的形成要经历一系列不同的发展阶段。

(1)在集体形成的初始阶段,主要任务是组织和团结集体。在这个阶段,还没有形成集体的核心和集体舆论,集体成员之间也还没有形成正常的相互关系。这时,教师对学生提出的各种要求具有特殊的意义,这种外在的要求是组织和团结集体的必要手段。在每个集体最初形成的时候,有时甚至要以不容反对的方式对集体提出要求。

(2)集体形成的第二阶段,积极分子开始接连转到教师这方面来,自觉地维护纪律的男女学生开始组织在教师周围,这意味着集体已经初步建立了自己的核心和舆论,集体成员之间也初步建立起领导与服从、责任与检查、互助与互谅等基本的相互关系准则。全体少年儿童为了取得工作成绩而进行共同努力。

(3)集体形成的第三阶段是集体发展趋于成熟并和谐发展的阶段。这时,集体开始成为真正的教育手段。集体本身作为主体,向每个成员提出自己的奋斗目标和要求,并团结全体成员为达到共同的目标而进行有组织的顽强努力。集体关心着每一个人,个人关心着集体。在第一阶段中那种对个人利益的暂时压制已经消失,集体的基本目的是满足每个人的正当利益,真正成为个人全面发展的客观条件。

由上可知,学生集体的发展要经历一个辩证发展的过程,最终才成为教育的有效手段。在集体发展的不同阶段,由于特点的不同,对集体进行教育和建设的手段和方式是不同的。

3.班主任如何培养班干部?

答:培养班干部,班主任应该做到:

(1)培养学生干部,首先要有严格的要求。要教育干部与同学平等相处,避免产生优越感。

(2)要耐心引导。学生干部也是学生,他们与同学一样都是未成年的孩子，出现一些缺点是不可免的，千万不要急躁，提出不切实际的要求，也不要事事包办代替，对小干部们一百个不放心。要大胆放手，培养他们独立工作的能力，让他们在实践中学会独立地去做工作。

(3)要注意学生集体领导机构的经常变动，使集体中每个成员轮流地置于领导与被领导的地位。这样做既扩大了学生积极分子的队伍，使更多的人有实际锻炼的机会，同时也使学生干部具有处理各种社会关系的实际本领。

4.班主任如何培养班级健康的集体舆论？

答：培养健康的舆论，班主任应该做到：

(1)要经常进行正面教育，使学生对是非、善恶、美丑、荣辱有正面的认识。

(2)要结合实际事例引导学生做出正确评价。

(3)要注意控制各种信息，表扬和宣传积极的共产主义思想行为，对消极落后的言行，要正确引导学生认识，并加以抵制。

(4)要特别重视教师言传身教的作用。少年儿童模仿力强，对老师最崇拜、最尊敬。某种程度上，教师在他们心目中是真理的化身，因此，教师的言行对集体舆论的建立起着重要的作用。

5.班级组织建构应该坚持哪些基本原则？

答：班级组织建构应该坚持如下基本原则：

(1)有利于教育的原则。有利于教育的原则是班级组织建立的一条首要的原则。当其他的原则与其发生冲突的时候，其他原则都必须无条件地服从这一原则。班级组织的建立；必须有利于教育、教学活动的开展，任何影响教育、教学活动开展的举措，都不能作为班级组织建构原则的基础。

(2)目标一致的原则。组建班级的建构很重要一点，就是被组建的人群在基本目标上应该是一致的。

(3)有利于身心发展的原则。青少年儿童的身心正处于发展时期，班级组织的建构，不仅要有利于教育、教学活动的实施，而且还应该有利于青少年儿童身心的健康发展。

6.班级组织的结构包括哪些方面？

答:班级组织的结构主要包括:职权结构、角色结构、师生关系结构和生生关系结构。

(1)职权结构。

班级组织的建立在某种程度上也符合理性科层制的特点:即层次分明、制度严格、权责明确。班级一般的情况下是由三个层次构成:第一个层次,由班长、小队长或团支书组成;第二个层次,由各个委员组成(学习委员、生活委员、体育委员、宣传委员、组织委员等);第三个层次,主要由行政组长组成,主要负责班级的一些具体的活动。但是,班级组织与行政组织又有所不同,具体表现在班级的组织机构的松散性,以及组织层次跨度大等方面。因此,班级组织活动的开展具有一定的特殊性。

(2)角色结构。

角色从某种角度来说,意味着是一种责任,一种义务。职权与责任是统一的,因此职权与角色也应该是统一的。即有什么样的职权相应的就会承担什么样的角色,反过来,承担什么样的角色,相应的就会拥有什么样的义务。如何合理地发挥班级干部各种角色的作用,使他们既受到了锻炼,又不影响学习,同时又保持良好的心态,是在当今学校班级组织工作建设中一项重要的课题。

(3)师生关系。

教师与学生是通过教学活动联系起来的,从不同的角度来研究,教师与学生之间的关系的表现就会不同。但不管如何进行转换,都必须保证以发挥学生的主体性作用为前提。只有这样,才能在师生之间形成真正的尊重平等,才能真正地有利于发挥与培养学生的创造性,才能有效地实施素质教育。

(4)生生关系。

在班级组织成员之间,由于利益冲突不大,个体间目标的一致性较高,再加上学生的身心正处于发展时期,教育的目标是使其从善,而非使其从恶,因此,一般的情况下,同学之间的矛盾很难激化。但是,不管是否被激化,在其他群体成员中所存在的矛盾关系在同学之间也是存在的,如性别关系、工作关系、学习关系、交往关系等等。也正是由于有这些关系的存在,才使得学生在学校与班级中能够经历一个比较完整的社会化的过程,由一个自然人不断地向社会人的方向成长与发展。

7.与行政组织相比,班级组织活动有哪些特殊性?

答:班级组织与行政组织不同,具体表现在班级的组织机构的松散性,以及组织层次跨度大等方面。因此,班级组织活动的开展具有一定的特殊性。

(1)班级组织活动的开展应该以批评与教育为主,尽可能少用或不用具有一定强制性的惩罚措施,特别要严禁体罚、降级、降职、开除等惩罚性措施。

(2)班级组织活动应该以弘扬学生的主体精神为主。因此,无论在课堂教学,还是在班级组织的其他活动过程中,都要真正落实学生的主体性地位,教师与学生之间、学生与学生之间的角色定位要适当。

(3)班级是锻炼与培养学生的一种重要途径,学生组织活动的能力、协调人际关系的能力、与同辈群体友好相处的能力等,都是通过班级的途径培养出来的。因此,在班级组织机构建设中,一些非关键性的班级干部职务应当采取轮换制的办法,尽量使每一个同学都有一个能够得到成长与锻炼的机会。从这一点来说,班级组织机构的稳定性,也不如其他的组织机构那样稳定。

8.简述共青团组织的教育功能。

答:共青团组织有如下教育功能:

(1)政治思想教育的功能。

共青团是在中国共产党领导下的先进青年组织。这个组织的主要目的就是要使每一个成员都能够树立坚定的共产主义信念,树立国家利益与民族利益的观点,善于同一切反对共产主义、反对社会主义建设的行为进行斗争,以保证国家利益与民族利益的彻底实现。

(2)思想品德教育的功能。

作为要求加入共青团组织的个人,他们不仅要学习好,工作好,而且更重要的是道德品质要好。道德品质是衡量青年人是否能够加入共青团组织的必要因素。如果一个人道德品质不好,即使其他的方面表现再出色,那么也不会被共青团所吸收。青年人要想加入共青团组织,就必须朝着这个目标努力。这有利于青年人在思想上有效地形成上进心。另外，共青团还可以通过组织多种多样的课外活动，来提高青年团员的思想认识与觉悟水平，从而促进他们道德水平的不断提高。

(3)协助教师与班委会组织实施教学的功能。

教学是学校的中心任务，共青团作为在学校中设立的一种先进组织，其活动的开展是与学校的教育、教学活动分不开的。共青团员要带头执行学校教育、教学纪律，刻苦学习，争当优秀。同时，支部委员会的成员也应该积极地配合班主任与班委会开展好教育、教学工作。

9. 简述少先队的活动形式。

答：少先队的活动形式是多种多样的，归纳起来，大致可以分为以下几种：

(1)队会。

这是少先队集体活动的重要形式，是全体队员必须参加的集会。队会可以分为一般队会和主题队会。

(2)参观、访问和社会调查。

这是引导少年儿童了解社会、认识社会的直观活动。活动的目的是使少年儿童开阔眼界、增加实际感受、丰富感性认识，从中受到教育。应按照教育的要求来安排参观访问和社会调查的内容。

(3)游戏。

游戏是少年儿童最喜欢的一种活动，它具有竞争性、趣味性、知识性等特点。少先队的各种活动都是结合着少年儿童的身心发展特点以及教育、教学规律的要求来进行的。通过各种各样游戏活动的开展，不仅使少年儿童开阔了眼界、掌握了知识、提高了思想道德水平，而且增强了少先队在少年儿童群体中的亲合力，使得少先队能够在少年儿童群体中永远保持旺盛的生命力，成为少年儿童最信服、最向往的一种组织。

(4)少先队的阵地活动。

少先队阵地活动是指在少先队组织建设的过程中以阵地的形式经常开展的活动。少先队活动的阵地形式有很多，一般情况下可以分为以下四种：少先队室、少先队报、红领巾广播站、中队活动角。

10. 在中小学教育中，班主任工作的重要性表现在哪些方面？

答：在中小学教育工作中，班主任起着举足轻重的作用，具体看来，这种重要性主要体现在以下三方面：

(1)班主任是学校对学生教育管理的具体执行者；

(2)班主任是班集体内教育和教学活动的核心；

(3)班主任是联系学校、家庭及社会的纽带。

11. 班主任如何促进班集体全体成员的全面发展？

答：协调各方面力量，促进全班学生全面健康发展是班主任工作的最终目的，也是其工作的中心任务。为了使每个学生都能在原有基础上获得进步与提高，班主任除了组建一个良好的班集体外，还特别需要关注以下几方面工作：

(1)培养学生自立、自策、自勉的精神和民主作风；

(2)在学生中树立热爱科学、勤奋学习的良好风气；

(3)指导本班班委会、共青团、少年先锋队组织的工作；

(4)通过合理地组织安排学生的体育锻炼及卫生保健活动，教育学生遵守卫生制度，养成良好的卫生习惯，并进行生理卫生、心理卫生常识教育，促成学生身心健康发展；

(5)评定学生操行；

(6)做好与本班学生家长的联系工作。

12. 班主任如何促进班级形成良好的学习风气？

答：学习是学生的首要任务，因而培养班集体的良好学习风气是班主任的基本任务之一。良好的学习风气不是一朝一夕就可以形成的，它需要班主任不断地教育与培养。在具体工作中，班主任要做好如下几方面的工作：

(1)班主任要帮助学生端正学习态度，明确学习目的，提高学习的自觉性。

(2)班主任要经常了解学生的学习情况，掌握学生学习成绩的变化。

(3)班主任要建立完善的学习制度，培养学生良好的学习习惯。

(4)班主任要帮助学生合理支配课余时间。班主任尤其要关心学生的课外活动，注意引导学生的课外小组活动。

(5)班主任要团结学校、科任教师、家长，共同做好本班的教学工作。

13. 班主任如何做好家长工作？

答：班主任做好家长工作的基本要求是：

(1)班主任进行学生家庭访问要有目的、有计划、有重点。

(2)在与家长联系过程中，要将学生在校的学习、生活各方面的情况向家长介绍，同时向家长提出建议和执行办法。

(3)班主任要努力发现家长中懂教育也关心教育的积极分子，依靠他们做好本班其他学生家长的工作。

七、论述题

1. 试论述班主任如何培养一个良好的学生集体。

答：培养一个良好的学生集体，班主任应该做到如下几点：

(1)善于向学生提出教育要求。

对学生提出教育要求，有助于很快地整顿学生集体的秩序和纪律，使刚刚建立起来的集体迅速走上正轨。同时，对学生提出要求有助于激发教育过程中的内部矛盾，促使学生集体以及每个成员的发展。

教师在提出要求时要注意循序渐进、量力而行，不能一下子提出过多要求。要分析主要矛盾和次要矛盾，确定要求的重点，要求的数量和难度都应适中，并且不妨碍学生的独立自主性。另外，教师所提的任何一个教育要求都必须得到全体学生的支持。只有这样，学生对教师所提的要求才更容易听从，从而起到预期的教育效果。

(2)树立明确的共同目标。

学生集体的奋斗目标首先要符合社会发展的方向，符合我国的教育目的。其次，要有针对性，能从每个学生的实际出发，有的放矢地提高集体的实际水平，过高或过低的目标都不可能起到鼓舞和激励的作用。再次，目标应具有吸引力、时代感，能鼓舞全体成员为达到目标而努力奋进。

实现目标首先要使全体成员都成为集体的主人，积极参与制定目标，做“编剧”和“导演”，不要仅仅让他们服从分配，被动当演员。其次，必须引导大家踏踏实实从点滴做起，当“主人”不当“观众”。再次，应加强宣传教育工作，以正面教育打开局面，并随时宣传大家为实现目标所做出的每一点努力，使每一个成员都感受到成功的欢乐，以增强实现目标的信心。

(3)建设一支好的学生干部队伍。

学生干部在集体中负有领导和指挥的责任，因此，要放手让他们挑起领导和指挥的担子。同时，要看到学生干部的主要任务还是学习，通过当干部，一要学习为群众服务的思想品质，二要锻炼做社会工作的才能。

培养学生干部，首先要有严格的要求；第二要耐心引导；第三要注意学生集体领导机构的经常变动，使集体中每个成员轮流地置于领导与被领导的地位。

(4)培养健康的集体舆论。

学生集体是否形成了健康的舆论，这是集体成熟的重要标志。

培养健康的舆论，首先，要经常进行正面教育，使学生对是非、善恶、美丑、荣辱有正面的认识。第二，要结合实际事例引导学生做出正确评价。第三，要注意控制各种信息，表扬和宣传积极的共产主义思想行为，对消极落后的言行，要正确引导学生认识，并加以抵制。第四，要特别重视教师言传身教的作用。少年儿童模仿力强，对老师最崇拜、最尊敬。某种程度上，教师在他们心目中是真理的化身，因此，教师的言行对集体舆论的建立起着重要的作用。

2.试论述班主任工作的主要任务。

答：班主任的多重角色决定其工作任务繁重而复杂。但从其工作的目的出发，班主任工作的任务最重要的应包括如下两方面内容：

(1)组织建立良好的班集体是班主任工作的首要任务。

班集体不仅是学校进行教育教学的基本单位，而且是学生成长的摇篮、活动的基地、自我教育的课堂。因此，每位班主任在接手一个班级后，都把组织建立班集体作为自己工作的首要任务。建立良好的班集体是班主任的一项重要工作，并且是一项科学性很强的工作。组建班集体是班主任智慧发挥之所在，所以其方法应该是不拘一格。但是通常情况下，这些环节还是所必需的，即：建立组织、对全班同学提出共同的奋斗目标、制定规章制度、树立正确的集体舆论等。

(2)促进班集体全体成员的全面发展是班主任工作的中心任务。

协调各方面力量，促进全班学生全面健康发展是班主任工作的最终目的，也是其工作的中心任务。为了使每个学生都能在原有基础上获得进步与提高，班主任除了组建一个良好的班集体外，还特别需要关注以下几方面工作：

①培养学生自立、自策、自勉的精神和民主作风；

②在学生中树立热爱科学、勤奋学习的良好风气；

③指导本班班委会、共青团、少年先锋队组织的工作；

④通过合理地组织安排学生的体育锻炼及卫生保健活动，教育学生遵守卫生制度，养成良好的卫生习惯，并进行生理卫生、心理卫生常识教育，促成学生身心健康发展；

⑤评定学生操行；

⑥做好与本班学生家长的联系工作。

八、综合分析题

答案要点：

学生集体主要起如下作用。

(1)集体通过有机的组织对其成员施加教育影响，可以起到教师个人起不到的作用。

集体是一个有机的组织，是按照民主集中制的原则组织起来的。每个少年儿童都是集体中的一个成员，在集体内部有领导和被领导的关系，相互之间有责任的依从和制约的关系。学生可以在集体里学习如何处理个人与集体和个人与个人之间的关系。在集体中，经常性的以共同利益为基础的集体活动是形成集体主义思想的基础。集体的实践活动可以使集体主义思想认识变为个体的体验，多次肯定性的体验，有利于促进认识转化为信念，从而成为推动学生养成良好行为的内动力。

(2)集体组织活动比教师个人对学生教育的范围大、内容丰富、方法多样灵活，学生易于接受。

丰富多彩的集体活动会从认识、情感、意志、行为等多方面教育感染学生。中小学学生的集体活动包括学习活动、劳动活动、各种社会活动以及游戏活动等基本形式。集体活动是促使学生学习和掌握社会经验的主要手段。所有的学生都要学习，同时当好组织者和执行者的角色，为达到共同目的而进行有纪律、有组织的持续努力。在这种情况下，集体不是限制个人发展，而是实现着个人品质的多方面发展，因而成为教育的一个有效手段。

(3)集体的教育影响是通过舆论实现的，集体舆论起着潜移默化的教育作用。

舆论在教育上的作用靠的不是行政手段，而是人们内心的信念，是受教育者的自我教育。健康的舆论在集体里对每个成员都具有无形的教育作用。必须强调指出的是，集体舆论虽有重要的教育作用，但它并不是惟一的教育手段。集体舆论的效果和作用取决于集体的质量及其发展水平，如果没有形成真正的集体，也就不会有真正的集体舆论。

(4)在集体中，个体之间的相互影响使得人人都成为教育者。

集体成员在不断交往的过程中，每个人的行动都会随时影响其他成员。从这个意义上说，集体的每一个成员都是教育者，每个人都是其他人的教育对象。也就是说，每个人都是集体的教育对象，又都能教育和影响集体。当他们作为教育对象时，他们是教育的客体；当他们教育和影响集体时，他们又都是教育的主体。

结合实际部分略。

第十一章　学校咨询与辅导

本章考核要点

学校咨询与辅导是中小学教育的重要辅助手段，也是我国中小学教育中比较薄弱的教育环节。通过本章的学习，了解学校咨询与辅导的历史发展概况、学校咨询与辅导的基本任务以及学校咨询与辅导的主要工作，懂得学校咨询与辅导的目标与方法，掌握咨询与会谈的一般过程与方法。

本章内容分为两部分。首先，是对学校咨询与辅导进行概述。在这一部分内容中，学习者应该对学校咨询与辅导的发展的几个阶段有初步的认识，还应该了解学校咨询与辅导的基本任务包括干预与矫正、预防与发展，并掌握学校咨询与辅导的主要工作的内容：针对学生的个别问题提供心理咨询服务、在班级中开展以心理卫生为主要内容的课程辅导、为其他教师以及家长担任顾问或间接咨询、配合学校教育需要开展必要的心理测评工作、协调学校和社区资源。

其次，学习者需要简单了解对学生的咨询工作的目标和原则，掌握咨询会谈的一般过程，并熟悉对学生咨询的主要方法：着重调整情感的方法、着重训练行为的方法、着重改变认知的方法、游戏及艺术活动的运用以及如何运用团体咨询，并注意咨询过程中环境因素的作用等。

综合练习题

一、填空题

1. 学校咨询与辅导主要的工作包括：(1)＿＿＿＿＿；(2)＿＿＿＿＿；(3)＿＿＿＿＿；(4)＿＿＿＿＿；协调学校和社区咨询。

2. 现代的学校咨询与辅导起源于20世纪初美国的“＿＿＿＿＿”。

3. 学校咨询的任务是多层次的，一般可分为(1)＿＿＿＿＿；(2)＿＿＿＿＿；(3)＿＿＿＿＿＿＿＿＿＿。

4. 咨询活动要应当把握以下几方面的原则：(1)＿＿＿＿＿；(2)＿＿＿＿＿；(3)＿＿＿＿＿＿＿＿＿＿；(4)＿＿＿＿＿。

5. 咨询会谈过程一般包括以下阶段：(1)＿＿＿＿＿；(2)＿＿＿＿＿；(3)＿＿＿＿＿；(4)＿＿＿＿＿；(5)＿＿＿＿＿。

6. 咨询的具体方法或模式有许许多多，其中着重训练行为的方法主要有：(1)＿＿＿＿＿；(2)＿＿＿＿＿；(3)＿＿＿＿＿。

7. 咨询者在运用调整情感的方法来对学生进行咨询时，应该做到：＿＿＿＿＿；＿＿＿＿＿；咨询者可以更进一步指导学生进行某种＿＿＿＿＿。

8. 不合理的认识的主要包括以下方面：(1)＿＿＿＿＿；(2)＿＿＿＿＿；(3)＿＿＿＿＿。

9. 团体咨询的优点在于：(1)＿＿＿＿＿；(2)＿＿＿＿＿；(3)＿＿＿＿＿；(4)＿＿＿＿＿＿＿＿＿＿。

10. ＿＿＿＿＿是澄清问题的主要途径，咨询者应当特别注意和学生交流的方式方法。

11. 干预和矫治的任务主要是通过心理咨询活动完成的。主要的方式有＿＿＿＿＿、＿＿＿＿＿、电话咨询及通信咨询等等。

二、不定项选择题

1. 目前在学校咨询当中，常用的咨询和辅导模式有(　　)。

A. 指导的模式　　　　B. 治疗的模式

C. 发展的模式　　　　D. 评价的模式

2. 学校咨询的任务是多层次的，以下属于学校咨询任务的是(　　)。

A. 缺陷矫正　　　　B. 早期干预

C. 问题预防　　　　D. 发展指导

3. 为了防止考试焦虑症的发生，学校咨询人员可以提前较长时间就对这些学生进行集体辅导，讲授自我放松、缓解紧张的方法，这属于以下咨询环节的(　　)。

A. 缺陷矫正　　　　B. 早期干预

C. 问题预防　　　　D. 发展指导

4. 学校咨询与辅导的主要工作包括如下哪几个环节？(　　)

A. 针对学生的个别问题提供心理咨询服务

B. 在班级中开展以心理卫生为主要内容的课程辅导

C. 为其他教师以及家长担任顾问或间接咨询

D. 配合学校教育需要开展必要的心理测评工作

E. 协调学校和社区咨询

5. 要达到咨询的目标，主要应当把握以下哪几方面的原则？(　　)

A. 积极关注和信任来访学生

B. 充分支持和鼓励来访学生

C. 注重来访学生的主动参与

D. 严格为来访学生保密

6. 学校咨询与辅导的会谈过程一般包括以下哪几个阶段？(　　)

A. 建立咨访关系

B. 澄清和评估问题

C. 确定改变的目标

D. 促成改变的实现

E. 结束咨访关系及追踪咨询效果

7. 在整个咨询过程中，往往会有多种方法结合使用的情况，以下属于着重调整情感的方法的是(　　)。

A. 鼓励表达　　　　　B. 深入共感

C. 身体放松　　　　　D. 系统脱敏法

8. 在整个咨询过程中,往往会有多种方法结合使用的情况,以下属于着重调整行为的方法的是(　　)。

A. 系统脱敏法　　　　B. 行为契约

C. 模仿学习　　　　　D. 身体放松

三、判断题

1. 现代的学校咨询与辅导起源于本世纪初美国的"指导运动"。(　　)

2. 20 世纪 30 年代帕特森和威廉森出版了《学生指导技术》,初步总结了对学生进行指导的理论和实践,表明在这一阶段学校咨询与辅导的任务是定位在指导。(　　)

3. 1942 年,罗杰斯出版了《咨询与心理治疗》一书,提出了"当事人中心"的观点,取代指导而成为主角。(　　)

4. 到 20 世纪 70 年代,发展性指导已经成为学校咨询的重要工作内容。(　　)

5. 从根本上看,现代学校咨询的目标在于为全体学生的健康发展提供帮助。(　　)

6. 学生出现破坏纪律的行为,如果长期得不到改善,可能导致他在学生和老师当中背上坏名声,而产生自暴自弃的心态,学校咨询人员应当采取早期干预策略。(　　)

7. 咨询活动是中小学班主任工作的重要组成部分。(　　)

8. 咨询者的根本目标是使学生解除心理困扰,顺利渡过当前的危机。(　　)

9. 咨询活动能取得成效,最关键的因素在于来访学生对咨询人员的信任和对咨询过程的积极参与。(　　)

10. 在学校咨询与辅导过程中,会谈是咨询工作的主要方式,在会谈开始阶段,建立好咨访关系是会谈的核心任务。(　　)

11. 在常用的学校咨询方法中,深入共感是调整情感的重要方法。

(　　)

12.由沃尔普提出的系统脱敏技术,首先运用在矫正焦虑症、恐惧症等方面的治疗。(　　)

13.由于小学生通过语言分析和表达自己的心理感受的能力还比较有限,通过游戏的方式来达到咨询的目的往往更为有效。(　　)

14.团体咨询的方法比较适合发展性的问题,如自我认知和自我接纳的问题、人际感受性和人际交往技能的问题等等。(　　)

四、名词解释

1.学校咨询与辅导

2.心理咨询的过程

3.着重调整情感的方法

4.着重训练行为的方法

5.着重改变认知的方法

6.系统脱敏法

7.行为契约

五、简答题

1.简述学校咨询与辅导的历史发展概况。

2.学校咨询与辅导的基本任务是什么?

3.学校咨询与辅导的主要工作有哪些?

4.学校咨询活动所应遵循的基本原则是什么?

5.学校咨询会谈过程包括哪些阶段?

6.学校主要咨询方法有哪些?

7.简述学校咨询中的调整情感的方法。

8.简述学校咨询中的训练行为方法。

9.简述在学校咨询中常见的不合理认知。

六、论述题

1.试论述在学校咨询与辅导中的团体咨询方法的优点和运用过程

中应注意的问题。

七、综合分析题

试分析以下案例：

一位学生作文得了奖，其班主任也因此受到奖励，而他却因此遭到另一位老师的无端寻衅，不仅讽刺、挖苦，还被诬为“小偷”，经常受到罚站等处罚。半个学期过去，一切似乎风平浪静了，然而孩子却已经无法回到从前。他想法设法辞去了少先队干部的职务，不再混在孩子堆里嬉闹，不再劲头十足地与同学们比成绩。虎头虎脑的小男孩变成了异常沉静、埋头看书的“绣花先生”，还决心变成与世无争的和尚。

如果你是一位学校的咨询教师或者具有一定咨询能力的班主任，现在这位学生来找你进行咨询，你是如何对待这位学生的问题的，请你结合咨询会谈的一般过程设计一个咨询方案。

参考答案

一、填空题

1. 针对学生的个别问题提供心理咨询服务　在班级中开展以心理卫生为主要内容的课程辅导　为其他教师以及家长担任顾问或间接咨询　配合学校教育需要开展必要的心理测评工作

2. 指导运动

3. 缺陷矫正　早期干预　问题预防与发展指导

4. 积极关注和信任来访学生　充分支持和鼓励来访学生　注重来访学生的主动参与　严格为来访学生保密

5. 建立咨访关系　澄清和评估问题　确定改变的目标　促成改变的实现　结束咨访关系及追踪咨询效果

6. 系统脱敏法　行为契约　模仿学习

7. 鼓励表达　深入共感　身体放松

8. 绝对化要求　过度泛化　夸大后果

9.学生们和咨询者之间的关系要比在个别咨询时更加自然　咨询者可以较好地观察学生之间的交往关系　同伴之间便于产生角色模仿　同伴之间可以较好地互相反馈和互相帮助

10.会谈

11.个别咨询　团体咨询

二、不定项选择题

1.ABC	2.ABCD	3.C	4.ABCDE
5.ABCD	6.ABCDE	7.ABC	8.ABC

三、判断题

1.√	2.√	3.√	4.×	5.√
6.√	7.×	8.×	9.√	10.√
11.√	12.√	13.√	14.√	

四、名词解释

1.学校咨询与辅导:是指学校咨询工作者直接或间接地帮助学生克服学习和发展过程中的困难,以及对有关的心理和行为障碍进行诊断矫治的过程。

2.心理咨询的过程:就是由咨询者向咨询对象提供心理上的帮助,以使后者克服当前的心理困扰,并提高自身的应付挫折的能力。

3.着重调整情感的方法:认为人们在遇到情绪上困扰时,最直接的需要就是把它倾诉出来,得到别人的理解和宽慰。当咨询者能够给当事人以支持和温暖时,他就能够在情绪上充分地宣泄,并在此基础上更好地认识自己、接纳自己,比较现实地接受环境中令人不快的事实,同时以积极热情的心态去开始自己应该做的事情。咨询者的主要任务,就是形成让来访学生愿意倾诉和宣泄的氛围,使他感受到尊重与支持。

4.着重训练行为的方法:认为人们的心理和行为障碍,大多是在后天环境中习得的,同样可以通过学习正确的行为模式而加以克服,用好习惯代替坏习惯。咨询者的任务,就是为这种学习创造适当的条件,包括设计合理的行为程序、提供强化及设立模仿的榜样等等。

5.着重改变认知的方法：环境当中的人和事只是诱发情绪困扰的外在原因，而当事人对这些人或事怎样看待，怎样进行解释、思考和认识过程是怎样的，才是更直接的决定因素。在人们的习惯性思维中，存在许多不合理的观念或认知方式，使人们反复产生不良情绪而导致心理障碍。所以咨询者的任务就是帮助当事学生认清自己在情绪困扰背后的不合理认识，用合理的认识取代之，重新看待身边的人和事，从而消除情绪困扰。更进一步，把合理的认知方式巩固下来，就能使整个心理健康水平得到提高。

6.系统脱敏法：由沃尔普提出的系统脱敏技术，先是运用在矫正焦虑症、恐惧症等方面。它首先教会患者某种自我放松的技术，然后帮助患者把焦虑和引起焦虑的刺激划分成严重程度不同的等级，再引导患者逐步地学习用放松反应代替焦虑反应，当患者开始能够做到对严重程度较低的刺激不再感到焦虑时，会得到肯定鼓励，然后再练习适应更严重的刺激，直到焦虑症完全消失。

7.行为契约：是指咨询者运用强化影响儿童的行为时，订立契约或协议是一项较好的办法：即把和学生商定的行为计划相应的奖惩条件写成书面文字并签署姓名(也可以用录音代替)，这样更能保证强化条件的严肃性和约束力。咨询者应当依照协议对执行的结果严格地实施奖惩，但进行惩罚时咨询者要注意强调对事不对人，表示对学生一时的行为不满意，但是肯定他一直以来的努力。在间接咨询中，咨询者则是指导家长或老师与学生本人一起制订学生的行为计划和强化方案，敦促他们按强化条件严格履行自己的诺言。

五、简答题

1.简述学校咨询与辅导的历史发展概况。

答：(1)早期的职业指导活动。

现代的学校咨询与辅导起源于20世纪初美国的“指导运动”。在这一阶段帮助学生的活动主要定位在指导，它的特点是，帮助者处于主导地位，根据其丰富的知识经验、专业技能，评估学生的特点、提供与职业有关的信息，为学生的决策起导向作用。

(2)心理咨询与治疗活动的开展。

到四五十年代，心理咨询开始作为独立的专业领域在学术界和社会上获得承认。在学校咨询领域，学生在学习和生活的适应当中出现的各种困难与障碍日益受到重视。这一阶段，对学生的咨询的治疗活动，取代指导而成为主角。

(3)面向全体学生的发展。

自 60 年代以来，在政府支持下，学校咨询的工作开展得越来越普及。与此同时，心理学界以马斯洛为代表的人本主义思潮产生了重要的影响。越来越多的学者认为，咨询应该以预防问题的发生为目的，而不是等到造成严重的行为障碍再去忙于矫治。到 70 年代，发展性指导已经成为学校咨询的重要工作内容。

目前在学校咨询当中，指导的模式、治疗的模式和发展的模式共存共生，既有互相借鉴，也有综合运用。学校咨询也越来越强调学生所处独特环境的影响，使帮助更有针对性，例如跨文化咨询成为关注的热点。同时，学校咨询工作也被进一步结合到整个教育计划当中，开展得更加有组织、有系统、更加与其他教育活动相协调。

2.学校咨询与辅导的基本任务是什么？

答：从根本上看，学校咨询的目标在于为全体学生的健康发展提供帮助。具体而言，不同处境的学生所需要的帮助可能是不同层次的，这就决定学校咨询的任务是多层次的，一般可分为缺陷矫正、早期干预、问题预防与发展指导。

(1)缺陷矫正。对于极少数长期处于恶劣环境下已经积累产生了严重的心理和行为障碍的学生，需要进行系统的矫正。但对于一般的学校咨询工作者而言，在专业技术上的要求过高，而学生本人接受咨询帮助的动机又往往很弱，在过于困难的情况下，咨询者应当考虑转送有关专业机构或部门。

(2)早期干预。面向少数学生进行，他们可能已经出现某种程度的心理和行为问题，如果得不到及时的帮助，就可能演变为严重的障碍。早期干预就是指在问题出现初期给学生以帮助。

(3)问题预防。对于部分学生群体来说，目前并没有出明显的问题，但是某些心理素质比较薄弱，有可能在一定环境条件下出现问题。问题预防就是指在可能的问题发生之前，主动开展各种形式的工作，提高学生应付将来问题的能力。

(4)发展指导。面向全体学生进行。学生在不同的时期，面临不同的适应和发展的任务，可能会出现一些普遍性的问题。在此之前，我们就应该开展必要的指导活动，帮助学生成功完成心理一社会发展任务。

3.学校咨询与辅导的主要工作有哪些？

答:(1)针对学生的个别问题提供心理咨询服务；

(2)在班级中开展以心理卫生为主要内容的课程辅导；

(3)为其他教师以及家长担任顾问或间接咨询；

(4)配合学校教育需要开展必要的心理测评工作；

(5)协调学校和社区咨询。

4.学校咨询活动应遵循的基本原则是什么？

答:学校咨询活动应遵循如下基本原则：

(1)积极关注和信任来访学生；

(2)充分支持和鼓励来访学生；

(3)注重来访学生的主动参与；

(4)严格为来访学生保密。

5.学校咨询会谈过程包括哪些阶段？

答:咨询会谈过程一般包括以下阶段：

(1)建立咨访关系；

(2)澄清和评估问题；

(3)确定改变的目标；

(4)促成改变的实现；

(5)结束咨访关系及追踪咨询效果。

6.学校主要咨询方法有哪些？

答:学校主要咨询方法有：

(1)着重调整情感的方法；

(2)着重训练行为的方法；

(3)着重改变认知的方法；

(4)游戏及艺术活动的方法；

(5)团体咨询的方法；

(6)改变环境因素的方法。

7.简述学校咨询中的调整情感的方法。

答:着重调整情感的方法认为:人们在遇到情绪上困扰时,最直接的需要就是把它倾诉出来,得到别人的理解和宽慰。当咨询者能够给当事人以支持和温暖时,他就能够在情绪上充分地宣泄,并在此基础上更好地认识自己、接纳自己,比较现实地接受环境中令人不快的事实,同时以积极热情的心态去开始自己应该做的事情。咨询者的主要任务,就是形成让来访学生愿意倾诉和宣泄的氛围,使他感受到尊重与支持。

(1)鼓励表达。

为了使来访学生的情感得到疏导,咨询者要用各种方式鼓励来访学生充分表达对引起情绪困扰的事件的感受。

(2)深入共感。

在鼓励来访学生表达感受的同时,咨询者也要传达出自己在作分担。当咨询者全身心地投入到帮助过程当中,就意味着他能够感同身受地进入来访学生的内心世界,能够设身处地地感受对方的心情,体会到对方的看待事物的角度,这时就产生了共感。

(3)身体放松。

除了引导来访学生宣泄和表达情绪,咨询者可以更进一步指导学生进行某种身体放松,这对情绪压力的缓解有比较直接的作用。

8.简述学校咨询中的训练行为方法。

答:着重训练行为的方法认为:人们的心理和行为障碍,大多是在后天环境中习得的,同样可以通过学习正确的行为模式而加以克服,用好习惯代替坏习惯。咨询者的任务,就是为这种学习创造适当的条件,包括设计合理的行为程序、提供强化及设立模仿的榜样等等。

(1)系统脱敏法。

由沃尔普提出的系统脱敏技术,先是运用在矫正焦虑症、恐惧症等方面。它首先教会患者某种自我放松的技术,然后帮助患者把焦虑和引起焦虑的刺激划分成严重程度不同等级，再引导患者逐步地学习用放松反应代替焦虑反应，当患者开始能够做到对严重程度较低的刺激不再感到焦虑时，会得到肯定鼓励，然后再练习适应更严重的刺激，直到焦虑症完全消失。

(2)行为契约。

咨询者运用强化影响儿童的行为时，订立契约或协议是一项较好的办法：即把和学生商定的行为计划相应的奖惩条件写成书面文字并签署姓名(也可以用录音代替)，这样更能保证强化条件的严肃性和约束力。咨询者应当依照协议对执行的结果严格地实施奖惩。

(3)模仿学习。

在学生对正确行为的内容特别缺乏了解时，应当多提供合适的范例，让学生进行观察，再要求进行模仿。

9.简述在学校咨询中常见的不合理认知。

答：不合理的认知的主要包括以下方面：

(1)绝对化要求，即要求事物完全按照自己的意愿发生发展；

(2)过度泛化，即把对某些事情的结果的评价推广到对整个人的评价；

(3)夸大后果，即夸大一件不满意的结果所导致的影响，暗示自己不可忍受。

六、论述题

1.试论述在学校咨询与辅导中的团体咨询方法的优点和运用过程中应注意的问题。

答：由于小学生的心理问题经常具有某种共性，又由于咨询人员本身比较缺乏，所以可能会比较多地采用团体咨询的方式。团体咨询的优点在于：

(1)学生们和咨询者之间的关系要比在个别咨询时更加自然；

(2)咨询者可以较好地观察学生之间的交往关系；

(3)同伴之间便于产生角色模仿；

(4)同伴之间可以较好地互相反馈和互相帮助，团体咨询的方法比较适合发展性的问题如自我认知和自我接纳的问题、人际感受性和人际交往技能的问题等等。

对咨询者而言，团体咨询要掌握的关键点在于：建立活动小组，形成有亲和力的小组关系，安排好小组活动时间，维持团体规则。

(1)在建立活动小组、形成有亲和力的小组关系、安排好小组活动时间方面。

在组织参加咨询活动的小组时，通常考虑将有相近问题或需求的学生组织在一起，但又要考虑他们个性上不宜太相似。由于小学生性别意识的发展，小组内都是同性的做法可能效果更好，而学生的年龄差别也不宜太大；此外，建立小组时应当充分尊重学生自己的意愿；由于团体咨询中常常包括良好行为模仿的内容，还要注意吸纳行为适应良好的学生参加小组；一个小组的成员一般在5～10名，小组活动最好定期举行，比如每周一次，每次一小时左右。

(2)在维持团体规则方面。

团体的规则对活动效果非常重要：

①每一个成员应当尽量表达自己的真实想法和意愿，这样也才能起到宣泄和澄清的作用。

②为了形成让大家尽情表达的氛围，所有成员都要服从保密原则，不和其他人透露小组成员在活动时说话的内容。

③要积极参与共同的活动，在大家确定了某个话题时要围绕这一中心发言。

④必须尊重小组中每一位成员，给他们以平等的谈话或表现的机会，不可随便打断别人的发言，要认真地听。

⑤在小组中，咨询者起着协调和维持规则的作用。他并不指定必需的活动的方向或谈话内容，但是充分注意倾听学生的想法，帮助大家形成共同的意见，调动大家积极而平等地加入到活动中。

七、综合分析题

答案要点：

(1)建立咨访关系。

在会谈开始阶段，建立好咨访关系是核心任务。咨询者应当努力营造温暖亲切、安全可靠的心理氛围，而其关键在于用心倾听。咨询者的基本素质就是愿听和会听，倾听可以说是咨询会谈的灵魂。

(2)澄清和评估问题。

在随后的会谈中，重点任务是收集资料并进行分析，对来访学生的问题加以澄清作出评估。会谈是澄清问题的主要途径，咨询者应当特别注意和学生交流的方式方法。首先要考虑的是如何提问。在会谈开始，应注意多用开放式提问，以尽可能广泛地收集信息。其次，咨询者要善于进行总结。在进行比较复杂的分析诊断时，可以选用适当的心理测验工具。

(3)确定改变的目标。

澄清问题之后，就可以着手确定咨询的目标，即通过咨询应当使来访学生在哪些方面产生积极的改变，对目标的确定，要由咨访双方共同参与，尤其要充分听取来访学生自己的意见，只有经过学生自己的认同的目标和计划才能产生效果。

(4)促成改变的实现。

目标确立后，就可以进入实施阶段，即采取各种咨询技术与措施，影响来访学生向着目标产生积极改变。一般要注意以下几个方面：首先是要继续强调学生的主动性。其次，要引导学生把在咨询环境中发生的改变迁移到实际生活当中。再次，这一阶段也要对咨询过程本身经常评估，看看咨询方法和措施是否能有效地推进目标，下一步需要如何调整。

(5)结束咨询及追踪效果。

当咨询会谈目的基本达到，可以考虑如何顺利地结束咨询。咨询者应当记住咨询关系是一种有始也有终的阶段性的关系，提早开始为结束作准备。在会谈结束以后，通常要追踪咨询的效果。咨询者要向学生本人及其周围的师生、家长了解情况，获得关于咨询效果的评价。

结合案例部分略。

第十二章　教育测量与评价

本章考核要点

教育测量与评价是教育教学工作中不可或缺的环节，是检验和评价教育教学质量和学生发展水平的重要依据。通过本章的学习，要掌握教育测验与教育评价两个概念的含义，了解良好测验的标准是什么，编制测验的方法与要求，懂得如何进行教育评价。

本章的考核要点主要包括两部分，一是教育测验，二是教育评价。在教育测验这部分内容中，学习者需要掌握一些相关的概念，如测量、测验、考试、评价之间的差别，了解测验的几大功能：激励功能、诊断功能、区分和选拔功能、评定功能。由于教育测验的类型多样，学习者还需要了解中小学教育测验的主要类型，并学会加以区分和合理运用。

良好的测验是有一定的标准的，一般的教育测验可以实用性、可信度、有效性、难度和区分度等作为衡量的尺度。作为教育工作者，我们还需要掌握测验的编制和实施的一些基本问题，如确定试题内容、选择试题类型、评分和测验分数的解释。

在教育评价方面，学习者在简单了解中小学教育评价的发展基本脉络之后，应该领会相对评价和绝对评价、形成性评价和总结评价等教育评价的基本适用范围。

在此基础上，我们还要了解小学教育评价主要包括学生发展评定、教师授课质量评价、课程和教材评价等内容。掌握小学教育评价的基本步骤、当今教育评价存在的问题，以及发展和改革策略：从侧重一元评价到多元评价，从侧重总结性评价到形成性评价，从侧重区分性功能到发挥激励性功能。

综合练习题

一、填空题

1. 教育测验具有如下功能：________、________、________、________。

2. 依划分标准的不同，测验可以分成不同的类型。从测验目的上考虑，可以分成________测验、________测验、________测验和________测验。从测验内容上考虑，可以分成________测验和________测验。从规范程度上区分，可以分成________测验与________测验。从结果解释所参照的标准区分，又可以分成________测验和________测验。

3. 不管测验的目的是什么，好的测验都应当符合一定的要求，通常用实用性、________、________、________和________等指标衡量测验质量。

4. 在选择试题内容时，应设计测验蓝图。测验蓝图包括确定________、________以及编制________等内容。

5. 课堂测验的题型有________和________两种。

6. 计分方法可分为________和________两类。

7. 从评价的严格程度上考虑，可以分成________和________；从解释评价结果的标准上考虑，可以分成________和________；从评价的功能上区分，可以分成________和________。

8. 教育评价可以拓展到教育的方方面面。在小学教育活动中，________、________和________________是最主要的评价活动。

9. 中小学教育评价的基本步骤包括以下几个方面：________、________、________和________。

10. 当前测验与评价中存在的问题主要表现为：________、________、________、________。

11.现代教育评价具有以下特点：(1)__________；(2)__________；(3)__________；(4)__________。

二、不定项选择题

1.教育测验与评价具有以下功能(　　)。

A.激励　　B.诊断

C.评定　　D.选拔

2.根本目的是分班、分组的测验是(　　)。

A.安置性测验　　B.形成性测验

C.诊断性测验　　D.总结性测验

3.针对某一教学单元而设计，在教学过程中进行，其目的不在于评定学生，而是为了调控教学，这种测验是(　　)。

A.安置性测验　　B.形成性测验

C.诊断性测验　　D.总结性测验

4.在一个段落或一门课结束后，教师会编制一套试题全面考察学生的掌握情况，这种测验是(　　)。

A.安置性测验　　B.形成性测验

C.诊断性测验　　D.总结性测验

5.按照在特定群体中的相对位置决定成绩的好坏，例如，“这个学生的成绩处在中等水平”，“他考了第一名”，这种测验是(　　)。

A.常模参照性测验　　B.标准参照性测验

C.成就测验　　D.学能测验

6.考察是否达到了预先规定的标准，类似于各种执照考试，如驾驶执照考试。这种测验只关注考生是否达到了应该达到的水平，而不去管别的考生怎么样，这种测验是(　　)。

A.常模参照性测验　　B.标准参照性测验

C.成就测验　　D.学能测验

7.不管测验的目的是什么，好的测验都应当符合一定的要求，通常用如下指标衡量测验质量(　　)。

A.实用性　　B.信度

C. 效度　　　　　　D. 难度

E. 区分度

8. 提高测验信度的一般方法是(　　)。

A. 题量不能太少

B. 成绩要拉开档次

C. 多出客观题

D. 建立详细的评分指南

E. 评分要认真

9. 教师经常使用的几种收集评价信息的方法是(　　)。

A. 观察　　　　　　B. 检查作业

C. 考试　　　　　　D. 家访

E. 轶事记录法

10. 现代教育评价具有以下特点(　　)。

A. 注重评价的形成性功能

B. 注重定性和定量相结合的评价方法

C. 倡导自我评价

D. 尊重评价对象的感受

E. 重视评价的精确性

11. 在当前的小学教育实践中,形成性评价已经是比较主流的评价方法,良好的形成性评价应该做到(　　)。

A. 考试和考察相结合

B. 评分和评语相结合

C. 允许考第二次、第三次

D. 自评、互评和师评相结合

12. 为了让学生体验成功,加强评价的激励功能,可以采用以下具体方法(　　)。

A. 将课程分成小的单元,在每一单元内考核

B. 扩展评价的范围

C. 记录学生学业之外的突出表现,增加学生的成功感觉

D. 注重学生发展过程中的纵向评价,让学生体验到自己的进步

三、判断题

1. 如果说测量回答了“有多少”的问题，只考察量的大小，测验则回答了“某个人做的怎么样”的问题，包含了对测验结果的解释和评判。（　　）

2. 评价是对某种教育活动的价值判断。（　　）

3. 测验具有诊断功能。（　　）

4. 总结性测验针对某一教学单元而设计，在教学过程中进行，其目的不在于评定学生，而是为了调控教学。（　　）

5. 在一个段落或一门课结束后，教师会编制一套试题全面考察学生的掌握情况，此测验类型为形成性测验。（　　）

6. 最典型的标准化测验是智力测验，如“比奈智力量表”。（　　）

7. 标准化测验与教师自编测验相比，具有针对性、灵活性强，能反映实际教学中遇到的特殊问题等优势。（　　）

8. 学能测验不局限于某门课程，关心各门课程都需要具有一般能力，主要包括文字推理测验和数字推理能力测验。（　　）

9. 按照在特定群体中的相对位置决定成绩的好坏，例如，“这个学生的成绩处在中等水平”，“他考了第一名”，此类型的测验为常模参照性测验。（　　）

10. 标准参照性测验考察是否达到了预先规定的标准，这种测验只关注考生是否达到了应该达到的水平，而不去管别的考生怎么样。（　　）

11. 常模参照性测验和标准参照性测验的区别是：前者着重同学间的比较，后者关心有没有达到预定的学习目标。（　　）

12. 测验的难度低，说明试卷受偶然因素的影响比较大，这些偶然因素可能有学生的临场发挥、教室环境等各种影响答题过程的因素。（　　）

13. 和信度相比，测验的效度更为重要。（　　）

14. 难度值越小，表示题目越容易。（　　）

15. 试题难度直接影响区分度，特别难的题目大家都不会做，特别容易的题目大家都会做，这两种题目区分度都很低，反之，中等难度的试题的区分度比较高，难度为0.5的题目，区分度最大。（　）

16.分数只有经过解释才具有实际意义。（　）

17.学生发展是衡量学校办学水平的关键指标，因为它不仅是升学与就业指导以及因材施教的基础，还能帮助学生正确估计自己，并了解自己的特长。（　）

18.实施授课质量评价时，不同的学校可能会选用不同的评价标准，但基本都会涉及以下方面：(1)教学目标完成情况。(2)学生的课堂参与。(3)内容安排。(4)教学方法。(5)语言表达。(6)教学原则。（　）

19.现代教育评价具有以下特点：(1)注重评价的形成性功能。(2)注重定性和定量相结合的评价方法。(3)倡导自我评价。(4)尊重评价对象的感受。（　）

20.在当前的小学教育实践中，总结性评价仍然是比较主流而且比较合理的评价方法。（　）

21.标准参照性测验适用于选拔性考试和总结性评定，而常模参照性测验适用于诊断和发现学生的不足，从而为改进教学提供反馈信息。（　）

四、名词解释

1.测量

2.测验

3.考试

4.评价

5.形成性测验

6.诊断性测验

7.总结性测验

8.标准化测验

9.教师自编测验

10.成就测验

11.学能测验

12.文字推理测验和数字推理测验

13.常模参照性测验

14.标准参照性测验

15.可信度(信度)

16.有效性(效度)

17.内容效度

18.效标关联效度

19.难度

20.区分度

21.形成性评价

22.总结性评价

五、简答题

1.简述教育测验的基本功能。

2.测验有哪些类型?

3.良好测验的标准有哪些?

4.如何进行测验编制,编制测验有哪些要求。

5.中小学教育评价的类型有哪些?每一种评价的含义是什么。

6.中小学教育评价的主要内容包括那几个方面?

7.如何对教师授课质量进行评价?

六、论述题

1.试论述中小学教育评价的基本步骤。

2.试论述当前中小学教育测验与评价存在的问题及发展和改革的策略。

七、综合分析题

请分析如下案例:

一位被确诊患有精神分裂症的少年在离开学校两年后,还表示不想说学校的事,认为老有人欺负他,而每次考试后总是倒着排名次的公布方式使他不是第一就是第二。他的旧日同桌,另一位因为成绩较差而备受歧视的少年,则坦言老师曾找他及其家长做过工作,劝其转学或弃学,以免影响班级的平均分。他承认,在学校里觉得很压抑,并以“再去,我就要疯了”的言语说服了父母,整整一年没去上学,老师也没去找他。

请结合我国中小学教育评价现状,分析上述案例中反映出来的教育评价问题,并结合现代教育评价的发展趋势,提出今后我国中小学教育评价的发展和改革的策略。

参考答案

一、填空题

1. 激励功能　诊断功能　区分和选拔功能　评定功能

2. 安置性　形成性　诊断性　总结性　成就　学能　标准化　教师自编　常模参照性　标准参照性

3. 信度　效度　难度　区分度

4. 测验目的　测验内容　双向细目表

5. 客观题　论文题

6. 等级分　百分制

7. 正式评价　非正式评价　相对评价　绝对评价　形成性评价　总结性评价

8. 学生发展评定　教师授课质量评价　课程和教材评价

9. 建立评价目标　选择评价样本　收集评价信息　报告评价结果

10. 重知识轻能力　片面追求分数　影响学生心理健康　制约教学改革

11. 注重评价的形成性功能　注重定性和定量相结合的评价方法　倡导自我评价　尊重评价对象的感受

二、不定项选择题

1. ABCD　　2. A　　3. B　　4. D

5. A　6. B　7. ABCDE　8. ABCDE
9. ABCDE　10. ABCD　11. ABCD　12. ABCD

三、判断题

1. √　2. √　3. √　4. ×　5. ×
6. √　7. ×　8. √　9. √　10. √
11. √　12. ×　13. √　14. ×　15. √
16. √　17. √　18. √　19. √　20. ×
21. ×

四、名词解释

1. 测量:严格地讲,是给事物的某种属性给定数值的过程,回答了"有多少"的问题。

2. 测验:是对于知识水平、情意状态、运动技能等的数量化测定,有广义和狭义之分。狭义的测验仅指一份测验卷子,而广义的测验指编制试题、施测、评分到报告成绩的全过程。

3. 考试:是教师在教学过程中,编制试题、评定学生学业成绩的过程。

4. 评价:是对某种教育活动的价值判断,评价包含定性描述或价值判断,更多的时候是两者兼而有之。

5. 形成性测验:是指针对某一教学单元而设计,在教学过程中进行,其目的不在于评定学生,而是为了调控教学的测验。教师首先要把课程内容划分为若干单元,然后根据某个单元的具体要求设置教学目标,在该单元结束时进行测验,了解教学中存在的问题,把握学习目标是否达到。测验或难或易,完全依单元要求而定。

6. 诊断性测验:是指能够反映学习中常见的错误,诊断学习困难,特别是找到困难的成因的测验。

7. 总结性测验:是指用于对学生学习情况的阶段性总结分析的测验。在一个段落或一门课结束后,教师会编制一套试题,全面考察学生的掌握情况。总结性测验考核的内容比较广泛,形式比较正规,测验成绩或用来评判教学质量,或用于人才选拔。

8.标准化测验:是指在试题编制、施测和评分过程中有着严格的规范的测验。标准化测验是由测验专家和教师共同编制的,试题质量较有保障。

9.教师自编测验:是指教师自己编制的测验,是在教学过程中针对教学实际,引用现代测验原理编制的测验。

10.成就测验:是指对学生学业成绩的检查,常结合具体学科而设的测验。学校平时的课堂测验、期中、期末考试等,都是成就测验。

11.学能测验:又称学能倾向测验,是指用于考察学生在课程学习中所获得的能力的测验。学能测验不局限于某门课程,关心各门课程都需要具有一般能力,主要包括文字推理测验和数字推理能力测验。

12.文字推理测验和数字推理测验:文字推理测验就是透过文字,衡量学生处理和运用概念的能力的测验;数字推理测验就是专门用于考察学生应用基本数学知识的能力的测验。

13.常模参照性测验:是指用于考察按照在特定群体中的相对位置决定成绩的好坏的测验。常模参照性测验反映了考生在群体中的地位,

14.标准参照性测验:是指用于考察是否达到了预先规定的标准的测验。这种测验只关注考生是否达到了应该达到的水平,而不去管别的考生怎么样。

15.可信度:又称信度,指测验结果的前后一致程度,表示了分数的稳定性和可靠性。

16.有效性:在测量学上也称为测验的效度,指一个测验能测到预先想测的知识和能力的程度。

17.内容效度:反映了题目对所考察内容的代表性问题的指标。

18.效标关联效度:反映了测验分数和所选择的效标分数之间的一致程度。效标是检测效度的参照标准,通常用一个较为公认的测验工具作为效标。

19.难度:即测验的难易程度,提供了试题平均通过率的信息。一份试卷的难度取决于每一道题目的难度。难度用全体被试在某题的得分率(P)表示。

20. 区分度：是测验能否拉开分数距离的指标。试题的区分度也称为鉴别力，表示某道题目能够将不同程度的学生鉴别开来的能力。

21. 形成性评价：是指在活动过程中，以改进工作为目的而开展的评价。

22. 总结性评价：是指对活动结果的评价，它的目的在于评判活动效果。

五、简答题

1. 简述教育测验的基本功能。

答：教育测验具有如下基本功能。

(1)激励功能。教师总是期望获得好的教学效果，学生在测验中也总是想取得好成绩。测验能够推动教师努力工作，也能激发学生的学习热情。测验可以使教学目标更明确，令教和学更有针对性。测验还使学生提前接受着挑战，对他们适应毕业后的竞争环境是很有意义的。

(2)诊断功能。诊断性测验主要考察两个方面，一个是看基础打得好不好，可否满足学习某种新知识的需要，另一个是看理解和掌握上有什么错误及其原因所在，它为教学提供了丰富的反馈信息，使教师能及时调整教学。

(3)区分和选拔功能。测验能够把学生的学业成绩分成多个等级，为选拔提供了依据，使选拔更为公平可靠。

(4)评定功能。总结性的测验能够全面衡量学生的学业发展水平，预测学生的学习潜力，并在很大程度上反映教学质量。这些测验结果将影响到学校的分班、分组以及对教师和学校的评价。

2. 测验有哪些类型？

答：依划分标准的不同，测验可以分成不同的类型。

(1)从测验目的上考虑，可以分成安置性测验、形成性测验、诊断性测验和总结性测验。

(2)从测验内容上考虑，可以分成成就测验和学能测验。

(3)从规范程度上区分，可以分成标准化测验与教师自编测验。

(4)从结果解释所参照的标准区分，又可以分成常模参照性测验和标准参照性测验。

3. 良好测验的标准有哪些？

答：不管测验的目的是什么，好的测验都应当符合一定的要求，通常用实用性、信度、效度、难度和区分度等指标衡量测验质量。

(1)实用性。实用性反映了试题的基本质量，其基本要求是便于组织，便于实施，节时省力。

(2)可信度。可信度又称信度，指测验结果的前后一致程度，表示了分数的稳定性和可靠性。具体要求是，先后两次用同样的试卷测查同一批学生，则两次测验的分数应该比较相近；对同样的答卷组织两次评分，评分结果相近。

(3)有效性。有效性在测量学上也称为测验的效度，指一个测验能测到预先想测的知识和能力的程度。效度是针对测验目的而言的，测验结果只有和测验目标相比较才能了解其针对性和有效性。估计测验效度的方法主要有两种：内容效度和效标关联效度。

(4)难度。难度即测验的难易程度，提供了试题平均通过率的信息。一份试卷的难度取决于每一道题目的难度。难度用全体被试在某题的得分率(P)表示。难度值在 0 到 1 之间，难度值越大，表示题目越容易。

(5)区分度。区分度是测验能否拉开分数距离的指标。试题的区分度也称为鉴别力，表示某道题目能够将不同程度的学生鉴别开来的能力。

4. 如何进行测验编制，编制测验有哪些要求。

答：(1)确定试题内容。在选择试题内容时，应设计测验蓝图。测验蓝图包括确定测验目的、测验内容以及编制双向细目表等内容。

(2)选择试题类型。课堂测验的题型有客观题和论文题两种。客观题特点是题目多，但学生没有做答自由，更无法用自己的语言答出自己的风格。论文题给学生较大的自由度，学生可以根据自己对问题的了解，选择适当的材料，深入表达自己对问题的看法。

(3)评分。计分方法可分为等级分和百分制两类。

(4)测验分数的解释。分数只有经过解释才具有实际意义，解释分数时，既可以和其他同学的学习表现相比较，也可以和考核标准相对照。

5.中小学教育评价的类型有哪些？每一种评价的含义是什么。

答:从评价的严格程度上考虑,可以分成正式评价和非正式评价。从解释评价结果的标准上考虑,可以分成相对评价和绝对评价。从评价的功能上区分,可以分成形成性评价和总结性评价。

(1)相对评价和绝对评价。

对应于常模参照性测验和标准参照性测验,评价可分为相对评价和绝对评价。相对评价是在群体中进行对比,这时衡量标准是相对的。绝对评价要和预定的标准相比较,只要达到了标准,就称为合格。

(2)形成性评价和总结评价。

对应于形成性测验和总结性测验,评价可分为形成性评价和总结性评价。形成性评价是指在活动过程中以改进工作为目的而开展的评价。通过揭示问题和反馈信息,这种评价对改进工作质量很有帮助。总结性评价是对活动结果的评价,它的目的在于评判活动效果。这种评价具有事后检验的性质,一般是上级教育管理部门开展的评价活动,其评价结果会影响行政决策。

6.中小学教育评价的主要内容包括那几个方面?

答:在小学教育活动中,学生发展评定、教师授课质量评价、课程和教材评价是最主要的评价活动。

(1)学生发展评定。

学生发展是衡量学校办学水平的关键指标。它不仅是升学与就业指导以及因材施教的基础,还能帮助学生正确估计自己,并了解自己的特长。评定学生要考虑许多方面。最基本的有学业成就、行为表现和身体状况三方面,即智育、德育和体育。

(2)教师授课质量评价。

授课质量评价能让教师清楚知道自己的教学特点,了解长处与不足,也提供了新老教师相互学习的机会,对年轻教师的成长极为有益。

进行授课质量评价时,首先要确定评价的标准,这个标准要明确、具体、相对独立,要能够全面衡量教学的各个方面。教师授课质量评价包括专家、同行、学生和自我评价。

(3)课程和教材评价。

课程和教材是教育评价中比较容易忽略的部分。事实上,课程是学校教学改革的基础,只有站在分析和评判教材的高度,才能使教学内容的安排更为合理。

7.如何对教师授课质量进行评价?

答:进行授课质量评价时,首先要确定评价的标准,这个标准要明确、具体、相对独立,要能够全面衡量教学的各个方面。

实施授课质量评价时,不同的学校可能会选用不同的评价标准,但基本都会涉及以下方面:

(1)教学目标完成情况;

(2)学生的课堂参与;

(3)内容安排;

(4)教学方法;

(5)语言表达;

(6)教学原则。

具体到每一个方面还应当具体化,如学生的课堂参与可能会有以下特征:能跟上教师思路,积极思考,善于提出问题或者有独特见解。

六、论述题

1.试论述中小学教育评价的基本步骤。

答:中小学教育评价包括以下几个基本步骤。

(1)建立评价目标。

在中小学教育实际中,要着眼于学生的全面发展,尽管短时间内,不一定要经常、正规地开展综合评定,不一定要具体测评学生的综合素质,但对于全面发展内涵的把握,会开阔教师的评价视野。

实际的评价活动,往往只针对总目标中的某个方面,如学习态度。设计评价指标时,首先要考虑学习态度应当从哪几个方面去考察,然后再具体分析这些内容的行为表现。

(2)选择评价样本。

进行实地评价时,对象和场所的选择也是关键。一般来说,样本的选择取决于评价的范围和目的。样本的代表性强不强取决于抽取方法，与样本量大小并没有绝对关系。选样时，要考虑各种影响样本代表性的因素，让这些因素在样本中有所体现。抽样还要考虑可能性，必须在人力和财力允许的范围内进行评价。

评价的场所对评价质量也会有影响，教师在评价学生时，也要注意到评价情境对评价结果的影响。为此，教师要从多方面了解学生，使评定更为全面。

(3)收集评价信息。

收集评价信息的方法主要有观察、问卷调查和访谈等。教师经常要使用的几种评定方法主要有：观察、检查作业、考试、家访、轶事记录法等。

(4)报告评价结果。

重要的评价在工作结束应写一个评价报告，可简可略。但至少应该具备以下内容：评价目标、时间、人员、方法、结果和建议。

2.试论述当前中小学教育测验与评价存在的问题及发展和改革的策略。

答：(1)当前中小学教育测验与评价存在的问题。

①重知识轻能力。尽管从理念上看，学校要培养全面发展的人，但实际上，即使在小学阶段，以考试为中心的现象也很普遍。

②片面追求分数。分数成为学习目标，不利于激发学生的内在求知动机。

③影响学生心理健康。学校在评价学生时，学业成绩往往是主要的评价标准。有些老师会因为学生成绩不好而当众批评，甚至羞辱学生，使学生的自尊心受到很大伤害。考试压力给学生带来沉重的心理负担，引起考试焦虑，危害儿童的心理健康。

④制约教学改革。由于测验对教育活动起着导向和控制作用，任何教育改革如果没有测验观念和测验内容及方法的变革都很难行之有效。

(2)当前中小学教育测验与评价发展和改革的策略。

①从侧重一元评价到多元评价。

人类的才智是多方面的，绝对不仅仅是学业成绩所能反映的。在具体的评价活动中，以测验成绩为主要尺度，这样的评价模式就是一元评价。现代教育评价倡导多元评价的思想，也就是从多视角、采用多种方法评价学生。在多元评价的思想下，教育要关注学生整体能力的提高。从应试教育到素质教育的转变，在评价方法上，就表现为一元评价到多元评价的发展。

②从侧重总结性评价到形成性评价。

从选择适合教育的少年儿童到创造适合少年儿童的教育，是评价观察上的一大变革。总结性评价重在发挥鉴定和筛选功能，评价主要是为了衡量学生的好坏。相反，形成性评价所关心的是能不能指向提高——学校的发展，学生的进步。如果不能实现这一功能，则是失败的评价。

③从侧重区分性功能到发挥激励性功能。

教师只有发现学生的优点和特长，评价才不会偏狭，评价的激励功能也得到更好的发挥，因为优点也就是学生发展的生长点。

七、综合分析题

答案要点：

(1)上述案例中反映出来的教育评价问题是：

①片面追求分数。考试使很多学生为考试而学习，抑制了内在求知动机的发展。仅仅用测验分数评价学生，也容易挫伤困难学生的积极性。

②影响学生心理健康。学校在评价学生时，学业成绩往往是主要的评价标准。有些老师会因为学生成绩不好而当众批评，甚至羞辱学生，使学生的自尊心受到很大伤害。

(2)今后我国中小学教育评价的发展和改革的策略。

①从侧重一元评价到多元评价。

人类的才智是多方面的，绝对不仅仅是学业成绩所能反映的。在具体的评价活动中，以测验成绩为主要尺度，这样的评价模式就是一元评价。现代教育评价倡导多元评价的思想，也就是从多视角、采用多种方法评价学生。在多元评价的思想下，教育要关注学生整体能力的提高。从应试教育到素质教育的转变，在评价方法上，就表现为一元评价到多元评价的发展。

②从侧重总结性评价到形成性评价。

从选择适合教育的少年儿童到创造适合少年儿童的教育，是评价观察上的一大变革。总结性评价重在发挥鉴定和筛选功能，评价主要是为了衡量学生的好坏。相反，形成性评价所关心的是能不能指向提高——学校的发展，学生的进步。如果不能实现这一功能，则是失败的评价。

③从侧重区分性功能到发挥激励性功能。

教师只有发现学生的优点和特长，评价才不会偏狭，评价的激励功能也得到更好的发挥，因为优点也就是学生发展的生长点。

结合案例部分略。

第十三章　教育法制

本章考核要点

这一章主要介绍我国教育法律的制度，涉及教育法律制度的产生背景，国外教育法发展的历史，我国教育法制建设的现状等基本问题。本章侧重分析了学校具体运行中涉及的法律关系及相关的法律责任和法律救济问题，同时，重点分析学校事故的相关法律适用问题。

本章首先考察了教育与法律的关系。学习者应该对教育法的产生有准确的了解，同时还需要了解国外教育法发展历史的几个阶段和我国教育法制建设的现状与前瞻。

其次，学习者应该掌握学校中的各种法律关系的基本特征，并重点掌握学校、教师、学生的法律地位及其权利与义务。

再次，本章还专门对教育法律责任与法律救济进行了深入研究，学习者还应该掌握教育法规定的法律责任的性质、教育法规定的法律责任分类、法律责任的构成要件及免责条件、承担法律责任的形式。

学校事故是目前我国中小学校常见的教育法律问题，常常引起许多纠纷。作为教育工作者，有必要对这个问题有正确的认识，并掌握学校事故的一些基本法律适用问题，如学校事故的归责、免责、制裁方式等，了解学校事故的分类、法律适用和责任承担模式。

最后，学习者还应该掌握我国教育法律救济制度中的两种特殊救济途径：教师申诉制度和学生申诉制度。

综合练习题

一、填空题

1.西方国家教育法的历史发展经历了如下四个阶段：＿＿＿＿＿阶段；＿＿＿＿＿阶段；＿＿＿＿＿＿＿＿＿＿阶段；＿＿＿＿＿阶段。

2.学校及其他教育机构作为一种社会组织，与它所处的内外环境构成了一系列社会关系。这些社会关系尽管错综复杂，但依据其特征可以分为如下两类：一类是以权力服从为基本原则，以领导与被领导的行政管理为主要内容的＿＿＿＿＿关系；另一类是以平等有偿为基本原则，以财产所有和流转为主要内容的＿＿＿＿＿关系。

3.我国教师的法律地位，根据1993年10月第八届全国人民代表大会常务委员会第四次会议通过的《教师法》第三条规定，“教师是＿＿＿＿＿的专业人员”。

4.根据违法行为性质的不同，法律责任一般可以分为＿＿＿＿＿、＿＿＿＿＿和＿＿＿＿＿。

5.作为一种行政法律责任，教育法规定的责任具有以下一些基本特征：(1)＿＿＿＿＿；(2)＿＿＿＿＿；(3)＿＿＿＿＿。

6.承担行政法律责任的方式主要有两种：一种是＿＿＿＿＿，另外一种方式是＿＿＿＿＿。

7.教育法规定的法律责任就其性质而言，应属于行政法律责任，因此应具备行政法律责任的构成要件，一般来说，应具备以下构成要件：(1)＿＿＿＿＿；(2)＿＿＿＿＿；(3)＿＿＿＿＿＿＿＿＿＿。

8.根据我国现行法律规定及行政实践，行政违法行为的免责条件大致有以下四类：(1)＿＿＿＿＿；(2)＿＿＿＿＿；(3)＿＿＿＿＿；(4)＿＿＿＿＿。

9.法律责任的承担形式一般具有如下两种形式：(1)＿＿＿＿＿；(2)＿＿＿＿＿。

10.学校事故就其产生而言，可以分为两大类。一类是＿＿＿＿＿

事故，另一类是__________事故。

11. 学校事故作为一种侵权行为应具有如下特征：(1)__________；(2)__________；(3)__________________。

12. 学校事故所承担的侵权民事责任有如下几个特点：(1)__________；(2)__________；(3)__________；(4)__________。

13. 我国侵权法的归责原则是由__________原则、__________原则、__________原则和__________原则所组成的体系。

14. 在教育领域内，还有两类特殊的法律救济制度，它们分别是__________制度和__________制度。

二、不定项选择题

1. 一般说来，法律有如下基本特征(　　)。

A. 法是调节人的行为或社会关系的规范

B. 法是出自国家的社会规范

C. 法是规定权利和义务的社会规范

D. 法是由国家保证实施的社会规范

2. 从19世纪初叶起，英、法、瑞士等国都先后制定了一系列工厂法规，其中重要的条款几乎都涉及童工问题，这个阶段的教育立法属于(　　)。

A. 零星立法阶段

B. 专门对普及义务教育进行立法阶段

C. 广泛进行教育立法的阶段

D. 教育的综合法治阶段

3. 以下我国教育法律中，最早制定的法律是(　　)。

A.《中华人民共和国学位条例》

B.《中华人民共和国义务教育法》

C.《中华人民共和国教师法》

D.《中华人民共和国教育法》

4. 在法律上，我国中学的学校与学生关系是属于(　　)。

A. 教育与被教育　　　　B. 管理与被管理

C. 命令与服从　　　　　D. 监护与被监护

5. 作为一种行政法律责任，教育法规定的责任具有以下一些基本特征（　　）。

A. 承担主体具有多重性

B. 法律责任的承担具有相互性

C. 行政法律责任的追究机关具有多元性

D. 追究程序具有多元性

6. 行政处分是国家行政机关依照行政隶属关系对有轻微违法失职行为的国家工作人员所实施的惩罚措施，以下属于行政处分的是（　　）。

A. 警告　　　　　　　　B. 降级

C. 开除　　　　　　　　D. 罚款

E. 没收违法所得

7. 教育法规定的法律责任就其性质而言，应属于行政法律责任，因此应具备行政法律责任的构成要件，以下属于教育行政法律责任构成要件的是（　　）。

A. 行为人已构成行政违法及部分的行政不当

B. 行为人须具有行政法律责任能力

C. 行为须具有相应的情节

D. 行为须是行为人主观故意的

8. 根据我国现行法律规定及行政实践，以下行为虽然造成一定的危害，但可以具备行政违法行为的免责条件的是（　　）。

A. 行为人无责任能力

B. 超过时效

C. 情节显著轻微

D. 利害关系人同意的行为

9. 以下属于惩罚性行政法律责任具体表现的形式是（　　）。

A. 通报批评　　　　　　B. 行政处分

C. 行政处罚　　　　　　D. 恢复名誉

E. 消除影响

10. 以下属于学校事故所承担的侵权民事责任的特点有（　　）。

A. 是由于违反了法定义务而产生的法律后果

B. 以侵权行为为前提的责任

C. 具有强制性

D. 责任形式是财产责任

11. 我国侵权法的归责原则包括（　　）。

A. 过错责任原则

B. 过错推定原则

C. 无过错原则

D. 公平原则

12. 侵权民事责任形式是因侵权行为而产生的，是侵权损害所产生的法律后果，以下属于侵权民事责任形式的是（　　）。

A. 停止侵害　　B. 返还财产

C. 消除影响　　D. 恢复名誉

E. 赔礼道歉

13. 民事制裁是指人民法院依法对违反民事法律应负民事责任的行为人所采取的民事制裁、处罚措施。以下属于民事制裁形式的是（　　）。

A. 训诫

B. 责令具结悔过

C. 收缴非法所得

D. 处罚金

E. 拘留

14. 教师申诉制度是我国教师法规定的一项救济制度，它具有如下特点（　　）。

A. 教师申诉制度是一项正式的法律救济制度

B. 教师申诉制度是一项专门性的申诉制度

C. 教师申诉制度是一种行政性的申诉制度

D. 教师申诉制度是一项民事的申诉制度

三、判断题

1. 19 世纪下半叶，欧美各资本主义国家纷纷把教育纳入国家活动之中，用行政手段发展公立学校体制，用法律的手段确立义务性的国民教育制度，这样一种趋势，在教育史上被称作教育的国家化。(　　)

2. 文艺复兴以后，欧洲的某些国家，特别是德意志的某些公国，就已颁布关于强迫教育的法令，为现代意义的教育立法的开端。(　　)

3. 第一次世界大战时期的教育立法表现为它自觉地、主动地适应社会整体发展的需要，全面地进入教育领域，系统地认识它所调整的对象，合理地调节教育领域中发生的各种内外关系。(　　)

4. 我国的教育法体系由纵向 4 个层次和横向 6 个部门构成。(　　)

5. 学校与政府之间的关系表现为学校处于服从的地位，必须履行行政命令所规定的义务，学校不存在独立于政府行政权力之外的权利。(　　)

6. 学校及其他教育机关在其活动时，根据条件和性质的不同，可以具有行政法律关系主体和民事法律关系主体两种主体资格。(　　)

7.《教师法》第三条规定，"教师是履行教育教学职责的专业人员"，这一规定首次从法律上确认了我国教师职业的专业性。(　　)

8. 我国教师的权利与义务在《教师法》第二章中作了明确规定，它们是教师作为一名专业人员所享有的职业上的权利和应履行的职业上的义务，而并非是教师的所有权利与义务。(　　)

9. 由于实际违反了法律规定而应当具体承担的强制履行的义务，在法律上称为第一性义务。(　　)

10. 合作办学、委托培养、有偿服务、知识产权转让、劳动用工、教师聘任等属于民事法律关系的范畴，而非行政法律关系，由民法调整。(　　)

11. 教育法规定的责任的基本特征之一是：行政法律责任的追究机关及追究程序具有多元性。(　　)

12. 衡量自然人的行为能力和责任能力的标准有两个：年龄和智力

状况。(　　)

13. 补救性行政法律责任是指行政主体及其公务人员给行政相对人造成一定损失，由行政主体所承担的一种补偿性的行政法律责任。(　　)

14. 法律救济具有如下特征：首先，权利受到损害是法律救济存在的前提，如果权利未受损害，就无所谓救济；其次，法律救济具有弥补性，它是对受损害的权利的弥补；再次，法律救济的根本目的是实现合法权益并保证法定义务履行。(　　)

15. 教师申诉制度是一项专为教师制定的与教师教育教学等权利有关的法律救济制度，是一种行政性的申诉制度。(　　)

16. 学生申诉的范围十分广泛，一般涉及学生的受教育权、公正评价权、隐私权、名誉权以及其他人身权及财产权受到学校或教师侵犯的行为。(　　)

四、名词解释

1. 学校的法律地位
2. 教师的法律地位
3. 学生的法律地位
4. 教育法规定的法律责任
5. 教育行政法律责任
6. 民事法律责任
7. 刑事法律责任
8. 学校事故
9. 法律救济
10. 教师申诉制度
11. 学生申诉制度

五、简答题

1. 简述国外教育法发展的历史阶段及其特点。
2. 简述我国教育法体系的几个基本层次。

3. 简述我国学校的法律地位及其权利义务关系。

4. 简述我国教师的法律地位及其权利义务关系。

5. 简述我国学生的法律地位及其权利义务关系。

6. 学校事故是如何进行分类的，请简述之。

7. 简述我国的教师申诉制度和学生申诉制度。

六、论述题

1. 试论述教育法规定的法律责任的性质、构成要件、免责条件及其承担责任的形式。

2. 学校事故的基本特征是什么？学校事故所承担的侵权民事责任的特点、归责原则、免责条件及其责任形式有哪些？

七、综合分析题

请分析以下案例：

申请人张某，男，系北京市某中学教师。1996年11月11日，申请人所在单位以申请人张某因个人问题影响了工作为由，口头通知其离开教学岗位，张某遂于1996年12月1日向其所在区教育局申诉，其间又于12月6日、12月7日两次向区政府信访办申诉。被申请人区教育局12月17日上午接区信访办电话通知后，下午即派人与申请人一同去其单位某中学处理此事，形成“解决张某工作问题”的会议记录，并在申请人的再三催问下，于1997年1月15日以“某区教育局人事科”名义做出“关于某中学张某同志工作问题的处理意见”。处理意见要求申请人张某到中学上班，工作由学校安排，申请人张某要服从分配和管理，上岗后单位按规定给予工资。1997年1月29日，张某以被申请人区教育局处理意见违反《北京市教师申诉办法》为由向该区人民政府申请行政复议……

上述案例为一个教师申诉案例，请结合该案例说明我国教师申诉制度的性质、特点、申诉的内容、受理机关和相应的法律保障。

参考答案

一、填空题

1.零星立法　专门对普及义务教育进行立法　广泛进行教育立法的　教育的综合法治

2.教育行政关系　教育民事关系

3.履行教育教学职责

4.行政法律责任　民事法律责任　刑事法律责任

5.承担主体具有多重性　法律责任的承担具有相互性　行政法律责任的追究机关及追究程序具有多元性

6.行政处分　行政处罚

7.行为人已构成行政违法及部分的行政不当　行为人须具有行政法律责任能力　行为须具有相应的情节

8.行为人无责任能力　超过时效　情节显著轻微　符合社会价值取向或者特殊需要

9.惩罚性行政法律责任　补救性行政法律责任

10.意外　过错

11.学校或教师侵害了学生的合法权益　侵害行为的侵害对象是学生的人身权　必须是学校或教师基于过错而实施的行为

12.是由于违反了法定义务而产生的法律后果　以侵权行为为前提的责任　具有强制性　责任形式是财产责任

13.过错责任　过错推定　无过错　公平

14.教师申诉　学生申诉

二、不定项选择题

1.ABCD	2.A	3.A	4.AB
5.ABCD	6.ABC	7.ABC	8.ABCD
9.ABC	10.ABCD	11.ABCD	12.ABCDE

13. ABCE　　14. ABC

三、判断题

1. √　2. ×　3. ×　4. √　5. ×
6. √　7. √　8. √　9. ×　10. √
11. √　12. √　13. √　14. √　15. √
16. √

四、名词解释

1. 学校的法律地位：是指学校作为教育机构在法律上的地位。依据我国法律，学校及其他教育机关在其活动时，根据条件和性质的不同，可以具有两种主体资格。当其参与行政法律关系，取得行政上的权利和承担行政上的义务时，它就是行政法律关系主体；当其参与民事法律关系，取得民事权利和承担民事义务时，它就是民事法律关系的主体。作为行政法律关系的主体，学校及其他教育机关应由行政法规定它的法律地位；作为民事法律关系的主体，学校具有法人资格，意味着其在民事活动中依法享有民事权利，承担民事责任。

2. 教师的法律地位：是法律所确认的教师的社会地位。我国教师的法律地位，根据《教师法》的规定，"教师是履行教育教学职责的专业人员"，"承担教书育人，培养社会主义事业建设者和接班人、提高民族素质的使命"。并具有教育法律规定的权利和义务。

3. 学生的法律地位：因其不同的身份而具有不同的内容和特点。首先，作为社会中的一名成员，学生的身份是一名国家公民，其地位由我国《宪法》、《民法》及其他一系列法律、法规所确认；其次，作为学校这个特定环境中的一员，学生具有不同于一般国家公民的地位，其地位由我国《教育法》、《义务教育法》及其他有关教育的法律、法规所确认，这种地位体现了学生作为"受教育者"这一角色的本质特征；再次，对于所有未满 18 周岁的学生而言，因其具有"未成年人"这一特殊身份，因而还具有不同于已满 18 周岁的学生的法律地位，他们的这一地位已由我国《未成年人保护法》、《预防未成年人犯罪法》等法律、法规或相关的条款所确认。因而我们必须从不同的方面来看待学生的法律地位。

4. 教育法规定的法律责任：是指教育法律关系的主体违反了法律规定的义务时，在法律上应当承担的义务，是由于违反教育法规定的行为所产生的一种法律后果。

5. 教育行政法律责任：是指行为主体违反了属于行政方面的法律、法规所规定的义务，致使国家、社会或公民的利益受到损害时，在行政上所应承担的法律后果。包括国家机关及其工作人员在管理和发展教育事业、实施教育活动中的行政不当行为，学校及其他教育机构及社会组织和个人的违法行为等。

6. 民事法律责任：是指行为主体不履行民事义务，对产生的后果所应承担的责任。民事法律责任通常是一种损害赔偿责任。

7. 刑事法律责任：是指行为主体做了刑事法律所禁止的犯罪行为而必须承担的法律后果，这一责任只能由有犯罪行为的人或法人组织承担。行为人是否应承担刑事法律责任，只能由司法机关按照刑事法律的规定和刑事诉讼程序来确定。

8. 学校事故：就其产生而言，可以分为两大类：一类是意外事故，另一类学校事故是过错事故。狭义的学校事故是指过错事故，即指在学校及其他教育机构内，以及虽在学校及其他教育机构之外，但是在学校及其他教育机构组织的活动中发生的，由于学校、教师的疏忽没有预见或者已经预见而轻信能够避免而导致学生人身伤害的事故。

9. 法律救济：是指依据法律对权利冲突的解决。即指当公民的权利受到侵害时，可以从法律上获得自行解决，或请求司法机关及其他机关给予解决，使受损害的权益得到补救。

10. 教师申诉制度：是指教师对学校或其他教育机构及有关政府部门作出的处理不服，或对侵犯其权益的行为，依照《教师法》的规定，向主管的行政机关申诉理由，请求处理的制度。

11. 学生申诉制度：是学生在接受教育的过程中，对学校给予的处分不服，或认为学校和教师侵犯了其合法权益而向有关部门提出要求重新作出处理的制度。它在性质上也具有法定性、专门性以及行政性的特点。

五、简答题

1. 简述国外教育法发展的历史阶段及其特点。

答：教育法是现代社会和现代教育的产物，它不是从来就有的。从这个基本观点出发来看，西方国家教育法的历史发展经历了如下四个阶段：

(1)零星立法阶段。

随着现代生产力的发展，逐渐产生出了现代工厂制度，正是在现代工厂制度的推动下，才产生了教育向现代化的过渡，并产生了现代意义的教育立法。因此，最早的具有现代意义的教育立法是在工厂法之中的。从19世纪初叶起，英、法、瑞士等国都先后制定了一系列工厂法规，其中重要的条款几乎都涉及童工问题。

(2)专门对普及义务教育进行立法阶段。

大工业生产的发展使教育与生产劳动愈益紧密地联系起来，成为社会经济发展不可缺少的一个组成部分。因此正是大工业生产发展本身，为教育的普及创造了客观条件，并促成各国纷纷开始进行义务教育的立法活动。最初的普及义务教育立法主要是围绕初等教育的强制性、免费性和公共性三大主题展开的。

(3)广泛进行教育立法的阶段。

广泛地进行教育立法是随着资产阶级加强对行政控制的过程而出现的。这个转变从19世纪中期开始酝酿，20世纪初开始，30年代至50年代在主要的资本主义国家达到高潮。这一时期，在教育事务上，资本主义国家由过去的消极作为转变为积极作为，加强了对教育的全面干预和控制。

(4)教育的综合法治阶段。

第二次世界大战以来的教育立法表现为它自觉地、主动地适应社会整体发展的需要，全面地进入教育领域，系统地认识它所调整的对象，合理地调节教育领域中发生的各种内外关系。因此，教育法在广度和深度两个方面都有了飞跃性的发展。从广度看，教育已日益为各国立法所重视，教育法规在所有法规中所占的比重越来越大。从深度上看，教育立法已深入到教育活动的各种内部和外部的社会关系，对教育的调节开始形成一个综合性的法治工程。

2.简述我国教育法体系的几个基本层次。

答：我国的教育法体系由纵向4个层次和横向6个部门构成。

(1)教育法位于我国教育法体系的第一个层次。它是以宪法为依据制定的基本法律，主要规定我国教育的基本性质、地位、任务、基本法律原则和基本教育制度等。教育法是全部教育法规的“母法”，是协调教育部门内部以及教育部门与其他社会部门相互关系的基本准则，也是制定教育部门其他法律法规的依据。作为教育领域的基本法律，教育法由全国人民代表大会制定。

(2)部门教育法位于我国教育法体系的第二个层次，主要调整各个教育部门的内外部关系。根据规范内容的不同以及我国的具体国情和实际需要，大致由义务教育法、职业教育法、高等教育法、成人教育法、教师法和教育经费法6个部门组成，每一部门由全国人民代表大会或其常务委员会制定单行法律。

(3)教育行政法规位于教育法体系的第三个层次，主要是为实施教育法和各单行法而制定的规范性文件。此外，属于较为具体的问题，教育法或各单行法未予规范的问题，也可由行政法规来加以规定。属于这一层次的行政法规由国务院制定和发布，它应是我国教育法的主体。

(4)地方性法规、自治条例、单行条例和教育行政规章位于教育法体系的第四个层次，它不仅数量最多，而且规定得也最为具体、详细。

3.简述我国学校的法律地位及其权利义务关系。

答：(1)学校的法律地位。

学校及其他教育机关在其活动时，根据条件和性质的不同，可以具有两种主体资格。当其参与行政法律关系，取得行政上的权利和承担行政上的义务时，它就是行政法律关系主体；当其参与民事法律关系，取得民事权利和承担民事义务时，它就是民事法律关系的主体。

①作为行政法律关系的主体，学校及其他教育机关应由行政法规定它的法律地位。

②作为民事法律关系的主体，《教育法》规定：“学校及其他教育机

构具备法人条件的，自批准设立或者登记注册之日起取得法人资格。”

(2)学校的权利与义务。

根据《教育法》的规定，我国学校及其他教育机构享有的办学自主权主要有如下方面：

①按照章程自主管理；

②组织实施教育教学活动；

③招收学生或者其他受教育者；

④对受教育者进行学籍管理，实施奖励或处分；

⑤对受教育者颁发相应的学业证书；

⑥聘任教师及其他职工，实施奖励或者处分；

⑦管理、使用本单位的设施和经费；

⑧拒绝任何组织和个人对教育教学活动的非法干涉；

⑨法律、法规规定的其他权利。

《教育法》具体规定了学校及其他教育机构应履行的义务。这些义务包括：

①遵守法律、法规；

②贯彻国家的教育方针，执行国家教育教学标准，保证教育教学质量；

③维护受教育者、教师及其他职工的合法权益；

④以适当方式为受教育者及其监护人了解受教育者的学业成绩及其他有关情况提供便利；

⑤遵照国家有关规定收取费用并公开收费项目；

⑥依法接受监督。

4. 简述我国教师的法律地位及其权利义务关系。

答：(1)教师的法律地位。

教师的法律地位是一个与教师的社会地位密切相关的问题，它是法律所确认的教师的社会地位。《教师法》第三条规定，“教师是履行教育教学职责的专业人员”，“承担教书育人，培养社会主义事业建设者和接班人、提高民族素质的使命”。

(2)教师的权利义务。

我国教师的权利与义务在《教师法》第二章中作了明确规定，它们是教师作为一名专业人员所享有的职业上的权利和应履行的职业上的义务，而并非是教师的所有权利与义务。

我国教师依法享有的权利有：

①进行教育教学活动，开展教育教学改革实验；

②从事科学研究，学术交流，参加专业的学术团体，在学术活动中充分发表意见；

③指导学生的学习和发展，评定学生的品行和学业成绩；

④按时获取工资报酬，享受国家规定的福利待遇以及寒暑假期的带薪休假；

⑤对学校教育教学、管理工作和教育行政部门的工作提出意见和建议，通过教职工代表大会和其他形式，参与学校的民主管理；

⑥参加进修或者其他方式的培训。

我国教师必须承担的责任和义务有：

①遵守宪法、法律和职业道德，为人师表；

②贯彻国家的教育方针，遵守规章制度，执行学校的教学计划，履行教师聘约，完成教育教学工作任务；

③对学生进行宪法所确定的基本原则的教育和爱国主义和民族团结的教育，法制教育以及思想品德、文化和科学技术教育，组织、带领学生参加有益的社会活动；

④爱护关心全体学生，尊重学生人格，促进学生的品德、智力、体质等方面全面发展；

⑤制止有害于学生的行为或者其他侵犯学生合法权益的行为，批评和抵制有害于学生成长的现象；

⑥不断提高思想政治觉悟和教育教学业务水平。

5. 简述我国学生的法律地位及其权利义务关系。

答：(1)学生的法律地位。

学生的法律地位因其不同的身份而具有不同的内容和特点。

①首先，作为社会中的一名成员，学生的身份是一名国家公民，其地位由我国《宪法》、《民法》及其他一系列法律、法规所确认；

②其次，作为学校这个特定环境中的一员，学生具有不同于一般国家公民的地位，其地位由我国《教育法》、《义务教育法》及其他有关教育的法律、法规所确认，这种地位体现了学生作为“受教育者”这一角色的本质特征；

③再次，对于所有未满18周岁的学生而言，因其具有“未成年人”这一特殊身份，因而还具有不同于已满18周岁的学生的法律地位，他们的这一地位已由我国《未成年人保护法》、《预防未成年人犯罪法》等法律、法规或相关的条款所确认。因而我们必须从不同的方面来看待学生的法律地位。

(2)学生的权利与义务。

学生作为受教育者在《教育法》上享有的权利有：

①参加教育教学计划安排的各种活动，使用教育教学设施、设备、图书资料；

②按照国家有关规定获奖学金、贷学金、助学金；

③在学业成绩和品行上获得公正评价，完成规定的学业后获相应的学业证书、学位证书；

④对学校给予的处分不服向有关部门提出申诉，对学校、教师侵犯其人身权、财产权等合法权益提出申诉或者依法提起诉讼；

⑤法律、法规定的其他权利。

同时，根据《教育法》第四十三条，学生还应当履行下列义务：

①遵守法律、法规；

②遵守学生行为规范，尊敬师长，养成良好的思想品德和行为习惯；

③努力学习，完成规定的学习任务；

④遵守所在学校或者其他教育机构的管理制度。

6.学校事故是如何进行分类的，请简述之。

答：目前发生在我国学校及其他教育机构中的学校事故，可以根据以下标准来进行分类：

(1)学校及其他教育机构、教师方面有无过错？是属于什么性质的过错？

(2)学校及其他教育机构及教师方面的过错与学生人身伤害事故之间有无因果关系？

(3)人身伤害事故后果的严重程度。

根据上面确定的标准，我们可以把纷繁复杂的学校事故区分为以下几种情况：

(1)学校及其他教育机构或教师在教育工作中无任何过错，对所发生的学生人身伤害事故不负法律责任。

(2)如果学校及其他教育机构或教师在工作中有某些过失，但这些过失不是构成学生人身事故的原因，而仅是发生事故的一种条件，则学校及其他教育机构或教师应该承担部分责任。

(3)对于因学校管理失当等原因导致学生在校受到伤害或者给他人造成损害的，学校应承担部分责任。

(4)直接由学校及其他教育机构和教师在工作中造成的人身事故，应由学校及其他教育机构和教师承担法律责任。

(5)由于学校及其他教育机构或其工作人员明知或应该知道自己的行为会造成较严重或很严重的损害后果，却违反职责规定并造成事故发生的，应由行为人承担法律责任。

(6)对于在学校以外发生的学生伤害事故，如果活动是由学校组织的，并且学校确有过错时，则学校应负法律责任。

(7)在学生人身事故中应负法律责任的幼儿园、学校及其他教育机构，如果其不具备法人资格，则其隶属的上级主管部门应负连带赔偿责任。

7.简述我国的教师申诉制度和学生申诉制度。

答：(1)教师申诉制度。

教师申诉制度是指教师对学校或其他教育机构及有关政府部门做出的处理不服，或对侵犯其权益的行为，依照《教师法》的规定，向主管的行政机关申诉理由，请求处理的制度。

教师申诉制度是一项专为教师制定的与教师教育教学等权利有关的法律救济制度。它具有如下特点：首先，教师申诉制度是一项正式的法律救济制度；其次，教师申诉制度是一项专门性的申诉制度；再次，教师申诉制度是一种行政性的申诉制度。

教师申诉制度是依据1993年颁布的《教师法》而确立的。其具体内容为:《教师法》第三十九条规定:"教师对学校或者其他教育机构侵犯其合法权益的,或者对学校或者其他教育机构做出的处理不服的,可以向教育行政部门提出申诉,教育行政部门应在接到申诉的三十日内,做出处理。""教师认为当地人民政府有关行政部门侵犯其根据本法规定享有的权利的,可以向同级人民政府或者上一级人民政府有关部门申诉,同级人民政府或者上一级人民政府有关部门应当做出处理。"

同时为了保障教师申诉权的行使,《教师法》第三十六条规定:"对依法提出申诉、控告、检举的教师进行打击报复的,由其所在单位或者上级机关责令改正;情节严重的,可以根据具体情况给予行政处分。""国家工作人员对教师打击报复构成犯罪的,依照刑法第一百四十六条的规定追究刑事责任。"以上规定确立了教师申诉制度的法律地位,使其成为一项专门保护教师权益的法律制度。

(2)学生申诉制度。

学生申诉制度是学生在接受教育的过程中,对学校给予的处分不服,或认为学校和教师侵犯了其合法权益而向有关部门提出要求重新做出处理的制度。它在性质上也具有法定性、专门性以及行政性的特点。

学生申诉制度建立的法律依据是1995年《教育法》第四十二条有关学生申诉权的规定。该条第四项规定:"学生对学校给予的处分不服有权向有关部门提出申诉,对学校、教师侵犯其人身权、财产权等合法权益,有权提出申诉或者依法提起诉讼。"

提起学生申诉需要符合一定的条件。首先,提起申诉的人必须是不服学校处分或认为学校侵犯了其合法权益的学生本人,如果学生年龄较小,可由其监护人代为提出。

其次,必须针对特定的被申诉人,包括做出不利处分的学校或侵犯了其合法权益的学校或教师。

再次,提出申诉的事项必须在教育法律、法规等规定的受理范围之内。

最后，提出申诉必须遵循一定的程序。

六、论述题

1. 试论述教育法规定的法律责任的性质、构成要件、免责条件及其承担责任的形式。

答：(1)性质：教育法规定的法律责任是一种行政法律责任。

作为一种行政法律责任，教育法规定的责任具有以下一些基本特征：

①承担主体具有多重性。

②法律责任的承担具有相互性。

③行政法律责任的追究机关及追究程序具有多元性。

(2)法律责任的构成要件。

教育法规定的法律责任就其性质而言，应属于行政法律责任，因此应具备行政法律责任的构成要件，一般来说，应具备以下构成要件：

①行为人已构成行政违法及部分的行政不当。

②行为人须具有行政法律责任能力。

③行为须具有相应的情节。

(3)免责条件。

①行为人无责任能力。

②超过时效。

③情节显著轻微。

④符合社会价值取向或者特殊需要。这主要包括：正当防卫行为、紧急避嫌行为、利害关系人同意的行为、执行必须执行的命令的行为等。

(4)承担法律责任的形式。

法律责任的承担形式一般具有如下两种形式：

①惩罚性行政法律责任。

惩罚性行政法律责任具体表现为这样一些形式：通报批评、行政处分、行政处罚。其中既包括精神上的惩戒，也包括对实体权利的罚则。

②补救性行政法律责任。

补救性行政法律责任是指行政主体及其公务人员给行政相对人造成一定损失，由行政主体所承担的一种补偿性的行政法律责任。这类法律责任形式比较多，主要有：承认错误，赔礼道歉；恢复名誉，消除影响；纠正不当；返还权益，恢复原状；行政赔偿等。

2.学校事故的基本特征是什么？学校事故所承担的侵权民事责任的特点、归责原则、免责条件及其责任形式有哪些？

答：(1)学校事故作为一种侵权行为应具有如下特征：

①学校或教师侵害了学生的合法权益；

②侵害行为的侵害对象是学生的人身权；

③必须是学校或教师基于过错而实施的行为。

(2)学校事故所承担的侵权民事责任有如下几个特点：

①是由于违反了法定义务而产生的法律后果；

②以侵权行为为前提的责任；

③具有强制性；

④责任形式是财产责任。

(3)学校事故的归责原则。

①一般适用过错责任原则，但根据民法规定，在当事人都没有过错的情况下，可以根据实际情况，由当事人分担民事责任，这就是说，学校事故的归责中也存在着公平原则和无过错原则。

②实行谁主张谁举证的举证责任原则，也就是说，在学校事故的归责中，主要由受害人就加害人的过错问题举证。

③受害人对于损害的发生也有过错的，可以减轻侵害人的民事责任，但受害人的轻微果实一般并不影响加害人的责任。

④加害人的主观过错程度对其赔偿的范围有一定的影响。

⑤行为人只对自己的行为过错负责，而不对第三人过错所致的损害负责。

(4)免责条件。

在众多的免责条件中，与学校事故有关的，主要是第三人的过错、不可抗力和意外事件导致的免责。

①第三人的过错是指除原告和被告之外的第三人对原告损害的发

生或扩大具有过错，在这类案件中，第三人的过错是减轻或者免除被告责任的依据。

②不可抗力作为免责条件，必须是不可抗力构成了损害结果发生的原因。只有在损害完全是由不可抗力引起的情况下，才表明被告的行为与损害结果之间无因果关系，同时表明被告没有过错，因此应被免除责任。

③意外事件是指非当事人的故意或者过失而偶然发生的事故。不可预见性、偶然性和不可避免性是意外事故的基本条件。由于是意外天灾导致，在当时情况下，当事人也不可能预见到，因此当事人没有过错，可以使其免除责任。

(5)学校事故的责任形式和制裁方式。

学校事故的责任形式主要是侵权民事责任，其制裁方式也相应是民事制裁方式。民事责任形式是指违反民事义务的人承担的民事责任形式。侵权民事责任形式是因侵权行为而产生的，是侵权损害所产生的法律后果。其基本形式有：停止侵害，排除妨碍，消除危险，返还财产，恢复原状，赔偿损失，消除影响，恢复名誉，赔礼道歉等。

民事制裁是指人民法院依法对违反民事法律应负民事责任的行为人所采取的民事制裁、处罚措施。一般包括：训诫；责令具结悔过；收缴进行非法活动的财物和非法所得以及罚款、拘留等。

七、综合分析题

答案要点：

(1)性质：教师申诉制度是指教师对学校或其他教育机构及有关政府部门做出的处理不服，或对侵犯其权益的行为，依照《教师法》的规定，向主管的行政机关申诉理由，请求处理的制度。

(2)特点：教师申诉制度是一项专为教师制定的与教师教育教学等权利有关的法律救济制度。它具有如下特点：首先，教师申诉制度是一项正式的法律救济制度；其次，教师申诉制度是一项专门性的申诉制度；再次，教师申诉制度是一种行政性的申诉制度。

(3)申诉的内容、受理机关：教师申诉制度是依据 1993 年颁布的

《教师法》而确立的。其具体内容为:《教师法》第三十九条规定:“教师对学校或者其他教育机构侵犯其合法权益的,或者对学校或者其他教育机构做出的处理不服的,可以向教育行政部门提出申诉,教育行政部门应在接到申诉的三十日内,做出处理。”“教师认为当地人民政府有关行政部门侵犯其根据本法规定享有的权利的,可以向同级人民政府或者上一级人民政府有关部门申诉,同级人民政府或者上一级人民政府有关部门应当做出处理。”

(4)相应的法律保障:为了保障教师申诉权的行使,《教师法》第三十六条规定:“对依法提出申诉、控告、检举的教师进行打击报复的,由其所在单位或者上级机关责令改正;情节严重的,可以根据具体情况给予行政处分。”“国家工作人员对教师打击报复构成犯罪的,依照刑法第一百四十六条的规定追究刑事责任。”以上规定确立了教师申诉制度的法律地位,使其成为一项专门保护教师权益的法律制度。

结合案例部分略。

后记

《教育学同步练习册》是根据全国高等教育自学考试指导委员会组编的《教育学》(劳凯声主编,南开大学出版社 2002 年版)和教育学自学考试大纲组织编写的。本辅导训练教材力求配合自学考试指定教材和教学大纲进行编写,希望对有志于参加自学考试的考生有所帮助。

本辅导训练教材由北京师范大学劳凯声、覃壮才主编。参加编写的人员及分工为:绪论、第一章、第五章和第七章由陈腾浩组织编写,第二章、第三章和第四章由王亚芳组织编写,第六章、第八章和第九章由苏林琴组织编写,第十章、第十一章、第十二章和第十三章由覃壮才组织编写。全书由劳凯声统稿,覃壮才、苏林琴也作了大量的统稿工作。

尽管我们对所有的练习题和答案都作了认真的推敲和核对工作,但是由于水平的限制,加上时间的仓促,本书在编写过程中难免出现这样那样的疏漏,欢迎广大读者提出宝贵意见和建议。

祝每一位读者都能自学成材,在考试中取得好的成绩。

编　者

2002 年 9 月